Christiane Wiesenfeldt

Die Anfänge der Romantik in der Musik

Peter Gülke gewidmet

Christiane Wiesenfeldt

Die Anfänge der Romantik in der Musik

Bärenreiter
Metzler

Auch als eBook erhältlich:
ISBN 978-3-7618-7276-5 (epdf)

Bibliografische Information der Deutschen Nationalbibliothek
Die Deutsche Nationalbibliothek verzeichnet diese Publikation in der
Deutschen Nationalbibliografie; detaillierte bibliografische Daten sind
im Internet über www.dnb.de abrufbar.

© 2022 Bärenreiter-Verlag Karl Vötterle GmbH & Co. KG, Kassel
Gemeinschaftsausgabe der Verlage Bärenreiter, Kassel,
und J. B. Metzler, Berlin
Umschlaggestaltung: +CHRISTOWZIK SCHEUCH DESIGN
Umschlagabbildung: akg-images
Lektorat: Jutta Schmoll-Barthel
Korrektur: Daniel Lettgen
Innengestaltung: Dorothea Willerding
Satz: Mathias Brösicke, Weimar
Druck und Bindung: Beltz Grafische Betriebe GmbH, Bad Langensalza
ISBN 978-3-7618-2614-0 (Bärenreiter)
ISBN 978-3-662-65258-9 (Metzler)
www.baerenreiter.com
www.metzlerverlag.de

Inhalt

1. (Musikalische) Romantik: Was ist das?

Romantik ist populär. Man braucht nicht die ca. 80 Millionen Treffer bei Google oder die jüngste Eröffnung eines ersten deutschen Romantik-Museums in Frankfurt am Main anzuführen, um zu wissen, dass wir es mit einem aktuellen Begriff zu tun haben. Einem Begriff, der neben ästhetischen Phänomenen – die er in den letzten über 250 Jahren ebenso bezeichnete wie Handlungen oder Gegenstände – heute nahezu alles meinen kann, was mit Sehnsucht und dem Bewusstsein darum zu tun hat. Sehnsucht nach der wahren Liebe, nach Vollkommenheit im Leben, Sehnsucht nach einem Idealzustand, in welchem Zusammenhang auch immer. Die Moderne hat diese Sehnsucht, seit sie um 1800 zu einer Welthaltung wurde, unterschiedlich intensiv erprobt, ihr unterschiedliche Nuancen mitgegeben. So gibt es heute zum Beispiel romantischen Konsum, romantische Blind Dates oder auch die romantische Achtsamkeitsbewegung – Phänomene, die auf neuzeitliche Beschleunigungen und Fremdheitserfahrungen reagieren und die Romantik als Konzept wieder aufrufen. Dabei ist es ganz gleichgültig, dass wir als moderne, aufgeklärte Individuen wissen, dass auch der exzessivste Konsum von Designerware, das zwanzigste Blind Date oder auch der kostspielige Meditationskurs in einem tibetanischen Kloster unsere Sehnsucht nicht stillen, nicht das Ziel und die Erfüllung sein wird. Doch angetrieben von der Sehnsucht, es könne irgendwann so sein, nehmen wir immer wieder daran teil – freilich nur, wenn wir ein Romantiker oder eine Romantikerin sind. Denn das macht ihn oder sie aus.

Was nach einer deprimierenden Mangel-Diagnose klingt, ist aber viel mehr als das. Denn zwar weiß der Romantiker um die Unmöglichkeit, seine Sehnsucht zu stillen und so die Perfektion oder auch das Absolute jemals zu erreichen. Doch treibt ihn dieses Wissen, seine Reflexion darüber nicht in Verzweiflung (oder nur die wenigsten von ihnen, wollte man das romantische Klischee des Freitodes bemühen). Denn er hat etwas, was ihn aus dieser unzureichenden Situation befreit: die Kunst. Und nicht nur das: Indem der Romantiker die Kunst als eigentliche Wahrheit und Wirklichkeit umdeutet, nämlich in jenen Ort, wo die Sehnsucht erfüllt sein kann, wo alles absolut und ideal ist, braucht er sich um die Unzulänglichkeiten der Welt nicht mehr zu kümmern. Romantiker flüchten also nicht aus der Welt, sie betreiben keine Weltflucht aus einer realen in eine irreale Welt, wie es so oft heißt, sondern sie deuten sich die Welt mithilfe der Kunst um. Nur so versteht man Aussagen wie jene berühmte, die Novalis alias Friedrich von Hardenberg 1794 machte und damit die Richtung vorgab, die bis heute die Romantik ausmacht: »Die Poesie ist das ächt absolut Reelle.«[1]

Die Konsequenzen für die Kunst und mithin die Musik, die uns hier vor allem interessiert, sind enorm. Nicht nur, dass die Kunst damit als Realität gilt und andere Realitäten – wie etwa die Natur – als zweitrangig begreift bzw. der eigenen Realität unter- oder einordnet. Sondern auch, dass ihre Prämissen und Regeln konstitutiv werden. Und wer um die Rationalität der Welt bis um 1800 wusste, einschließlich aller Freiheitsdiskurse seit Immanuel Kant, Friedrich Schiller und Johann Gottfried Herder, dem musste klar werden, dass mit diesem Paradigmenwechsel das Unaussprechliche, Undeduzierbare, Undefinierbare, Unausschöpfliche und Unendliche der Kunst als Realität anerkannt werden sollte. Kunst gibt also nicht mehr allein Sichtbares wieder, sie selbst ist sichtbar, sie ist wahr.

Indem die Romantiker um 1800 diese »kantische Grenzlinie«[2] zwischen Vernunft und Sinnlichkeit übertreten und Romantik zu ihrem neuen »Fahnenwort« erklären,[3] gerät eine jahrhundertealte Tradition des an einer realen Welt und ihren Regeln ausgerichteten Kunst-Machens in einen neuen Sog von freier Kreativität, der bis heute anhält. Vergleichbar ist diese Sogkraft vielleicht jener religiösen Kunstemphase, die Mittelalter und Renaissance prägte (und für die sich die Romantiker nicht umsonst begeisterten, auch darüber wird zu berichten sein). Aber der romantische Sog ist doch anders, weil er infolge der

Aufklärung stärker auf das Individuum und sein Weltverhältnis abhebt und das Gemeinschaftliche in Sinnfragen zunehmend hintanstellt. Und er ist komplexer, weil er nun in der Nachfolge und Weiterentwicklung jener von Kant etablierten Theorie des Schönen von einer Ästhetik flankiert wird, die versucht, die Definition des romantisch Schönen in den Griff zu bekommen. Denn dass nur bleibt, wer schreibt, war auch den Romantikern klar, und dazu gehört ein tragfähiges philosophisches System, das die neue Wirklichkeit qua Kunst erklärt. Dass es eben diese Erklärungsversuche waren, die mit ihrem begrifflichen Besteck eine begriffslose Kunst zu beschreiben versuchten, ist den Romantikern später als inkonsequent und verfehlt vorgeworfen worden. Das hat aber dauerhaft nichts an der Attraktivität dieses Denk-, Deutungs- und Handlungsmodells des Romantischen bis heute ändern können.

Musik bildet nicht nur eines von mehreren Ausdrucksmitteln des Romantischen neben der Prosa, der Poesie oder der Malerei. Sie ist das Epizentrum des Romantischen schlechthin, sie gehört zu seinen Urgründen und half den frühromantischen Literaten zu verstehen, was das Romantische im Kern ausmacht. Wenn E. T. A. Hoffmann am 26. Januar 1796 seinem Freund Hippel berichtet, »mich hat die Musik empfinden gelehrt, oder vielmehr schlummernde Gefühle geweckt«,[4] so trifft dies den Kern: Die Musik weckt mehr als alle anderen Begegnungen mit Kunst das Romantische im (künstlerisch empfindsamen) Menschen überhaupt erst auf und regt ihn an, selbst romantisch künstlerisch tätig zu werden. Dass die so entstandene Kunst wiederum durch und durch musikalisch ist, auch dort, wo sie nicht Musik ist, muss nicht wundern. So liest Caroline Schlegel Ludwig Tiecks *Sternbald* zunächst einmal als »musikalische Wanderungen [...] wegen der vielen musikalischen Empfindungen und Anregungen«[5] und erst in zweiter Linie als Literatur. Und der den Romantikern nahestehende norwegische Dichter und Philosoph Henrik Steffens erkennt in Tiecks Märchen *Der blonde Eckbert* eine »Zaubermusik«, die diese »leicht beflügelte Darstellung melodisch lockend zu begleiten [scheint], bis sie, in Wahnsinn verkehrt, verklingt.«[6] Musik fungiert hier und in zahlreichen weiteren Dokumenten als Lackmustest für die Qualität von Literatur, sie muss nicht zwangsläufig von Musik handeln, obwohl sie es häufig tut, aber musikalisch muss sie sein, durch und durch: in der Durchführung eines romantischen Themas, in der Option, jenseits formaler und tonaler Regelwerke Transzendenz, Reflexion und Hörfreiheit zu ermöglichen, und schließlich in der Verwendung musikalischer Mittel von der Wiederholung und Spiegelung über die Mehrstimmigkeit und wandelbare Dynamik bis hin zur flexiblen Rhythmik[7] und offenen Schlussbildung. Hören ist das neue Lesen. Und Hören ist nicht nur Zuhören, sondern bedeutet, sich selbst als (romantischer) Mensch durch die Musik erkennen, wie Jean Pauls Romanfigur Quintus Fixlein es 1796 treffend beschreibt: »Dass die Töne, die in einem dunkeln Mondlicht mit Kräften ohne Körper unser Herz umfliessen, die unsre Seele so verdoppeln, dass sie sich selber zuhört, und mit denen unsre tief heraufgewühlten, unendlichen, exaltirten Hoffnungen und Erinnerungen gleichsam im Schlafe reden, dass die Töne ihre Allmacht von dem Sinne des Gränzenlosen überkommen, dies brauche ich nicht erst zu sagen. Die Harmonie füllt uns zum Theil durch ihre arithmetischen Verhältnisse; aber die Melodie, der Lebensgeist der Musik, erklärt sich aus nichts, als etwa aus der poetischen Nachahmung der roheren Töne, die unsre Freunden und unsre Schmerzen von sich geben. Die äussere Musik erzeugt also im eigentlichen Sinn innere.«[8]

Dass es überhaupt so weit kommen konnte, dass die Musik zum Sinnstifter einer neuen Zeitempfindung wurde, mag eine Ursache darin haben, dass in der zweiten Hälfte des 18. Jahrhunderts ein zunehmendes Bedürfnis nach Antirationalismus spürbar wird.[9] Am intensivsten fühlt dies – ausgerechnet im unmittelbaren pietistischen Königsberger Umfeld Kants – Johann Georg Hamann, den Isaiah Berlin einmal einen »der wichtigen, wenn auch oft ärgerlichen Partisanen der Zivilisation« genannt hat.[10] Von Hamann sind nur fragmentarische Schriften überliefert, was Johann Wolfgang von Goethe, Søren Kierkegaard, aber auch Johann Gottfried Herder nicht daran hinderte, ihn als einen der ersten hartnäckigen Widerständler gegen einen puren empirischen Rationalismus zu verehren.[11] Hamann bemühte sich um die Aufwertung des Mythos, widerspricht Kant darin, dass Religion und Vernunft zusammengedacht werden können, und spricht von irrationalen Quellen der schöpferischen Kräfte.[12] »Denken Sie weniger und leben Sie mehr«, soll Hamann gegenüber Herder geäußert haben.[13] Dieses intensive, leidenschaftliche Aufbegehren gegen puren Rationalismus und universelle Wahrheitsansprüche in der zweiten Hälfte des 18. Jahrhunderts ist freilich nicht nur in pietistischen Kreisen, die der Innerlichkeit erhöhte Aufmerksamkeit widmen, zu beobachten. Es zeichnet sich insgesamt ein Wertewandel ab, der den Wunsch nach individueller Verwirklichung und selbstgesetzten Idealen auch in der Akzeptanz möglichen Scheiterns höher stellt als allgemeingültige Verhaltensregeln mit Wahrheitsanspruch. Dieses Freiheitsdenken, das für die Entwicklung der Romantik bedeutsam wurde, geht im Kern zwar auf Kants moralphilosophischen Grundsatz zurück, der Mensch sei frei und selbstbestimmt und habe einen autonomen, freien Willen; bei Kant jedoch sind die rationalistischen Wurzeln, dass aus Gründen der Vernunft alle Menschen eigentlich dieselbe Wahl treffen müssten, noch stark spürbar, die Freiheit somit nur eine relative. An dieser unausweichlichen Vorbestimmtheit leiden die Figuren, die zur selben Zeit Friedrich Schillers Dramen bevölkern, auch wenn sie noch nichts mit Musik zu tun, deren Kraft zum Entkommen aus diesen Korsetten noch nicht erkannt haben oder ihr keinen so großen Wert beimessen. Die Kunst baut indes schon bei Schiller an einer Idealität mit, in die sich die Figuren immerhin hineinwünschen können, auch wenn sie – wie etwa Karl Moor – in und an der Welt aus rationalistischer Perspektive scheitern. Dass das Ideale in den Status einer Utopie rückt, nimmt ihm nichts von seiner Anziehungskraft, das Potenzielle, das Sehnen danach, auch wenn es nicht als explizit romantisch bezeichnet wird, durchzieht Schillers Werke deutlich.[14] Johann Gottlieb Fichte wiederum erkennt eben dieses Sehnen nach der Freiheit als eigentliche Kraft der Kunst: »Frei sein ist nichts, frei werden ist der Himmel.«[15] Diese Freiheit und Selbstergründung muss aber gewollt werden, um sie dauerhaft als Ziel zu verstehen, ihre Möglichkeiten sind dann unerschöpflich und quasi unendlich: »Volo, ergo sum.«[16]

Diese Selbstergründung vollzieht sich, wie Friedrich Schelling wenig später ergänzt, ebenso bewusst wie unbewusst und damit in einer »romantischen Tiefe«,[17] die nicht mehr rational erklärbar ist und von der Kraft des Potenziellen und einer besonderen Atmosphäre der

Ungewissheit lebt. Es nimmt nicht wunder, dass sich die Kunst und insbesondere die Musik als Medien der Selbstergründung besonders gut eignen und in Schellings *System des transzendentalen Idealismus* von 1800, vor allem im vierten Hauptabschnitt, eine zentrale Rolle spielen: Kunstwerke können das Übersinnliche versinnlichen, sie können zwischen Bewusstsein und Unbewusstsein vermitteln.[18] An dieser Schwelle endet sodann auch die Möglichkeit, dem Kunstwerk begrifflich beizukommen. In der *Philosophie der Kunst* wird Schelling sodann konkret, was den Rang der Musik in diesem Konzept betrifft: Ausgehend von der Idee, dass der Klang als »Ursynthesis der Natur«,[19] als der »durch alle Dinge tönende Begriff Gottes«[20] zu verstehen sei, ist klingender Musik per se eine Gründerfunktion aller Ausdrucks- und Empfindungsspektren zugeschrieben. Dabei vereint Musik das Ideelle einer Gleichheit von (begrifflicher) Natur und (unbegrifflichem) Gott, in Form von Rhythmus (Metrik), Modulation (Harmonik) und Melodie (Thematik).[21] Letztere vereint Rhythmus und Harmonik in sich, von denen die Harmonik die dominante, weil klangqualitative Kategorie sei.[22] Ohne dass Schelling dies explizit macht, wird damit jener Kategorie der Musik, die nach romantischer Vorstellung am meisten von freier Schöpferkraft abhängig ist, der größte Wert beigemessen: Rhythmus und Harmonik sind nun dem melodischen Primat untergeordnet. Das mag schematisch klingen und entspricht sicher nicht den Realitäten kompositorischer Prozesse. Das Argument verweist aber einerseits auf die musikästhetischen Debatten, die um 1800 längst in eine ähnliche Richtung zeigen und das Lyrische der Melodik als Hort der Romantik begreifen, andererseits auf die musikalischen Realitäten, die seit den 1770er- und 1780er-Jahren eine neue Qualität von Sanglichkeit, Belcanto und melodischer Inwendigkeit zeigen, ganz abgesehen von einer massiven Bedeutungszunahme langsamer, lyrischer Sätze im Verbund einer Sonate.[23]

Friedrich Schlegel und Novalis sind sodann jene Frühromantiker, die dem System, insbesondere dem Denksystem der Philosophie, keine realitätsformende Kraft mehr zuerkennen und an deren Stelle die Kunst und damit auch die Musik setzen. Kunst müsse, so Schlegel um 1800, symbolisch darstellen, was der Philosophie und ihren Begriffen entgleite, sie müsse Allgemeines und Individuelles, Unbewusstes und Bewusstes, Realität und Idealität, Unendliches und Endliches in ein Verhältnis setzen.[24] Das Mittel dazu ist die Reflexion, der Novalis mit den Fichte-Studien von 1794/95 seinen wohl bedeutendsten Beitrag zur frühromantischen Ästhetik gewidmet hat. Ihm zufolge kann »nur die unausdeutbare Sinnfülle des Kunstwerks« die Grenzen der Reflexion transzendieren, das Kunstwerk wird zur einzig möglichen »Darstellung des Undarstellbaren«, der »Unausschöpflichkeit«.[25] Damit ist die Bedeutung, die der Kunst als übergeordneter Kategorie der Weltdeutung zukommt, klar benannt, zugleich aber auch die Schwierigkeit markiert, dieser Bedeutung habhaft zu werden. Wenn Novalis formuliert: »Die Kunst, auf eine angenehme Weise zu befremden, einen Gegenstand fremd zu machen und doch bekannt und anziehend, das ist die romantische Poetik«,[26] so mag immerhin angedeutet sein, wohin die Reise geht. Auch die Feststellung »Wir sind aus der Zeit der allgemeingeltenden Formen heraus«[27] mag sich als Hinweis auf einen Wandel weg von der Regelpoetik hin zu einer Autorpoetik lesen lassen, die man für die Romantik generell als konstitutiv erachtet. Dennoch bleibt das Terrain vergleichsweise holperig, die Szene unscharf, was denn Romantik in der Musik um 1800 eigentlich sei. Wichtig ist, dass das Romantische von einem Ideal (Fichte) über eine qualitative Kategorie (Schelling) zu einer ernstzunehmenden Disziplin wird, Kunst zu machen und damit eine neue Wahrheit anzubieten (Novalis, Schlegel).[28]

Auf dem Gebiet der Literatur ist in den letzten Dekaden weitaus intensiver und vielseitiger über das Romantische um 1800 diskutiert worden, auch in seinem Bezug zur Musik, als in der Musikforschung.[29] Das beginnt bei Studien zur Begriffsklärung,[30] die zeigen, dass Romantik in der zweiten Hälfte des 18. Jahrhunderts zu einem kulturgeschichtlichen und kritischen Begriff wird: Kategorien wie ungewiss, geheimnisvoll (Ludwig Tieck), poetisch (Novalis, Jean Paul), verwirrend, sehnsüchtig, fantastisch (Friedrich Schlegel) und helldunkel (August Wilhelm Schlegel) zeigen unterschiedliche Qualitäten eines romantischen Modells, das im optischen Symbol einer Kippfigur – wie Stefan Matuschek jüngst plausibel gemacht hat[31] – heuristisch gut darstellbar ist. Und das setzt sich fort in Studien wie jener von Lothar

Pikulik, die auf wesentliche Kriterien und Konzepte des Romantischen abheben und damit Gemeinsamkeiten ebenso wie Unterschiede in der frühromantischen Literatur herausarbeiten.[32] Dazu zählen Aspekte wie die Abkehr von formaler Logik und Systemdenken, die Hochschätzung von Einfall und Witz, der Hang zum Experimentellen, zum Erproben und Erkunden, die Ironie, das Spiel mit Analogien und Ähnlichkeiten, die Sehnsucht nach Universalität[33] oder das Produktivmachen von Fragmentarik, die an verschiedenen Literaturproben geprüft und somit als analytische Kategorien auch anderer Künste handhabbar werden,[34] auch wenn sich die musikalische Romantik in Text und Ton am besten und unmittelbarsten aus den Texten und Musiken um 1800 selbst herausarbeiten lässt, was dieses Buch anstrebt. Es folgt darin, wenn auch aus musik- und nicht aus literaturwissenschaftlicher Perspektive, der Untersuchung Christine Lubkolls von 1995, die sowohl die musikalischen Konzepte in der Literatur um 1800 als auch deren musikästhetische Flankierungen untersucht.[35] Im Zentrum stehen bei Lubkoll einerseits *Hildegard von Hohenthal* als erster musikaffiner, rezeptionsstarker und entsprechend einflussreicher Roman Wilhelm Heinses von 1795, andererseits eine große Bandbreite von Autoren, die seit dem Beginn des 18. Jahrhunderts über Musik diskutiert haben. Der (zu) große Kreis um frühe Temperaturdiskussionen, Gelehrtendiskurse um Johann Mattheson oder auch den französischen Opernstreit, den Lubkoll zieht, zeigt zwar die Reichweite musikästhetischer Interessen. Doch er läuft an der romantischen Gründungsdebatte in der Musikästhetik vorbei, wenn zentrale Texte und Journale nicht vorkommen und Johann Friedrich Reichardts enorm einflussreiche Prägung des Romantischen übersehen wird.[36] Bezogen auf Lubkolls Leitfrage nach dem Mythos und dessen Neubelebung um 1800 ist das indes zu verschmerzen, und es wird zu Recht betont, dass in den Texten von Christian Friedrich Michaelis »bereits ›romantische Klänge‹ ertönen«.[37]

Die Vorsicht vieler Autoren, um 1800 bereits von romantischer Musik zu sprechen, ist beinahe allen Studien bislang gemein, selbst jenen, die sich explizit mit der ästhetischen Phase um 1800 befassen, und – wie Christoph E. Hänggi – einen romantischen Ästheten wiederentdeckten, der fachkundig über Musik schreibt: Hänggis lesenswerte und gegenüber althergebrachten Deutungen der Dichotomie von Klassik und Romantik anregend kritische Studie zu den romantischen Schriften Georg Ludwig Peter Sievers (geboren 1775) hebt im Fazit mit dem Satz an: »So paradox es auf den ersten Blick klingen mag: Es scheint, dass die Geschichte einer romantischen Musikästhetik ihren Anfang bereits in der Aufklärung nahm.«[38] Traut hier jemand seinen eigenen Analysen nicht? Dies ist kein Einzelfall und liegt wiederum maßgeblich an dem Einfluss, den Carl Dahlhaus' Schrift *Die Idee der absoluten Musik*[39] bis heute auf die Deutungen romantischer Musik(-Ästhetik) hat, obwohl renommierte Autoren wie – vor allem – Ulrich Tadday[40] oder auch Melanie Wald-Fuhrmann[41] dieser Deutung bereits mehrfach und überzeugend widersprochen haben. Dahlhaus' Studie findet sich dennoch im Literaturverzeichnis fast aller Studien zur Romantik, das handliche Taschenbuch auf gerade einmal 150 Druckseiten gehört darüber hinaus noch immer zur Standardlektüre so mancher Curricula. Dabei ist festzuhalten: Bis auf die korrekte Feststellung, dass romantische Musikästhetik keine Gefühlsästhetik sei,[42] enthält das Buch aus heutiger Perspektive nicht nur zahlreiche Widersprüche und Fehldeutungen, sondern zeigt vor allem anderen eine mangelnde Kenntnis der zeitgenössischen Quellen, keine Seltenheit in Dahlhaus' Publikationen.[43] Die Forschung wäre gut beraten, es künftig selbst als historisches, dabei durchaus anregendes und eminent einflussreiches Dokument der Romantik-Deutung zu behandeln.

Schon zu Beginn taucht mit dem titelgebenden Begriff des Absoluten das Hauptproblem der Argumentation auf, dem Dahlhaus sodann auch nicht mehr ausweichen kann, obwohl er selbst kurz darauf verweist:[44] Er verwendet erstens einen Terminus, der erst Mitte des 19. Jahrhunderts in Gebrauch war, und behauptet zweitens, um 1800 habe sich »absolute Musik« (bei ihm stets gleichzusetzen mit Instrumentalmusik) von »außermusikalischen Funktionen und Programmen losgelöst«, sie strebe »weg von Programmen und Charakteristiken«.[45] In keinem frühromantischen ästhetischen Text ist von störenden Funktionen und Programmen die Rede, wird textbezogene Musik als Funktionsmusik oder gar als zweitrangig betrachtet, ja überhaupt tauchen Programme, die die Diskurse um die Jahrhundertmitte prägen sollten, in den Debatten um 1800 überhaupt nicht auf, allenfalls im positiven Sinne, wenn über Opern als kernromantische Gattung seit den 1780er-Jahren nachgedacht wird. Autoren wenden sich stattdessen mehrfach und vehement gegen aus ihrer Sicht überkommene Tonmalerei, musikalisch-plastische Darstellungen von Äußerlichkeiten, die man um 1800 als unzeitgemäß empfindet, wenn sich der ästhetische Blick zunehmend nach Innen richtet.[46] Ebenso wenig lässt sich in den Debatten zeigen, dass Instrumentalmusik »zum Inbegriff dessen, was Musik überhaupt ist«, wurde oder man Probleme mit wortgebundener Musik hatte.[47] Die Aussage, Tieck und Hoffmann hätten sogar die »Fixierung von Instrumentalmusik an Endliches und Begrenztes [...] als inadäquat« empfunden, entbehrt sodann jeglicher Grundlage – ein zunehmendes Interesse an Instrumentalmusik setzte keineswegs eine Abwertung von Vokalmusik in Gang, ganz im Gegenteil wurde das Instrumentale zunächst einmal so aufgewertet, dass es auf Augenhöhe zum Vokalen aufschloss.[48] Zwei Argumentationslinien prägen sodann den Verlauf der Dahlhaus'schen Argumentation: Richard Wagner wird als Zielpunkt der Entwicklung inszeniert, auf den alles in einer teleologischen Welle gleichsam »zutreibt« bzw. »hindrängt«,[49] und E. T. A. Hoffmanns Rezension der 5. Sinfonie Ludwig van Beethovens – die Dahlhaus eher irritiert als begeistert – wird als »Gründungsurkunde der romantischen Musikästhetik« bezeichnet und zugleich als »Theorie der Instrumentalmusik« der Romantiker missverstanden und verengt.[50] Den seltsamen Widerspruch, dass der Hoffmann'sche »Startschuss« von 1810 keine romantische Musik nach sich zog, sondern das Rennen um den ersten romantischen Komponisten erst Jahrzehnte später entschieden wird, löst Dahlhaus nicht auf.[51] Entsprechend bleiben zwei (revisionsbedürftige) Hauptthesen des Buches stehen: 1. Die Romantik in der Musik ist ein verspätetes Phänomen und folgt jener in der Literatur mit jahrzehntelangem Rückstand (prophetisch bei Beethoven, andeutungsweise bei Robert Schumann, endgültig bei Wagner), und 2. Die romantische Musikästhetik um 1800 ist identisch mit der Ästhetik zur absoluten Musik um 1850 und bezieht sich allein auf Instrumentalmusik.

Die Konsequenzen dieser starken Thesen – die ein experimentelles, mit dem Verlassen Wiens kaum noch übersichtliches Gelände klassisch-romantischen Komponierens einfach überspringen und zum »Ereignis Wagner« übergehen – für die Romantik-Forschung sind bis heute enorm.[52] So schreibt Corinna Caduff in ihrer Studie zur Literarisierung von Musik um 1800, bezogen auf Dahlhaus, dass die »Aneignung von Musikfragen [...] wesentlich ein sprachliches Ereignis« gewesen sei: »Literatur schreibt Musikgeschichte.«[53] Sie möchte den Zusammenhang beider Künste und die Konzepte der Literarisierung untersuchen, setzt aber die (von Dahlhaus behauptete) Stifterrolle der Literatur für die romantische Musikästhetik als fix. Damit entsteht eine merkwürdige elliptische Argumentation, in der die Musik um 1800 als Fundus für »Literarisierungen« verstanden, nicht aber diskutiert wird, auf welche konkrete Musik sich die Literaten denn beziehen konnten, wenn sie (mit Dahlhaus) nicht um 1800, sondern erst viel später existierte. Wurde romantische Musik schlicht in der Literatur »erfunden«? Was ist die Henne, was ist das Ei? Es lohnt, zur Annäherung an die für dieses Kapitel titelgebende Frage zunächst einmal einen Schritt zurückzutreten.

Denn wer sich fragt, was musikalische Romantik ist, steht vor einem Problem. Veraltet, aber erstaunlich zählebig ist die Idee, sie sei eine klar umrissene Epoche. Was in der Literaturwissenschaft noch recht gut funktioniert, indem die Romantik dort den Zeitraum der etwa 1790er- bis 1820er-Jahre und damit gerade einmal drei Dekaden umfasst, während die Jahrzehnte danach als Spätromantik gelten und jemand wie Joseph von Eichendorff als romantischer Dichter diese Phase bereits ausklingen lässt, herrscht in der Musikhistoriographie ein großes Durcheinander. So gilt die musikalische Romantik als Epoche, die, großzügig gerechnet, die Zeit von 1789 bis 1914 umfasst und sich darin wiederum kleinteiliger gestaltet.[54] Darin gehören Komponisten wie Felix Mendelssohn Bartholdy und Robert Schumann, wenngleich auch hierzu abweichende Meinungen existieren, der »hochromantischen« Phase der 1830er- bis 1850er-Jahre an; Richard Wagner, Anton Bruckner und Johannes Brahms sind tendenziell eher Spätromantiker, da sie in der zweiten Hälfte des 19. Jahrhunderts erfolgreich waren; dabei ist Wagner aber genauso alt wie Mendelssohn und Schumann. Gustav Mahler gilt irgendwie auch noch als Romantiker, obwohl er erst 1911 starb. Und noch Richard Strauss' Musik klingt den meisten eigentlich zu romantisch, um eindeutig modern zu sein. Bei Beethoven streiten sich die Geister, wenngleich er – wie sein Zeitgenosse Goethe – der Romantik immerhin doch zugeneigt gewesen sei, wenn auch noch nicht als vollkommen von ihr beherrscht gilt, was immer das heißen mag. Wolfgang Amadé Mozart scheidet völlig aus – entsprechend groß ist das Irritationspotenzial, dass E. T. A. Hoffmann ihn wie auch schon Joseph Haydn 1810 als Romantiker bezeichnet. Der 1797 geborene Franz Schubert ist allein wegen seines Liedschaffens für viele klar ein romantischer Gründervater, was für Kenner der deutlich früher komponierten Beethoven-Lieder wiederum schief ist, während der gleichaltrige Gaetano Donizetti keineswegs allein als romantischer Opernkomponist gilt, sondern auch die durch und durch rationalistische Komödie pflegt. Die Liste ließe sich leicht fortsetzen, klarer wird das Bild damit keineswegs. Noch Rüdiger Görner ist in seiner jüngsten Romantik-Studie davon überzeugt, dass »diese europäische Kulturphase« sich nicht nur im Wesentlichen von Schubert und Schumann bis Bruckner ereignete, sondern hier sogar ihren eigenen Abgesang komponierte, »als wollten sie den Abschied von dieser ihrer Epoche intonieren«.[55]

Wie problematisch diese epochale Perspektive auf Romantik ist, zeigt sich nicht nur daran, dass sie sozial- und kulturgeschichtlich einflussreiche Zäsuren wie 1815, 1848 oder auch 1870/71 und ihre Folgen in der Regel ignoriert (merkwürdigerweise aber nicht in ihren Grenzen 1789 bzw. 1914). Sondern auch daran, dass sie die synchronen Ereignisse und Debatten in der Literatur oder Kunst nicht als Kennzeichen verwandter romantischer Diskurse auch in der Musik wahrnimmt. Dadurch ergibt sich musikhistoriographisch der merkwürdige Umstand, dass – durch Dahlhaus' einflussreiche Deutung der absoluten Musikästhetik der 1850er-Jahre als eigentlicher Repräsentant musikalischer Romantik – die literarische Frühromantik der 1790er-Jahre um Wilhelm Heinrich Wackenroder, den Brüdern Schlegel oder Tieck stark auf Musik fokussiert ist, ja ihr überhaupt wesentliche ästhetische Impulse verdankt, während die musikalische Romantik mit

Beethovens Spätwerk einen vergleichsweise frühen, aber aufgrund dessen prospektiven Komponierens zunächst einmal folgenlosen Anfang nahm, an den erst Wagner erfolgreich anknüpfen konnte. In diesem Geschichtsmodell gehören alle Komponisten zwischen 1750 und 1850 einer übergreifenden, diffusen »klassisch-romantischen« Periode an, die von einem monumentalen, seiner Zeit enthobenen Beethoven überschattet wird, auf den – ganz gleich, ob vergangen oder zukünftig – alles konzentrisch zuzulaufen scheint, und der in Wagner seinen Vollender der Jahrhundertmitte findet, der wiederum weit in das 19. und 20. Jahrhundert vorausgreift. Man muss kein Gender-Forscher sein, um zu erkennen, dass diesem Narrativ heroisch-chauvinistische Motive innewohnen, neben denen das weitere Komponistenpersonal der Zeit zur Staffage verblasst.

Romantik ist demzufolge keine klare Epoche oder Periode, aber sie ist auch kein Stil.[56] Denn wer will behaupten, dass Schuberts etwas mit Wagners Stil, Brahms' etwas mit Mahlers Stil in einer Art romantischem Kern gemeinsam habe? Denn während Charles Rosens *Der klassische Stil*[57] souverän dechiffrieren konnte, wie eine in Wien zwischen etwa 1770 und 1800 komponierte Werkgruppe aus ähnlichen strukturellen Parametern schöpfte – freilich nur auf wenige Gattungen, vor allem Kammermusik beschränkt, aber immerhin –, so ist sein Buch *Die Musik der Romantik* eine wiederum nach Epochen angelegte Sammlung aus Einzelstudien zu verschiedenen Komponisten.[58] Überhaupt unterscheiden sich die musikwissenschaftlichen Überblickspublikationen, die »Romantik« oder »romantisch« im Titel führen, allenfalls durch die historische Spanne, die sie als Romantik auf der Suche nach Besonderheiten durchmessen, nicht aber darin, dass sie das Phänomen als solches nicht greifen können oder wollen. Manchen Musikwissenschaftlern, wie Alfred Einstein, ist die Romantik sogar zutiefst unsympathisch, er kann mit dieser Art der Weltsicht nichts anfangen. Schon Beethoven gilt ihm als »gefährliches Vorbild« der Romantik, E. T. A. Hoffmann war zu sehr »Beamter«, um Beethoven zu begreifen, seine Romantik-Rezension sei daher eine Ursache späterer »Mißverständnisse«, und überhaupt seien romantische Komponisten von einer »Krankheit Ergriffene«.[59]

Muss man gar ein Romantiker sein, um eine vorurteilsfreie Romantik-Sicht zu entwickeln? Vielleicht ist es tatsächlich so – immerhin galt auch den Romantikern nur jener Kritiker von Kunst als qualifiziert, der selbst Künstler war. Doch das ist beileibe nicht der Punkt. Das Problem liegt nicht in den vielen bunten und zum Teil widersprüchlichen Deutungen romantischer Zeitrechnung oder romantischen Komponierens. Ganz im Gegenteil könnte man sagen, diese multiperspektivischen Deutungen hätten den Romantikern sogar gefallen. Nicht nur, weil sie Reflexion über Kunst betreiben und das per se romantisch ist, sondern weil sie klarmachen, dass gerade romantische Kunst – erst recht, wenn sie gut ist – ambivalente Deutungsangebote macht und eben nicht mehr in klare, eindeutige Raster passen will. Das Problem ist ursächlicher, nämlich in der Unklarheit darüber, wo die Anfänge der Romantik in der Musik überhaupt liegen. Einfach gesagt: Wer nicht weiß, wo und wann etwas anfängt, kann auch seinen Wandel nicht verstehen: ohne Ursachen- keine Wirkungsforschung.

Dass die Musikwissenschaft sich für diese Anfänge bislang kaum interessiert hat, hat nur partiell mit der auf den ersten Blick einleuchtenden These von Dahlhaus zu tun, man habe eben erst verspätet romantisch komponiert (ganz abgesehen davon, dass Dahlhaus' Musikbilder oft so evident und bezwingend logisch erscheinen, dass man sich daran gewöhnt hat, sie zu glauben). Vielmehr ist ein tiefer Blick in das komplexe romantische Umland um 1800 nötig, um die Musik als eine Kunst unter vielen darin zu verorten, ihre besondere Rolle herauszuarbeiten und ihre Teilhabe an einem romantischen Programm zu begreifen. Das möchte das Buch leisten. Es möchte ein Romantik-Verständnis vermitteln, das sich von inkonsistenten Epochen- und diffusen Stilzuschreibungen und Klischees abhebt und stattdessen die sachliche Innovationsleistung ins Zentrum rückt. Es geht um die neuen ästhetischen Phänomene, die in den 1780er- und 1790er-Jahren in der Musik aufkommen, von Musikspezialisten beobachtet und begleitet sowie von den frühromantischen Literaten (zuerst in Jena) gehört, erkannt, reflektiert und literarisch anverwandelt werden. Damit kann zugleich die Frage beantwortet werden, worauf sich die literarische Romantik konkret bezieht, wenn sie über Musik und Musikerleben spricht und dies in den 1790er-Jahren in ein literarisches Programm gießt. Die Romantik kann so als musikalisch produktive, moderne Phase um 1800 sichtbar werden, die an etablierte kompositorische Mechanismen der Aufklärung anschließt, diese erweitert und sodann überformt, ohne deshalb als Gegenbewegung zu gelten. Ganz im Gegenteil ist auch jüngst wieder von der literaturwissenschaftlichen Romantik-Forschung plausibel gemacht worden, dass Aufklärung und Romantik beide zu gleichen Teilen das gestalten, was wir heute Moderne nennen.[60] Durch eine Konkretisierung, wo, wie und wann die Romantik in der Musik anfängt, wird zugleich ein differenzierender Beitrag zur um 1800 behaupteten »Stunde Null« der künstlerischen Moderne geleistet.[61] Als zeitlicher Rahmen wird entsprechend Mozarts »Spätwerk« (1780er-Jahre) als terminus post quem und E. T. A. Hoffmanns Rezension zur 5. Sinfonie Beethovens (1810) als terminus ante quem festgelegt, um den Anfängen der Romantik in der Musik vor diesem berühmten Text, der seinerseits kaum voraussetzungslos ist, auf die Spur zu kommen.

Bedeutsam ist, sich zunächst zu fragen, was denn die frühromantischen Literaten – die sämtlich musikbegeistert waren, ja die Musik zur höchsten aller Künste erklärten und mithilfe der Musik ihre Dichtung und Prosa nichts weniger als erneuern wollten – überhaupt für Musik kannten. Beethovens Sinfonien und Schuberts Lieder, die wir heute selbstverständlich als romantisch bezeichnen, waren noch nicht geschrieben. Was kannten sie also, was hörte man für Musik, welche Stücke waren es, die derart begeisterten und Schule machten? Indem diese zeitgenössische Hörlandschaft kartiert wird, können die vielseitigen Inspirationen der Literaten durch reale Musik einen Einblick in ein erwachendes literarisches Interesse an der Musik geben. Zu den Musikerlebnissen gehören Konzerte und musikalische Aufführungen aller Art, persönliche Begegnungen mit Musikern, Komponisten, aber auch die eigene musikalische Kompetenz, gegebenenfalls sogar das eigene Musizieren bzw. Komponieren. Und schließlich besaßen viele Literaten musiktheoretische bzw. musikwissenschaftliche Kenntnisse, konnten sich also einen Eindruck von aktuellen Diskursen und Geschichtsbildern in der Musik machen.

Um diese Debatten seit den späten 1780er-Jahren soll es im Anschluss gehen. Welche musikalischen Gegenstände werden diskutiert? Inwieweit werden aufklärerische Konzepte hinterfragt, weitergedacht und durch neue Zugänge ersetzt? Welche zentralen Themen werden behandelt, welche Veränderungen werden wahrgenommen? In Rezensionen werden zum Beispiel ehedem nebensächliche Dinge wie Klavierbegleitungen oder Klavierfassungen aufgewertet, ja überhaupt bekommt die Instrumentalmusik ab den 1770er-Jahren einen ästhetischen Eigenwert zugesprochen, ohne dass die Vokalmusik – vor allem Opern, Lieder, Oratorien, Singspiele usw. – an Bedeutung verliert. Man debattiert über die Textierung von Instrumentalmusik und überlegt, ob musikalische Malerei noch legitim ist, und wenn ja, in welcher Form. Im Grunde handelt es sich mit diesen Trends und Initiativen um nichts weniger als die ersten Grundfesten einer romantischen Musikästhetik, an denen fleißig, wenn auch in Fragmenten gebaut wird, und die mithilfe von Exempla zum tragfähigen Fundament eines neuen Musikverständnisses werden.

Mit der Bedeutungszunahme von Musikästhetik und Kritik in den 1780er-Jahren, also der Professionalisierung des ästhetischen Musikschrifttums wandeln und vervielfältigen sich nicht nur die Gegenstände der Debatten, sondern auch die Sprechakte über die Musik selbst. Wir wollen fragen: Ab wann wird anders über Musik gesprochen, wie werden diese Veränderungen wiederum wahrgenommen? Reflexion und Kritik werden Teil des romantischen Kunstsystems. Nun schürft die junge Musikästhetik, die in neuen Medien als Träger und Vermittler der Diskurse erarbeitet wird, aus philosophischen Diskursen. Die Zeitschrift »als romantische Form der Enzyklopädie«[62] ist dabei plural und systemoffen, das Rezensieren und Reflektieren über Musik wird zum Bedürfnis und gilt selbst als Kunst.

Sodann werden wir den romantischen Autor in den Blick nehmen. Mit einer zunehmenden Betonung der Originalität des Einzelwerkes um 1800 und einer Entfernung von Regelpoetiken hin zu Individualpoetiken verschieben sich die Autorkonzepte, wird dem Autor bzw. dem Komponisten ein neuer Status, eine neue Rolle zuerkannt. Dies zeigt sich vordergründig an einer rein quantitativen Zunahme an Komponisten-Biographik sowie deren Rezensionen, an Autobiographik, meist gepaart mit genieästhetischer Modellierung mit einem Hang zum Tragischen, Schicksalhaften, aber auch Anekdotischen, und einer auch rückwirkend konstruierten Originalitätsdebatte am Beispiel von Komponisten ab Joseph Haydn. Zugleich wird der Komponist nun in eine historische Fortschrittskonzeption der Romantik eingegliedert, seine Position in der Geschichte wird als Schwellensituation gedeutet, sein auf eine ideale Zukunft hin ausgerichtetes Werk entsprechend als maßgebend und zukunftsstiftend verstanden: »Romantiker sein heißt auf der Kippe stehen.«[63] Sodann werden wir fragen, was die Romantik mit dem Hörer-Konzept macht. In neuer Intensität interessierte man sich um 1800 für die Hörerperspektive, die Wahrnehmungsseite der Musik. Hörer- und Hör-Empfindungen werden als Wertekategorien für gute Kunst etabliert, es gibt erstmals Konzertzettel und Anleitungen. Man überlegt zudem, wie man einen Hörer heranziehen kann, der das »Ganze« im Hören des Werkes eigenständig bilden kann.

Im Folgenden werden wir beobachten, dass die Vergangenheit, die Geschichte als Motor romantischen Komponierens um 1800, zunehmende Bedeutung erhält. Das meint sowohl die Mittelalter- und Renaissance-Begeisterung der Romantiker, aber auch die Entdeckung des Volksliedes als neue, historisch vermeintlich gestützte Ideal-Konzeption. Der Mythos wird sogar als emotionale und ästhetische Antwort auf rationale Problemdiagnosen empfunden. Das erwachte Interesse an der Geschichte ist dabei stets produktiv, nicht allein rezeptiv – und erneut spielt die Reflexion hier eine große Rolle. In der Musikkritik ist sodann seit den 1780er-Jahren eine signifikante Aufwertung des Lyrischen und Idyllischen zu beobachten, was wir ebenso genauer anschauen wollen. Hier steht die Vokalmusik im Zentrum, aber auch die langsamen Sätze, die als freie Formen zu romantischen Orten in der Instrumentalmusik verklärt werden. Das Lyrische wird »das Subjective, Besondre und Freie«[64] in der Musik und somit Ausdruck einer künstlerischen Individualität, die den äußerlichen Subjektivismus der Empfindsamkeit des 18. Jahrhunderts endgültig überwindet.

Die Romantik interessiert sich in besonderem Maße für Fantastik, die Nacht und das Wunderbare: Man kann zeigen, wie die Fantastik um 1800 – als Resultat aufklärerischer Wunder- und Schwärmerei-Kritik –

zum romantischen Wunderbaren wird, indem sie nun zwischen Sinnen und Vernunft vermitteln möchte. Fantasien und Nachtstücke werden – neben langsamen Sätzen – als freie Formen zunehmend attraktiver, Arabesken werden auf- und umgewertet. Auch lässt sich eine Zunahme fantastischer Werkpassagen beobachten, die auch von der Musiktheorie als bedeutsam erkannt werden.

Mehr noch ein romantisches Konzept denn eine romantische Form ist das Fragment, für das sich die Romantiker um 1800 interessieren. Sie verstehen es nicht mehr als historisches Artefakt, das es zu bewahren gilt, sondern als Kunstmittel, Formkonventionen zu hinterfragen und zu öffnen. Wie in der Literatur ist auch in der Musik ein spürbares Interesse am Zulassen von Offenheit und Unabgeschlossenheit festzustellen. Zwar kennen wir keine bewusst komponierten Fragmente im Sinne der Blütenstaub-Fragmente eines Novalis (tendenziell mag man hier an die winzigen Charakterstücke für Klavier der 1790er-Jahren denken). Doch sind in der Musik ähnliche Mechanismen am Werk, wenn Vermeidungsstrategien regelpoetischer Erwartungen, Relativierungen von Konventionen in Form, Harmonik, Motivik, auskomponierte Kippfiguren, also merkbare ästhetische Aufwertungen von Doppeldeutigkeiten zunehmen und Eindeutigkeit und Abgeschlossenheit suspendieren. Dabei kann das Verfahren ein ironisches sein, denn die romantische Ironie kommt auch in der Musik um 1800 zur Anwendung, die Humorkonzepte wandeln sich. Diesen beiden zentralen Konzepten der Fragmentästhetik und der Ironie werden sich zwei eigene Abschnitte zuwenden.

Sodann wollen wir den großen romantischen Anlauf, den wir bis dahin genommen haben, nutzen, um Mozarts Musik durch die romantische Brille zu lesen – freilich nicht den gesamten Mozart, aber einige Werke ab den 1780er-Jahren, die die Romantik geprägt haben und ihrerseits romantisch verstanden wurden. Ohne dass man Mozart als ersten Romantiker apostrophieren muss (was eine Konstruktion wäre, denn er starb 1791, bevor die Frühromantiker in Jena ihr romantisches Programm im *Athenaeum* 1798 gefestigt hatten): Seine Werke hielten vieles bereit, boten den Hörern viele neue Überraschungen und Ungewohntes, konfrontierten sie mit neuen Klangkonzepten,

Topoi und Individualismen und hatten somit Anteil an einem gewandelten künstlerischen Zeitgeist, an gänzlich neuen Erfahrungen durch und mit Musik.

Das Buch schließt mit jenem berühmten Beethoventext von E. T. A. Hoffmann, mit dem für gewöhnlich Beschreibungen des musikalisch Romantischen beginnen: seiner Rezension der 5. Sinfonie aus dem Jahr 1810. Mit dem erarbeiteten Wissen darum, dass dieser Text nicht voraussetzungslos ist, sondern ein Programm formuliert, das in den zwei bis drei Dekaden zuvor kontinuierlich und vielseitig aufgebaut, diskutiert und weiter ausgefeilt worden war, lässt sich dieser Text neu lesen und als Ende der Anfänge der Romantik in der Musik verstehen. Danach kommt nur noch die romantische Unendlichkeit, und die passt schlecht zwischen zwei Buchdeckel.

2. Literaten hören Musik

Um uns den Musikerfahrungen und -kenntnissen der Literaten anzunähern, unternehmen wir zur Einstimmung einen kleinen Exkurs nach Weimar – um 1800 kaum eine einstündige Reise zu Pferd oder Kutsche von Jena entfernt, wo sich jene für die Frühromantik bedeutende Gruppe von jungen Dichtern, Literaturkritikern, Philosophen und Naturwissenschaftlern versammelte. Dort, in Weimar, wurde 1799 im Tiefurter Park, der an der Ilm gelegenen Sommerresidenz der Herzogin Anna Amalia, die sich hierher auch zum Komponieren zurückzog, auf Veranlassung Johann Wolfgang von Goethes das erste, in einem öffentlichen Raum aufgestellte Mozart-Denkmal Europas errichtet (vgl. Abbildung 1 auf Seite 27).[1] Der heute noch zu besichtigende Park wurde als Musenhain konzipiert, hier konnten Singspiele und Theaterstücke geprobt und uraufgeführt werden, Lesungen stattfinden und natürlich reichlich Musik aller Art erklingen.[2] Die Errichtung der Mozart-Gedächtnisstätte ist somit Teil einer besonderen Parkkonzeption, in der die Kunst nicht als Dekor, sondern als Teil eines Kunst und Natur sinnfällig verbindenden Gesamtkonzeptes verstanden wurde, das sich auch in der Parkgestaltung selbst zwischen künstlicher Anlage und Naturbelassenheit spiegelt.

Man kann sich mit Laurenz Lütteken zu Recht wundern, wie nun Mozart ausgerechnet nach Weimar gelangt ist, war er doch selbst nie dort und spielte seine Musik doch in den Hofmusiken kaum eine Rolle, sodass er gar als »Fremder«[3] erscheint. Allerdings ist Mozart in den 1790er-Jahren durchaus präsent im Weimarer Hoftheater, das seinerzeit unter Goethes Leitung spielt, und dies in einem beeindruckenden Umfang: 1791, in Mozarts Todesjahr, inszeniert Goethe zuerst Mozarts

Abbildung 1
Erinnerung an große Opernerlebnisse in Weimar. Schlosspark Tiefurt.
Mozart und den Musen. Denkmal für Wolfgang Amadé Mozart, 1799

Entführung, noch im selben Jahr *Così fan tutte* und *Figaro*. 1794 folgt die *Zauberflöte*, die in Weimar nicht weniger als 82 Mal gegeben wird, und 1799, im Jahr der Denkmal-Aufstellung, schließlich noch *La clemenza di Tito*. Die mit Abstand wichtigste Inszenierung – neben der erfolgreichen *Zauberflöte*, die Goethe bekanntermaßen zu einer Nachschöpfung anregte, die er dann aber nicht vollendete – ist aber jene von Mozarts *Don Giovanni*. Nach der Premiere am 30. Januar 1792 in der deutschen Übersetzung von Friedrich Ludwig Schröder, sonst aber unbearbeitet, geht die Oper insgesamt 68 Mal über die Weimarer Bühne. Zahlreiche Dokumente des Umfeldes sprechen von einer zupackenden »Macht der Musik«,[4] Goethe berichtet selbst wiederholt in seinen Briefen über die vielen Besucher aus dem Umland, darunter Jena, die eigens wegen Mozart nach Weimar pilgerten.[5]

Vor diesem Hintergrund nimmt nicht wunder, dass in Weimar, in unmittelbarer Nähe zur komponierenden Herzogin, Mozart als einziger Komponist mit einem Denkmal gewürdigt wird, gleichsam als Ergebnis und Emblem einer intensiven künstlerischen Auseinandersetzung mit seinen Opern. Dies erklärt auch die Gestaltung des Denkmals, das kein Porträt – wie im Falle der in Tiefurt ehedem aufgestellten, mittlerweile verfallenen Literatenbüsten von Goethe, Herder und Wieland –, sondern eine symbolische Trias aus zwei Masken, Melpomene, tragische Muse der Tragödie, und Thalia, heitere Muse des Schauspiels und der Komödie, sowie einer Leier zeigt. Die Leier gilt um 1800 längst nicht mehr nur als klassisches Instrument der Dichter, sondern ist mindestens ebenso ein poetisches Symbol für eine unerhört moderne Musik, deren bedeutendster Vertreter nach Goethes Überzeugung Mozart ist.[6] Dazu passt, dass die in der Gestaltung des Denkmals pointierte, doppelte Rahmung des Tragischen und Komischen in Mozarts Musik zahlreiche Rezeptionsstränge des Intendanten Goethe selbst und der herbeireisenden Frühromantiker spiegelt, die in Mozarts Musik eben diese Ambivalenz aus traurigen und süßen, aus schaurigen und schönen, aus tragischen und komischen Momenten nachempfinden und in Worte zu kleiden versuchen. E. T. A. Hoffmann beschreibt diese spannungsreiche Vielseitigkeit 1795, bezogen auf *Don Giovanni*, so: »Das Anschwellen von sanfter Melodie bis zum Rauschenden, bis zum erschütternden des Donners, die sanften Klagetöne, der Ausbruch der wüthendsten Verzweiflung, das Majestätische, das edle des Helden, die Angst des Verbrechers, das Abwechseln der Leidenschaften in seiner Seele, alles dieses findest Du in dieser einzigen Musik – sie ist allumfassend, und zeigt dir den Geist des Componisten in allen möglichen Modifikationen.«[7] Diese Ansammlung von musikalischen Eindrücken, die geradezu als Kaleidoskop menschlicher Empfindungen wirkt, die in immer neue bunte Konstellationen umkippen können, ist keine Sache Hoffmanns allein. Frühe Rezensionen versammeln ähnliche Begriffe wie schaurig, schön, erschütternd, heiter, haarsträubend usw., wenn sie über das Werk sprechen.[8] Bemerkenswerterweise gilt dies für den *Don Giovanni* ebenso wie für die *Zauberflöte*, die beide als Träger dieser Stilvermischung gelten.[9]

Das kleine Weimarer Denkmal versammelt diese Vielfalt in nur drei Symbolen, die diese Kippfigur einfangen und mit der Leier zugleich auf das Poetisch-Musikalische des Zeitalters verweisen. Man muss es deshalb nicht als rein romantische Perspektive auf Mozart deuten, zumal Goethe selbst, unabhängig von seiner Rolle als Inspirator wie als Kritiker der Romantik, dies wohl nicht intendiert hat. Die Momente indes, die die Romantiker in Mozarts Musik als inspirierend, als klingendes Signum einer neuen Musikerfahrung deuten und sich gegenseitig in ihren Briefen, Berichten und auch Rezensionen vielfach mitteilen, sind bereits erkennbar: Momente, die das Denkmal nicht mehr als Objekt einer klassischen Wirklichkeitserfahrung, sondern als Symbol für die in Mozarts Musik erkannte, die Realität geradezu transzendierende Unmittelbarkeit betrachten lassen. Das symbolische Arrangement hat darüber hinaus etwas Exklusives: Denn dass man dem Weimarer Mozart-Denkmal am ehesten in seinem Umfeld des Parkes und eigentlich auch nur dort adäquat begegnen kann, wird nur wenige Monate nach seiner Errichtung in der Presse in geradezu schwärmerischer Diktion beschrieben, nicht ohne den Verweis auf den eindrucksvollen *Don Giovanni*, den der Berichterstatter bei der Anschauung stets mitklingen hört: »Den traurigsüßen Eindruck, den dieß Monument an der Stelle, wo es errichtet ist, von mahlerischen Baumgruppen umgeben, in deren Wipfeln oft ein lindes Abendlüftchen seine Klagen flüstert, in der

Nähe der stets geschwätzigen Ilmnymphe, und von der scheidenden Abendsonne vergoldet, mahlt kein Bild. Es kann nur in diesem heiligen Haine der Weihe selbst empfunden werden.«[10]

Mozarts Musik, die in Weimar in den 1790er-Jahren nicht nur fast eine ganze Dekade kontinuierlich gepflegt wird, sondern auch eine singuläre Würdigung durch ein in seinen Deutungsangeboten reiches Denkmal in den herzoglichen Parkanlagen erfährt, konnte – so hat die kleine Reise zeigen können – vor allen den im nahegelegenen Jena wirkenden Literaten und jungen Künstlern sowie ihren zahlreichen Gästen und Besuchern neue Hörerfahrungen und -zugänge eröffnen. Es ist deshalb nicht überraschend, dass der Name »Mozart« in Briefen und Schriften des Jenaer und später Berliner Frühromantiker-Kreises immer wieder auftaucht, sei es im Zusammenhang des schon erwähnten Nachdenkens über diese bemerkenswerte Musik, sei es im Dokumentieren des Hörens oder gar Spielens dieser Musik, oder sei es gar in der persönlichen Begegnung mit dem Komponisten selbst. Dabei ist Mozart freilich nicht der einzige Komponist, der gehört wird und das Bild von Musik der jungen Literaten maßgeblich prägt. Die Notwendigkeit, sich mit ihrem Musikbild zu befassen, liegt auf der Hand und soll an dieser Stelle nochmals unterstrichen werden: Einerseits geben alle Literaten, die heute als maßgeblich für die Frühromantik gelten, kund, von Musik fasziniert zu sein und mithilfe der Musik ihre Prosa und vor allem Lyrik revolutionieren zu wollen; nicht wenigen von ihnen gilt Musik gar als die höchste aller Künste. Andererseits sind ihre literarischen Werke selbst voller Musik, voller Musikerlebnisse, sie spielen mit musikalischen Metaphern und Symbolen und schreiben in Anlehnung an musikalische Formen. Musik gehört somit zum Kerngeschäft der philosophischen und literarischen Praxis um 1800 – so liegt die Frage nahe, was es denn genau für Musik war, die man kannte, an der man sich begeisterte und von der man sich berühren und inspirieren ließ. In mehreren Etappen wollen wir die Musikerlebnisse der literarischen Romantiker befragen, wie sie aus den Briefen und Schriften erkennbar werden, die deren musikalische Kompetenz, auch ihr Musizieren und Komponieren, erwähnen. Ebenso sollen persönliche Begegnungen mit Musikern und Komponisten, vertiefende Debatten und Reflexionen über zeitgenössische Musik und schließlich die Kenntnisse musikwissenschaftlicher und -theoretischer Art offengelegt werden.

Freilich ist es unmöglich, alle Konzerte oder privaten musikalischen Zusammenkünfte zu ermitteln, die die Literaten besucht haben. Das ist auch nicht nötig, eingedenk der Tatsache, dass Musik im privaten und öffentlichen Raum im weitaus intensiveren Maße als heute eine große gesellschaftliche Rolle spielte und die Teilhabe an ihr (aktiv oder rein rezeptiv) eingeübte kulturelle Praxis war. Mit Blick auf die Erlebnisse zweier Protagonisten, Ludwig Tieck und Wilhelm Heinrich Wackenroder, sowie mit Seitenblicken auf Novalis und E. T. A. Hoffmann, lassen sich indes exemplarisch grundsätzliche Einblicke gewinnen, wie man sich die Musikbegegnungen der Literaten vorzustellen hat.

Über Tiecks Leben sind wir durch den frühen Biographen Rudolf Köpke, der den Dichter noch persönlich sprechen und befragen konnte, recht gut informiert, auch wenn diese Nähe in mancher Hinsicht vielleicht verzerrend gewirkt haben mag. Seine Biographie erschien 1855 nur kurz nach Tiecks Tod.[11] Köpke berichtet, Tieck habe oft »musikalische Aufführungen, Gespräche über Musik, Urteile über Wert oder Unwert einzelner Kompositionen« gehört und habe angefangen, »im Gegensatz zum Modegeschmack sich zu Mozarts großen Tondichtungen« hinzuwenden.[12] Auch als Tieck in Göttingen studiert, nimmt er an »allwöchentlichen Hauskonzerten« des Juristen Johann Stephan Pütter teil.[13] Freunde und Zeitgenossen berichten des Öfteren, wie Tieck von Musik gerührt wurde. So lesen wir in einem Brief von Clemens Brentano an Achim von Arnim Anfang Oktober 1806, er habe Tieck »Tränen weinen sehen«, als Bettine von Arnim vor ihm gesungen habe.[14]

Dass Tiecks musikalische Kenntnisse groß gewesen sein müssen, lässt sich neben den biographischen Einlassungen Köpkes am ehesten über einen Umweg aus dem Prosastück *Musikalische Leiden und Freuden* ermitteln, das Tieck erstmals im August 1822 im Freundeskreis vorliest. Darin verarbeitet er autobiographische Erinnerungen an die Berliner Kindheits- und Jugendtage, setzt sich selbst als die Figur eines musikalischen Laien in die Handlung, die bis in die Gegenwart reicht, da unter anderem die neuesten Opern – wie Carl Maria von Webers *Freischütz* von 1821 – diskutiert werden und manche Rückblicke auf Mozart stattfinden. Auch der Freund Wackenroder tritt in der Figur des Grafen auf, für den die Geschichte – anders als im wahren Leben – eine positive Wendung nimmt. Da das Stück eigene Erlebnisse in Prosa wandelt, kann es als egodokumentarische Quelle für Tiecks Musikerleben gelten. Abgesehen davon zeigt der Text eine tiefe Musikkenntnis, die weit über die eines bloßen Laien hinausgeht, der hier als Sprecher auftritt. Für unseren Zusammenhang sind verschiedene Aspekte in diesem kleinen Text wichtig. So berichtet Tieck von seinem sechsjährigen, anscheinend fruchtlosen Violinunterricht bei zwei Lehrern, seinem offenbar nicht steuerbaren, arg auffälligen Grimassenschneiden während des Musizierens (von dem auch Köpke berichtet) und einem missglückten geigerischen Auftritt des Jungen in der Nachbarschaft, ausgerechnet vor den Nachbarstöchtern.[15] Sodann beschreibt er seine Begeisterung für Lieder, zum Beispiel von Johann Abraham Peter Schulz,[16] sowie – intensiv und ausführlich – sein erstes Erlebnis einer Mozart'schen *Don Giovanni*-Aufführung in Berlin; Tieck berichtet (in der Figur des Laien): »Mir [...] war, als fiele mir schon während der Ouvertüre eine Binde von allen Sinnen. Ich kann die Empfindung nicht beschreiben, die mich zum erstenmal überraschte, daß ich wahre Musik hörte und verstand. Mit dem Verlauf des Werkes steigerte sich mein Entzücken, die Absichten des Komponisten wurden mir klar, und der große Geist, der unendliche Wohllaut, der Zauber des Wundervollen, die Mannigfaltigkeit der widersprechendsten Töne, die sich doch zu einem schöngeordneten Ganzen verbinden, der tiefe Ausdruck des Gefühls, das Bizarre und Grauenhafte, Freche und Liebevolle, Heitere und Tragische, alles dieses, was dieses Werk zu dem einzigen seiner Art macht, ging mir durch das Ohr in meiner Seele auf. Daß es so plötzlich geschah, vermehrte meine Begeisterung, und ich konnte nun kaum den Belmont[17] desselben Meisters erwarten, dessen Leidenschaftlichkeit mich nicht weniger entzückte.«[18] Ebenso beschreibt Tieck sein Zusammentreffen mit einer »edlen Familie« – klar erkennbar die Familie des Komponisten Johann Friedrich Reichardt –, in der die Töchter so schön singen: Dort habe er unter anderem italienische Kirchenmusik schätzen und lieben gelernt.[19] Tieck schreibt in dem Stück seiner Figur des Laien außerdem eine partielle Überforderung mit der Musik Beethovens zu, die selbst ihre schönsten Wirkungen immer wieder zerstöre: »Unruhe«, »scharfe Deklamation« und Momente des »Überspringens« – vor allem in Beethovens Goethe-Liedern – irritieren ihn; jene von Reichardt gefallen ihm besser.[20] Tieck kritisiert Gioacchino Rossini, auch Gaspare Spontini, schätzt aber Mozart, der noch Ironie gehabt habe, wie es heißt, und vor allem Christoph Willibald Gluck.[21] Über die erhebende Wirkung von Musik wird abschließend räsoniert: »Eine Musik, recht vorgetragen, wiegt sich wie ein Stück des Himmels und sieht aus dem reinen Äther in unser Herz und zieht es hinauf.«[22] Nehmen wir diese autobiographisch geprägte Prosa ernst, so können wir festhalten, dass Tieck nicht nur von Musik umgeben ist, sondern sie auch für einige Zeit selbst ausübt, dass er ein breites Repertoire durch sein musikalisches und persönliches Umfeld in Berlin kennenlernt und sich ein vergleichsweise professionelles Urteil über moderne Musik zutraut. Seinem Musikbild liegt durchaus eine Kennerschaft zugrunde, eine durch Aktivität und Rezeption geprägte Perspektive.

Für Wackenroder gilt dasselbe, wenn auch noch in intensiverem Maße, da er selbst Musiker und Komponist werden wollte. Sein Briefwechsel mit Tieck ist nicht umsonst voller Musikberichte und -debatten. Interessant ist, dass seine Konzertbesuche zwar alle Gattungen umfassen, er sich aber besonders für die neuen italienischen Opern in Berlin der 1790er-Jahre interessiert. So entdeckt er »viel Schönes« in Giovanni Paisiellos *Barbier von Sevilla*,[23] beklagt sich aber zugleich über die »Operettenwut« der Berliner, die in ihrer »Barbarei« noch nicht ihren Höhepunkt erreicht habe.[24] Und er nutzt die Briefe an Tieck auch für längere Berichte, wie ein Beispiel vom Januar 1793 zeigt: »Neulich habe ich die neue Oper v. Righini (aus Maynz) gesehen. Die Musik ist in einige Stellen, besonders in Terzetten, Duetten usw. *voll* Gedanken u Geist, u wird hier sehr bewundert. Nur sieht *mir* zuweilen der Italiäner mit seinen sangbaren u einfachen Melodieen, wie sie seyn sollten, die aber nur zu sehr an bekannte u gemeine Lieder-Weisen u Tanzmusik gränzen u etwas zu gewöhnl. sind, durch. Da ich Dir von den Schönheiten nichts zur Probe geben kann, so muß ich so undankbar seyn, Dir eine abgeschmackte Idee des Komponisten mitzuteilen, welche beweist, daß die Leute sich in Geniestreichen oft gewaltig täuschen

können. Er hat sich vermuthl. auf seine Originalität etwas zu Gute getan, wenn er das Orakel, das 6 od. 8 Verse *singt*, beständig in *demsel-*
ben Tone singen läßt. Allein um es noch origineller zu machen, hat er
– kann man sich etwas widersinnigers denken? – hat er diesen Einen
stets ausgehaltenen Ton von nichts weiter als von den künstlichsten
Bravourpassagien in den hohen Regionen der Violine begleiten lassen. Es ist ein Exempel über alle Exempel von verdorbenem Ausdruck!
Trompeten od. andere Blasinstrumente müssen ihm zu gemein gewesen seyn.«[25] An dem Text lässt sich nicht nur eine große, vergleichende
Repertoirekenntnis, sondern ebenso ein tiefer Einblick in Fragen der
Instrumentierung, des Verhältnisses von musikalischer Idee und Umsetzung oder auch Originalität und Geistlosigkeit ablesen.

Neben Opern oder Singspielen bezieht sich Wackenroder in seinen Briefen häufig auf Instrumentalmusik. Wenn er gegenüber Tieck
dabei von Sinfonien spricht, meint er meist die Ouvertüren der Opern
oder Schauspiele, die er gesehen hat. In einem Fall geht er dabei – leider
ohne den gehörten Gegenstand explizit zu machen – weit über eine
bloße Beschreibung hinaus und vertieft sich in bildgewaltige Überlegungen zur Wirkungsmacht des Instrumentalen und zur Problematik,
diese im Schauspiel in Portionen zu gliedern: »Die erste Symphonie vor
dem ersten Akt, höre ich immer mit gespanntem Gefühl und inniger
Teilnahme an; aber bei allem folgendem ist mir das unmöglich, und ich
sehe die Zwischenmusik nur als eine Leinwand, als ein Tuch an (dies
Bild hab' ich mir schon immer davon gemacht), worauf ich mir die Szenen des vergangenen Aktes noch einmal vormale. Wird die Musik als-
dann unterbrochen, so ist's, als würde mein Gewebe zerrissen, und ich
habe nichts, woran ich die Bilder meiner Phantasie anheften kann.«[26]

Wackenroder hat – wie Tieck, aber weit intensiver – Musik in seiner
Prosa verarbeitet und damit Hinweise auf seine eigenen Musikerlebnisse gegeben. In dem berühmten Text *Das eigenthümlich innere We-*
sen der Tonkunst, und die Seelenlehre der heutigen Instrumentalmusik[27] beschreibt er den Verlauf einer Ouvertüre oder eines Sinfoniesatzes, der
»vor meinen Sinnen schwebt«, das heißt den Sinnen des Protagonisten
Berglinger: »Mit leichter, spielender Freude steigt die tönende Seele aus
ihrer Orakelhöhle hervor, – gleich der Unschuld der Kindheit, die einen

lüsternen Vortanz des Lebens übt, die, ohne es zu wissen, über alle Welt hinwegscherzt, und nur auf ihre eigene innerliche Heiterkeit zurücklächelt. – Aber bald gewinnen die Bilder um sie her festen Bestand, sie versucht ihre Kraft an stärkeres Gefühl, sie wagt sich plötzlich mitten in die schäumenden Fluthen zu stürzen, schmiegt sich durch alle Höhen und Tiefen, und rollt alle Gefühle mit muthigem Entzücken hinauf und hinab. – Doch wehe! sie dringt verwegen in wildere Labyrinthe, sie sucht mit kühn-erzwungener Frechheit die Schrecken des Trübsinns, die bittern Quaalen des Schmerzes auf, um den Durst ihrer Lebenskraft zu sättigen, und mit einem Trompetenstoße brechen alle furchtbaren Schrecken der Welt, alle die Kriegsschaaren des Unglücks von allen Seiten mächtig wie ein Wolkenbruch herein, und wälzen sich in verzerrten Gestalten fürchterlich, schauerlich wie ein lebendig gewordenes Gebirge über einander. Mitten in den Wirbeln der Verzweiflung will die Seele sich muthig erheben, und sich stolze Seligkeit ertrotzen, – und wird immer überwältigt von den fürchterlichen Heeren. – Auf einmal zerbricht die tollkühne Kraft, die Schreckengestalten sind furchtbar verschwunden, – die frühe, ferne Unschuld tritt in schmerzlicher Erinnerung, wie ein verschleyertes Kind, wehmütig hüpfend hervor, und ruft vergebens zurück, – die Phantasie wälzt mancherley Bilder, zerstückt wie im Fiebertraum, durch einander, – und mit ein paar leisen Seufzern zerspringt die ganze lauttönende lebenvolle Welt, gleich einer glänzenden Lufterscheinung, in's unsichtbare Nichts.«[28]

Was nach Literatur klingt, und es de facto auch ist, ist aber derart intensiv mit Hinweisen auf konkrete musikalische Prozesse gespickt – langsamer Anfang, Entwicklung des Themas, dessen Steigerung, Trompetensignal, nochmalige Steigerung und Entspannung, veränderter Rekurs auf den Beginn, leises Ausklingen –, dass es verführerisch ist, hinter dieser Schilderung reale Musik zu vermuten.[29] Dies wohl weniger im Sinne einer poetisierenden Nacherzählung eines wirklich gehörten oder vielleicht gar selbst komponierten spezifischen musikalischen Verlaufes, als vielmehr im Sinne einer aus musikalischer Kennerschaft heraus formulierten, aus vielen individuellen Höreindrücken überhaupt erst zusammengesetzten, in dieser literarischen Idealform vermutlich (noch) nicht geschriebenen Musik.[30] Was

Wackenroder beschreibt, lässt sich allein aus literaturwissenschaftlicher Perspektive nicht mehr verstehen, war ihm als Komponist aber absolut geläufig: Es ist der Verlauf eines Sonatensatzes mit langsamer Einleitung, Themenexposition und Durchführung, variierter Reprise und Coda. Ein Sinfoniesatz in Sonatenform zu Wackenroders Zeit hatte – mit Heinrich Christoph Koch von 1793 – ein periodisches Hauptthema, dem »in den neuern Sinfonien« oft ein kurzer »Einleitungssatz von langsamer Bewegung« vorangestellt ist, sodann einen zweiten Teil mit »Behandlung«, Erweiterung oder auch Modulation, und abschließend wieder das Hauptthema durchaus auch in veränderter Gestalt.[31] Diese Nähe zur zeitgenössischen Sonatenlehre ist erst zu verstehen, wenn Wackenroders eigenes Musizieren und Komponieren in den Blick gerät. Festhalten können wir an dieser Stelle, dass Wackenroder, wie schon Tieck, moderne Musik nicht nur erlebt und passiv rezipiert, sondern aufgrund einer tiefen und großen Repertoirekenntnis ein fachmännisches Urteil fällen und sogar eigene Musik (literarisch und musikalisch) erfinden kann.

In den Briefen finden sich sehr selten konkrete Werknennungen, aber einige wenige sind immerhin vorhanden. Da man sich das Gros der Debatten mündlich vorstellen muss, tut dieser Mangel vorerst nichts zur Sache; das Material genügt, um erste Werke und Komponisten zu benennen, die – abgesehen von Carl Friedrich Zelter, Mozart und Reichardt – klingend präsent sind und über die auch gestritten werden kann. So existieren Berichte über gehörte Instrumentalmusik, allen voran verschiedene Ouvertüren zu Schauspielmusiken oder Opern der Berliner Theaterbühnen. Diese Berichte muss man sich nicht als Rezensionen vorstellen – in den privaten Korrespondenzen, in denen sie auftreten, funktionieren sie nicht als öffentliche Dokumente. So berichtet Tieck am 10. Mai 1792 an Wackenroder, er habe »Symphonien zu ›Hamlet‹ und ›Axur‹« gehört.[32] Im ersten Fall könnte es sich um die bekannte Schauspielmusik-Ouvertüre von Georg Joseph Vogler (1778) oder jene von Johann Rudolf Zumsteeg (ca. 1785) handeln, der zweite Fall benennt klar Salieris Opernouvertüre *Axur, re d'Ormus* (1788), ein enorm erfolgreiches Stück. Die Werke verbindet, dass Tieck, wie er schreibt, »jedesmahl die Thränen in den Augen gekommen [sind], alles Grosse setzt mich in eine Art von Wuth, bei vielen geht es den Ohren vorüber, ohne die Seele anzufassen. Die Reichardinn sagte mir einmahl schon vor langer Zeit, daß das Rührende lange nicht den Eindruck auf sie mache als das Erhabene, wobei sie sich nie der Thränen enthalten könne; ich fand diese Behauptung damahls sonderbar, jetzt nicht mehr.«[33] Wer sich einen Eindruck von dieser als »erhaben« empfundenen Musik der *Hamlet*-Ouvertüre Voglers und der *Axur*-Ouvertüre Salieris machen möchte, die Tieck in diese enorme emotionale Kurve mitnimmt, wird im Falle Salieris zunächst an Mozart erinnert; Voglers Werk dagegen entwickelt eine eigene, eher unbestimmte Dramatik. Auch E. T. A. Hoffmann begeisterte sich für *Axur*, den er 1795 als »ganz vortrefflich« beschreibt und der gesamten Oper »Reichthum der Gedanken und richtige Deklamation« bescheinigt; er gibt überhaupt den Opern Salieris »den Rang gleich den Mozartischen« und fügt als Komponist hinzu: »Ach Freund, eine einzige so komponierte Oper könnte das Glück meines Lebens machen.«[34] Salieris Ouvertüre macht, wenn man sich auf mehrfaches Anhören einlässt, viele Angebote, Neues zu hören: sei es die trotz quasi monothematischem Gestus geradezu enorme Vielseitigkeit an harmonischen und dynamischen Kleidern, die das Thema überstreift und damit ein Labyrinth von spielerischer Leichtigkeit und abschattierter Nachdenklichkeit durchschreitet, sei es die Mischung aus elegischen Fragegesten, von denen nicht wenige unbeantwortet bleiben und den Hörer stattdessen in rasend abstürzende Arpeggienketten hineinwerfen, ganz so, als sei im tiefen Streichergebrummel da unten eine Antwort zu finden. »Mitreißend« ist ein gutes Wort, um die Wirkung der Ouvertüre zu beschreiben, sie schleudert den Hörer gleichsam in den ersten Akt hinein, und er kann erstmals in ihren gedehnten Schlussakkorden aufatmen. Voglers zehn Jahre ältere, in manchem indes jünger wirkende Ouvertüre ist, wie schon Zeitgenossen bemerkten, an den Hamlet-Plot angelehnt. Dies indes kaum allein als Narration, denn sowohl das düstere c-Moll zu Beginn des langsamen (und mit knapp drei Minuten auch bedrückend langen und herumtastenden) ersten Teils, als auch das Allegro in Es-Dur sind rhythmisch und gestisch gebrochen und spiegeln beide die Gesamtstimmung des Hamlet wider, der als ambivalente Heldenfigur in der Frühromantik eine entscheidende und nachhaltige Umdeutung erfahren sollte. Freilich können wir heute unser Ohr kaum von abgelagerten Schichten jüngerer Musik, die uns als romantisch etikettiert zugetragen worden ist, befreien und ein »period ear«[35] entwickeln, das es bräuchte, um das Neue an dieser Musik zu verstehen, von dem die Romantiker ergriffen sind. Ebenso ginge es an der Sache vorbei, Voglers oder Salieris Ouvertüren rundweg zu frühromantischen Stücken zu erklären. Das in ihnen allein musikalisch ausformulierte Kippen zwischen Monothematik und Vielseitigkeit (Salieri) oder Narration und Gesamtschau (Vogler) mag dazu beigetragen und Angebote formuliert haben, über Formationen von Handlungen, Figuren und Charakterisierungen neu nachzudenken.

Kenntnisse von und Begegnungen mit Musik schließen auch einige wenige Zusammentreffen der Literaten mit Musikforschern ein. Tatsächlich hören Wackenroder und Tieck (zeitversetzt 1792 bzw. 1794) musiktheoretische Vorlesungen bei Johann Nikolaus Forkel an der Göttinger Universität. Zwar sind weder Studentenakten noch Zeugnisse erhalten, in denen das nachzuweisen wäre,[36] doch sind dazu Briefe überliefert, ebenso besitzt Wackenroder nachweislich beide Forkel-Schriften – *Theorie der Musik* und die *Geschichte der Musik*.[37] Er fragt Tieck zuerst im November 1792, ob er in Göttingen schon auf Forkel getroffen sei: »Solltest Du in Gött. einmal den Professor Forkel, der eine Gesch. d. Musik, eine musikal. *kritische* Bibl. usw. geschrieben, u ein vortreffl. musikal. Kritiker ist, *kennen* lernen, so schreib mir v. ihm. Schreib mir doch ja, ob er Kollegia üb. d. Musik itzt liest. Er ist mir ein interessanter Mann.«[38] Tieck antwortet sofort, denn wer habe Forkel noch nicht gesehen: »Dieser giebt hier Conzerts, und läßt ausserordentlich viel Dittersdorffsche Musik aufführen, ob dies mit dem guten Geschmack übereinkommt [...], daran zweifle ich sehr und Du wahrscheinlich noch weit mehr«;[39] darauf Wackenroder: »Forkels Geschmack thut mir leid.«[40] Offenbar ist der neue romantische Musikgeschmack in Berlin, aber noch nicht in der Kleinstadt Göttingen eingetroffen. So wundert nicht, dass Tieck zum Jahresende 1792 aus Göttingen berichtet: »Du schreibst mir vom Koncert, ich bin gestern in das hiesige gewesen, es hat mir erstaunlich viel Langeweile gemacht, Forkel sieht sehr gewöhnlich aus. Das Quinkelieren und

Paukenschlagen, – ach es geht zum einen Ohr hinein und zum andern hinaus und das Herz weiß nichts davon, es ist so unangenehm, wie ein Gepolter, das einen aus dem Schlafe weckt. – Ein Chor von Händel ward unausstehlich schlecht gesungen.«[41] Über etwaige Vorlesungsinhalte wird nicht gesprochen, und aufgrund des Verlustes des Wackenroder'schen Nachlasses,[42] der Mitschriften erhalten haben mag, kann über seine Leseerfahrungen nur spekuliert werden.

Wie steht es um die musikpraktischen Kenntnisse der Literaten? Dass Tieck selbst musiziert, wurde bereits angesprochen. Vermutlich aber fasst er nach den sechs Jahren Geigenunterricht das Instrument nicht mehr an; es gibt dazu jedenfalls keine Berichte. Später lässt er sich stets Musik vorspielen, vor allem wenn er Reichardts besucht, aber auch Wackenroder tat dies wohl des Öfteren, wenn Tieck ihm schreibt und sich wünscht, »Du spieltest mir auf dem Clavier etwas vor«.[43] Tieck gelangt vor allem als Rezitator eigener und fremder Text zu großem Ansehen, er muss als Vorlesender eine außergewöhnliche Aura entfaltet haben. Wackenroder hingegen ist nicht nur durchgehend musikalisch und auch kompositorisch aktiv, er strebt zeitweilig sogar eine Karriere als Musiker an. So versucht sein Schulfreund Tieck – beide besuchten zwischen 1786 und 1792 das Friedrichwerder'sche Gymnasium in Berlin – vergeblich, Wackenroders Vater davon zu überzeugen, dass der Sohn Musiker werden müsse.[44] Wir wissen außerdem, dass Wackenroder bei Carl Friedrich Christian Fasch, dem Begründer der Sing-Akademie zu Berlin, Unterricht in Geige und Komposition erhält, den er später bei dessen Nachfolger Carl Friedrich Zelter fortsetzt. Da Fasch seine Unterrichtsunterlagen eigenhändig vernichtet hat und das Material der Zelter'schen Sing-Akademie infolge des Zweiten Weltkrieges nicht mehr vollständig vorhanden ist,[45] sind die Details des Unterrichts nicht mehr zu rekonstruieren. Klar ist jedenfalls, dass Wackenroder komponiert hat, und dies kontinuierlich. So schreibt er an Tieck 1792: »Es bleibt aber noch immer mein Verlangen, einmal in der praktischen Komposition noch weiter zu kommen, dann würd' ich weit reichere Quellen des Räsonnements darüber haben; – wenn auch nur so weit, daß ich kleine Arien, Duetten, Chöre u.s.w. komponieren könnte, – daß ich Dein Lamm[46] nach meinen Schallmeyen und Flöten auf der

Bühne springen lassen könnte.«[47] Und kurz darauf schreibt Tieck an Wackenroder am 10. Mai 1792: »Solltest Du nichts neues haben, so schicke mir doch etwas unabgeschriebenes von Deinen ältern Sachen, auch wenn es Dir nicht unangenehm wäre, einige Deiner Compositionen, ich werde jezt bald Gelegenheit haben, sie mir spielen zu lassen, denn künftigen Sonntag gehe ich nach Halle [zu Reichardt].«[48] Wackenroder antwortet am 12. Mai: »Vielleicht versucht meine Muse bald wieder eine Kleinigkeit, ich schicke sie Dir dann.«[49] Wackenroder stirbt bereits 1798 im Alter von 25 Jahren, keine seiner Kompositionen ist uberliefert – zu gern würde man wissen, was er denn skizziert und komponiert hat.

Während wir über das berühmte Diktum hinaus, dass die »Sprache [...] wieder Gesang werden muß«,[50] fast nichts über die Musikpraxis von Novalis alias Friedrich von Hardenberg wissen – er erwähnt immerhin »Musiktreiben« und auch die »Guitarre« (als genuin romantisches Instrument)[51] – und auch die wenige Jahre jüngeren Clemens Brentano und Achim von Arnim wohl keine tieferen musikalischen Kenntnisse haben, ist E. T. A. Hoffmann mindestens ebenso als Komponist wie als Literat bedeutsam. Dass er sich für Mozarts *Don Giovanni* begeistert, wurde bereits erwähnt, er besitzt die Partitur und spielt sie oft am Klavier durch. Auch nimmt er sein Klavier, so möglich, auf Reisen mit. So schreibt er an seinen Freund Hippel 1795, er müsse es auf das Land mitnehmen: »Mit einer Art Geisteserhebung denke ich daran – es ist als rauschte plötzlich ein düstrer Vorhang auf, und ich blickte in ein Elysium.«[52] Seine Briefe sind voller Anmerkungen über das Komponieren, über gehörte und kritisierte Musik. Hoffmann war lange als Musikkritiker tätig, seine berühmte Rezension der 5. Sinfonie Beethovens von 1810 wird uns noch beschäftigen. Auch er kennt Reichardt, als dessen Schüler er sich in den 1790er-Jahren bezeichnet.[53] In seiner autobiographischen Skizze im *Brockhaus Conversations-Lexicon* von 1818 wird zudem als sein »Lehrer im Generalbaß und Kontrapunkt [...] der Organist Podbielski in Königsberg« benannt. Hoffmann darf also als ein professionell ausgebildeter Komponist gelten. Er selbst listet in seinen Briefen eine Sinfonie in Es-Dur sowie drei Ouvertüren auf, dazu Kammermusik und Vokalmusik (darunter eine Missa solemnis), die er komponiert habe, die Sinfonie sei auch in Warschau bereits

»oftmahls«[54] aufgeführt worden. Sein heute in Berlin verwahrter Nachlass ist erschlossen, zugänglich und auch gut erforscht. Mit dieser Doppelbegabung als Komponist und Literat – im Grunde eine Dreifachbegabung, rechnet man das Kritisieren als romantische Kunstpraxis noch dazu – ist Hoffmann freilich eine Ausnahmefigur unter den Frühromantikern um 1800. Seine Hörerfahrungen, nicht nur als Musiker – neben dem Klavier und der Violine spielte er auch Harfe, und zwar auch improvisierend[55] –, sondern als Rezensent und Konzertgänger, sind im Vergleich mit seinen Zeitgenossen allein quantitativ sicherlich kaum zu überbieten, und dass vor allem Mozart sein Fixstern ist, kann man abgesehen von der Wahl des dritten Vornamens Amadeus auch musikalisch erfahren: Der dritte Satz seiner Es-Dur-Sinfonie von 1805/06, ein Menuetto, bildet eine hörbare Reverenz an Mozarts Menuett aus seiner großen Es-Dur-Sinfonie KV 543.

Wie den Jenaer Ereignissen um 1800 und den zitierten Briefen zu entnehmen ist, ist die persönliche Begegnung, in gleichgesinnten Künstlerzirkeln, in der Nähe zu großen Künstlern und im Austausch mit ihnen, essenziell für das Fortleben romantischer Ideen und Praktiken. Für die Berliner Zeit von Wackenroder und Tieck – Wackenroder hält sich dort bis auf die Reisezeit und kurze Studienphasen in Erlangen und Göttingen beinahe durchgehend auf; Tieck ist bis 1792, danach wieder 1794 bis 1799 in Berlin – ist für beide der enge Kontakt mit Carl Friedrich Zelter belegt. Wie die Kontakte sich im Einzelnen gestalten, ist aufgrund fehlender Unterrichtsunterlagen unklar, bekannt ist, dass Wackenroder von Zelter unterrichtet wird[56] und Tieck eine Freundschaft mit Zelter[57] pflegt. Hoffmann tritt in diesem Kreis erst später auf, er erwähnt in seinen Briefen ein erstes Zusammentreffen mit Zelter im Juli 1807.[58] Zelter ist uns heute vor allem durch seine Freundschaft mit Goethe (ab 1802) und viel später – zeitlich schon außerhalb unseres Interessenkreises – als Lehrer und Förderer Felix Mendelssohns bekannt. Als Komponist wird er – neben einem frühen Klavierrondo und einem Bratschenkonzert – vor allem geschätzt als ein zuverlässiger, unaufgeregter Vertreter einer meist strophisch ausgerichteten, am Primat des Textes orientierten Liedtradition. Die Goethe-Vertonungen nehmen in seinem Liedschaffen insgesamt den größten Raum ein, am bekanntesten ist wohl sein *Faust*-Lied »Es war ein König in Thule«. Man kann Zelter kaum als Frühromantiker bezeichnen, ganz im Gegenteil wissen wir aus dem Briefwechsel mit Goethe um seine Skepsis gegenüber Beethoven, sein Missfallen an Webers *Freischütz*, und auch seine recht gut dokumentierte Ausbildung des jungen Mendelssohn zeigt sicher keinen Romantik-affinen Lehrer. Auch die Literaten äußern sich in ihren Briefen nicht über Zelters Komponieren. Fällt er – mit Jahrgang 1758 etwas jünger als Mozart und doch gut zehn bis fünfzehn Jahre älter als die Generation Tieck, Wackenroder, Novalis und Hoffmann, die sämtlich in den 1770er-Jahren geboren wurden – aus der Generation der Neuerer in der Musik damit heraus?

Ganz so einfach ist es, wie so häufig, nicht. Es gibt auch hier kein Schwarz-weiß-Bild, kein Entweder-Oder: Eine Rezension von 1803, erschienen in der Zeitschrift *Apollon*, zeigt eine Perspektive auf Zelters Musik, die Zwischentöne wahrnimmt, die wir bislang eher nicht mit der Figur des Romantik-skeptischen Zelter verbinden. Der anonyme Autor behandelt in einer vergleichenden Besprechung drei neue Vertonungen von Goethes Romanze *Der Junggesell und der Mühlbach*, die Komponisten sind neben Zelter Friedrich Franz Hurka und Bernhard Anselm Weber, die beide Anfang der 1760er-Jahre geboren wurden. Zunächst entpuppt sich der Rezensent als Romantik-affin, wenn er schreibt, ein Gesangskomponist solle grundsätzlich »die in der Poesie enthaltene innere Musik [...] entwickeln«.[59] Es geht ihm also nicht um eine Nachbildung oder -erzählung des modernen Goethe-Textes, der 1799 erstmals gedruckt wurde, sondern um dessen poetische »Entwicklung« in der Musik. (Interessant ist, dass das im Gedicht entwickelte Zwiegespräch zwischen einem Junggesellen und einem Mühlbach später Vorbild für Wilhelm Müllers Textzyklus *Die schöne Müllerin* war, den Franz Schubert in berühmte Musik gesetzt hat.) Sagen wir also, der Rezensent hatte eine romantische Vorahnung, in diesem Goethe-Gedicht eine poetische Mission zu vermuten. Nach einem Vergleich der drei Vertonungen befindet er Hurkas Lied als schlecht, Webers wiederum als dem Text unangemessen: »Webers Musik ist für die süße Sehnsucht des Jünglings viel zu traurig und klagend; jene geht dadurch ganz verlohren.«[60] Nur Zelters Vertonung gilt ihm als gelungen, denn: Sie sei, was »die Musik zu einer

Notenbeispiel 1

Carl Friedrich Zelter, *Der Junggesell und der Mühlbach*, 1801

ächten Romanze immer und vor allen Dingen seyn soll, nämlich ächt romantisch«.[61] Freilich ist der Begriff hier noch an die literarische, also auf
die Gattung der Romanze gemünzte Perspektive zugeschnitten, man
darf also die Bezeichnung des Liedes als romantisch nicht eins zu eins
auf die Frühromantik beziehen. Und in der Tat hat der schlichte Lied-
satz (vgl. Notenbeispiel 1) mit simpler Harmonik, Orgelpunkt-Tonika
auf G, sodann einer Septakkord-Quintschritt-Sequenz zurück zur Tonika zunächst einmal wenig mit uns bekannten Romantizismen etwa in
späteren Liedsätzen Schuberts zu tun. Auffällig ist zumindest, dass die
Musik den regelhaften Text mit zwei fünfhebigen und zwei vierhebigen
Zeilen musikalisch unregelmäßig umsetzt, indem zweimal drei Takten
zunächst zwei (T. 7f.), dann wieder drei folgen. Indes fällt dem anonymen Rezensenten ein – auf den ersten Blick scheinbar harmloser –
Kunstgriff auf: Zelter habe im Gegensatz zu den anderen beiden Komponisten »mit dem größten Rechte«, so der Rezensent, Junggeselle und

Bach dieselbe musikalische Sprache sprechen lassen, sie werden durch die Strophigkeit auf dieselbe Ebene gesetzt. Das spricht den romantisch wachen Rezensenten an, der über die rhetorische Frage »Wodurch unterscheiden sich denn die Empfindungen des Jünglings und des Bächleins?« in eben dieser melodischen Identität »die Anmuth der Dichtung« ideal verwirklicht sieht.[62] Während der Rezensent die Textausdeutung als poetisch gelungen erkennt, vermisst er bei Zelter die »Sehnsucht« in der Melodie. Also doch kein frühromantisches Lied?[63] Aber immerhin eines, das ein feines Gespür für das Abgründige des Textes und sein merkwürdiges Doppelspiel mit derselben sinnlichen Empfindung eines sprechenden Baches und eines Wanderers an den Tag legt, das romantisch wache Rezipienten als auffällig werten konnten.

Wenden wir uns weiteren Komponisten zu, die die Romantiker persönlich getroffen haben. In seiner Form anekdotischen Berichtens höchst aufschlussreich ist die Begegnung von Tieck mit Mozart. Der Biograph Köpke berichtet: Tieck betritt »lange vor dem Anfange der Vorstellung die halbdunkeln, noch leeren Räume des [Berliner] Theaters [...] und erblickte [...] im Orchester einen ihm unbekannten Mann. Er war klein, rasch, beweglich und blöden Auges [kurzsichtig], eine unansehnliche Figur in grauem Überrock. Er ging von einem Notenpult zum andern und schien die aufgelegten Musikalien eifrig durchzusehen. Ludwig begann sogleich ein Gespräch anzuknüpfen. Man unterhielt sich vom Orchester, vom Theater, der Oper, vom Geschmacke des Publikums. Unbefangen sprach er seine Absichten aus, aber mit der höchsten Bewunderung für die Opern Mozarts. ›Sie hören also Mozarts Opern oft und lieben Sie?‹ fragte der Unbekannte. ›Das ist ja recht schön von Ihnen, junger Mann.‹ Man setzte die Unterhaltung noch eine Zeitlang fort; der Zuschauerraum füllte sich allmählich, endlich wurde der Fremde von der Bühne her abgerufen. Seine Reden hatten Ludwig eigentümlich berührt, er forschte nach. Es war Mozart selbst gewesen, der große Meister, der mit ihm gesprochen, ihm seine Anerkennung ausgesprochen hatte.«[64] Hier treffen anekdotische Modelle romantischer Genie-Berichte – an denen auch die frühe Komponisten-Biographik reich ist[65] – mit dem Wunsch des Biographen Köpke zusammen, Tieck als frühen Kenner und vor allem Er-Kenner

Abbildung 2
Netzwerker der Romantik. Johann Friedrich Reichardt,
Stich nach einem Gemälde von Anton Graff (1794)
Bildquelle: repropool.de

Mozart'scher Musik zu inszenieren. In späteren Jahren – bereits au
ßerhalb unserer in diesem Buch behandelten Phase um 1800 – besucht
Tieck auch Beethoven 1813 in Wien, lernt Carl Maria von Weber 1819
kennen und begegnet in den 1840er-Jahren noch Mendelssohn. Das
können wir hier allerdings getrost vernachlässigen. Stattdessen tritt
in unserer Zeit um 1800 eine andere Figur in den Mittelpunkt so ziemlich aller Romantiker und ihrer Begegnungen mit Musik: der bereits
mehrfach erwähnte Johann Friedrich Reichardt (vgl. Abbildung 2). Als
Komponist wird uns Reichardt in diesem Buch noch des Öfteren begegnen, er hat unmittelbar Anteil an einer klingenden und philosophischen Frühromantik. Um sich dieser Persönlichkeit und ihren Begegnungen anzunähern, lohnt ein weiterer reisender Exkurs, dieses Mal
nach Giebichenstein bei Halle, an jenen Rückzugsort, den man später die Herberge der Romantik genannt hat und der bis zu Reichardts
Tod 1814 durchgehend von Künstlern bevölkert war, die dort mit
ihm in einen folgenreichen Austausch geraten.

Abbildung 3
Romantischer Sehnsuchtsort bei Halle. Burg Giebichenstein, Druckgrafik, ca. 1850
Stiftung Händelhaus Halle, Sign. BS-IIa 98

Reichardt betreibt ab 1791 einen immensen Aufwand, den Garten seines frisch bezogenen Hauses in Giebichenstein ganz den Rousseau'schen Idealen entsprechend umzugestalten.[66] Anders als in den Parkanlagen in Wörlitz oder Weimar, wo der Übergang von künstlicher Anlage und Naturumgebung möglichst bruchfrei gelingen soll, verzichtet Reichardt jedoch auf die in diesen Parks anzutreffenden Dekorationen wie künstliche Ruinen, abgebrochene Säulen, Tempel, Grotten oder Brücken. Das Bemerkenswerte an seinem Privatpark – den man heute im Gegensatz zu dem längst abgerissenen Wohnhaus, das einer Straßenbahnlinie weichen musste, noch besichtigen kann, wenngleich manche Wegeführungen und angrenzende Spielplatzanlagen nicht authentisch sind – war und ist seine Weitsicht auf die Saale hinab. Die Sicht von der Anhöhe des Parks ist heute zwar recht verwachsen, muss aber seinerzeit spektakulär gewesen sein (vgl. Abbildung 3). Tieck, der Reichardt seit 1787 kennt und 1792 kurzzeitig auch in Halle an der Universität in unmittelbarer Nähe zu Giebichenstein immatrikuliert ist, beschreibt diese Wirkung so: »Die Saale glänzte vor mir wie ein großer See, tausend kleine Sterne zitterten auf der ungewissen Oberfläche, ein leichter goldener Nebel ruhte über die ganze Gegend, die Wogen der Saale tönten in der einsamen Nacht wie die Schritte eines Wanderers, bald wie Harfentöne, bald wie das Rudern eines Schiffes. [...] Endlich stieg ich auf die Felsen, die schönste Gegend bei Giebichenstein, wie alles romantisch vor mir lag.«[67] Auch Achim von Arnim ist Reichardts Gast. In seinem Stück *Halle und Jerusalem. Studentenspiel und Pilgerabenteuer* lässt er mit Blick auf die Saale sagen: »Da schwimmt eine Schar Studenten auf leichten Kähnen schnell daher, den Schwänen nach, die drohend ihre Jungen schützen, am Himmel singen tausend Lerchen, als strömten sie aus hohem Sonnentor, die Sonne scheinet früher aufgewacht, die rasche Jugend spiegelnd zu begrüßen.«[68] Clemens Brentano, Novalis, Friedrich Schlegel, Wackenroder, der Kompositionsschüler Hoffmann – und sogar Goethe, Leopold Friedrich Günther von Göckingk, Johann Heinrich Voß und Friedrich Schleiermacher sind in Giebichenstein mehrfach zu Gast. Auch treffen sich Novalis und Tieck im Sommer 1799 dort zum ersten Mal. Tieck berichtet später, dass Novalis die ersten Gedanken zu seinem Fragment gebliebenen Roman *Heinrich von Ofterdingen* in Giebichenstein gekommen sein sollen.[69] Schlegel trifft in Giebichenstein ebenfalls mehrfach mit Novalis zusammen, wovon der Briefwechsel Zeugnis ablegt.[70]

Die Treffen in Giebichenstein boten auch für die nicht musizierenden Romantiker die Möglichkeit, neue und ältere Musik kennenzulernen – darunter Reichardts eigene Musik, aber auch viele andere Stücke, die er mit seiner musikalischen Familie und den Gästen wechselweise aufführt. Er selbst beherrscht seit seiner Kindheit Violine, Laute, Klavier und Gesang. Novalis hört nach eigener Aussage dort erstmals Lieder von Mozart[71] und greift möglicherweise selbst in seine Gitarre. Ebenso kann man sich in der Abenddämmerung mit Blick auf das Saale-Tal die romantisch gestimmte Gemeinschaft der Harfe Hoffmanns andächtig lauschend gut vorstellen, ähnlich wie in dem – freilich literarisch stilisierten, 1809 entstandenen – Porträt von Germaine de Staël, das sie mit einer Harfe versonnen in der abendlichen Natur zu Füßen einer Burg sitzend zeigt (vgl. Abbildung 4 auf Seite 49). Reichardt komponiert seine in Giebichenstein entstandenen Gedicht-vertonungen (zu Goethe und Schiller) nicht nur für Waldhorn, Gitarre oder Klavier, sondern auch für Harfe, deren überaus zarten Klang er für die Gesangsbegleitung sogar ausdrücklich empfiehlt.[72]

Dem Lied gelten überhaupt viele Bemühungen in Giebichenstein, sowohl hinsichtlich der Vertonung neuer Texte, etwa von Goethe, aber auch mit einem zunehmenden Interesse an der Sammlung von überlie-fertem Liedgut. Arnim, der von 1798 bis 1800 in Halle studiert, beschäf-tigt sich intensiv mit dem Sammeln von Volksliedern und gerät darüber mit Reichardt in einen kreativen Austausch. Nicht zuletzt kann er, dem das Talent zum Musizieren selbst abgeht, sich die Texte bei Reichardts in Musik setzen und sich vorspielen lassen. Ebenso trägt Reichardt Texte alter Hallenser Volkslieder zusammen, die er dem jungen Dichter übergibt. Diese münden in die epochemachende Sammlung *Des Knaben Wunderhorn*, die in drei Bänden 1806 bis 1808 in Heidelberg in den Druck geht. Die Sammlung ist zwar Goethe gewidmet, doch auch Reichardt wird bedacht: Der in Band 1 am Ende abgedruckte Text »Von Volkslie-dern«, in dem Arnim eine wirkmächtige Liedästhetik entwirft, ist wohl nicht zufällig Reichardt gewidmet. Bedeutsam ist ebenfalls, dass Rei-chardt die Heidelberger Poeten nicht nur bei ihrem Projekt unterstützt, sondern sogar beinahe zeitgleich (1805) eine Liedersammlung vollendet und publiziert, in der er unter dem Sammeltitel *Troubadour* auch zahl-reiche Liedtexte von ihnen – aber auch von Tieck und Goethe – vertont. Hier schließen sich in der gegenseitigen Inspiration mehrere Kreise. Reichardts Dichtergarten wird in diesen vielen kleinen Geschichten als Umschlagplatz seiner und anderer neuer Musik sichtbar, als Dis-kussionsraum, als Rückzugsort des Austausches und des gemeinsamen Arbeitens am Projekt der Romantik. In Giebichenstein kann man heute noch Reichardts Grab besuchen, auf dem verwilderten Friedhof hinter der kleinen Bartholomäus-Kirche, eingefasst von den gusseisernen In-signien seiner favorisierten Instrumente Violine und Harfe und ganz vorn mit einem leeren Blatt Notenpapier ausgestattet, Platz lassend für jene Musik der Zukunft, die nach romantischer Vorstellung eine ideale und damit in aller Konsequenz eine nicht notierbare ist.

Abbildung 4
Harfespielen im Park als romantische Handlung.
Marie Louise Élisabeth Vigée-Lebrun: Porträt der Literatin Germaine de Staël als Corinne, 1809

Die Hörerfahrungen der frühromantischen Literaten um 1800 sind, wie gesehen, vielseitig. Sie zentrieren sich um prägende Persönlichkeiten wie Zelter und Reichardt und betreffen Werke von Mozart, Salieri und weiterer Opern-, Sinfonie- und Liedkomponisten des späten 18. Jahrhunderts. Da von den Romantikern keine musikalischen Bibliotheken überliefert sind und wir viele Reflexionen über Musik im direkten mündlichen Austausch in Weimar, Jena und Giebichenstein vermuten müssen, kann freilich nur ein schmales Panorama eingefangen werden von der Vielseitigkeit an Musik, die Literaten hörten. Immerhin legen die Quellen folgende Aspekte offen: Man hört sehr viel neue Musik, also Musik der unmittelbaren Gegenwart, mit Vorliebe Instrumentalmusik, aber mindestens ebenso begeistert Opern, Schauspielmusiken und – als Gattung, die wie keine andere überall präsent war – Lieder. Das reale, an gehörter Musik geschulte Bild ist entsprechend vielseitig, die Teilhabe an Musik ist aber – und das ist entscheidend – nicht allein rezeptiv-passiv, sondern aktiv-produktiv. Das Spektrum reicht von Reflexionen über das eigene Hören (Wackenroder) und das (Mit-)Schreiben an Kritiken (Reichardt, Hoffmann) über das Sammeln von Liedgut (Reichardt, Arnim, Brentano) und das eigene Musizieren (Wackenroder, Tieck, Hoffmann, vielleicht Novalis) bis hin zum Komponieren selbst (Wackenroder, Hoffmann, Reichardt). Und hätte man vor diesen Überlegungen Ludwig Tiecks Besuch im italienischen Palestrina wohl als übliche Touristenroute auf seiner 1805 absolvierten Italienreise abgetan,[73] so fragt man sich vielleicht jetzt, ob er mit diesem Abstecher zum Geburtshaus eines der bedeutendsten Komponisten des späten 16. Jahrhunderts nicht weit mehr verband als eine Lokalvisite an der norditalienischen Westküste, zumal der eher unmusikalische Goethe an Palestrina vorbeireiste. In jedem Fall darf man die berühmte Äußerung von Novalis, die Sprache »muß wieder Gesang werden«[74] nun mit anderen Augen lesen. Hier wusste jemand, was Gesang ist.

3. Neue Debatten:
Die Musik spricht – oder nicht?

Wir begeben uns in einem ersten Schritt direkt in eine der wichtigsten musikästhetischen Debatten der Frühromantik: jene um den sprachlichen Eigenwert der Musik. Zuerst in den 1780er-, sodann in den 1790er- und 1800er-Jahren ist eine deutliche Interessenzunahme für Instrumentalmusik zu beobachten, die immer wieder zu der Grundsatzfrage führt, ob Musik auch ohne Text »sprechen«, also einen ästhetischen Eigenwert besitzen kann. Diese Diskurse finden nicht zufällig just dann statt, wenn die Literaten selbst – wie wir mittlerweile wissen – über Musik und ihre Wirkung, auch und gerade in der Instrumentalmusik nachdenken.

Ästhetische Wandel kündigen sich oft mit einer Mangeldiagnose an, in einem Perspektivenwechsel, der etwas Neues oder Anderes erwartet als das, was ist, was somit als Mangelsituation empfunden wird. So ist es in der Literatur, wenn die Frühromantiker einen Wandel im Schreiben und der Art, über das Schreiben zu sprechen, fordern. Und so ist es auch in der Musik. Johann Friedrich Reichardt gehört zu den ersten, die über diesen Mangel öffentlich nachdenken, in seinem Artikel »Instrumentalmusik« im ersten Band seines *Musikalischen Kunstmagazins* von 1782.[1] Der Text ist in mehr als einer Hinsicht bemerkenswert. Nicht nur, weil er einen Mangel diagnostiziert, und zwar eingebettet in eine kursorische historische Erzählung der Musikgeschichte vom antiken Griechenland bis Johann Sebastian Bach auf nicht einmal einer Seite, ganz so, als sei der konstatierte Mangel eine logische Konsequenz der Historie. Sondern auch, weil Reichardt in einem zweiten Artikelteil eine Lösung anbietet, indem er produktiv in Richtung Charakterstück argumentiert, dem Leser also gleich eine neue Perspektive auf das Komponieren – und mal so ganz nebenbei eine neue Gattung – bietet. Und nicht nur das: Er liefert eine eigene Komposition gleich mit, indem er dem Leser vorführt, wie man aus einem Petrarca-Gedicht ein »Adagio con molto espressione« für Klavier formt.[2] Dass nun ausgerechnet ein Renaissance-Gedicht einen Komponisten zu einem Instrumental-Adagio anregt, der Medienwechsel von frühneuzeitlicher Lyrik zu Instrumentalmusik im Anschluss an eine historische Argumentation als Modell modernen Komponierens angeboten wird, ist kaum weniger als ein frühromantisches Programm (in, zugegeben, recht verkürzter Form).

Konkret bemängelt Reichardt an der zeitgenössischen Instrumentalmusik in der Nachfolge Bachs und Georg Anton Bendas, dass Komponisten versucht hätten, »den äußern Sinn statt den innern zu befriedigen«.[3] Man vermische die Leidenschaften, so heißt es weiter, »auf eine höchst unschickliche Art [...]. So entstanden die höchst unnatürlichen Sonaten, Symphonien, Konzerte und andre Stücke unsrer neuen Musik.«[4] Die expressive Oberflächlichkeit der Musik um 1780 sei ein Problem, insbesondere die – wie Reichardt es nennt – »höchst unschickliche Vermischung, wo Weinen und Lachen sich jagen«.[5] Worauf das Ganze abzielt, ist klar: Instrumentalmusikstücke der Bach-Söhne-Generation, expressiv subjektive Musik, die Empfindungswechsel allzu deutlich sicht- bzw. hörbar werden lässt. Reichardts Text ist früh und mit Blick auf das Adagio, das an anderer Stelle nochmals Thema sein wird, höchst originell, doch er steht nicht allein da mit seinem Unbehagen an oberflächlicher Musik. Zwei Jahre früher erscheint eine ästhetische Abhandlung »Über musikalische Malerei« von Johann Jacob Engel. Sie gerät als Teil von Band 4 seiner erst 1802 gedruckten Schriften verspätet in den Umlauf, doch Reichardt erlangt weit vorher von ihr Kenntnis und kann den Text schon 1783 im Cramer'schen *Magazin der Musik* zugänglich machen.[6] Da sich der Artikel in Briefform an Reichardt richtet, Engel ihn direkt anspricht (»Liebster Freund«) und eingangs offenlegt, dass Reichardt wohl selbst es war, der ihm diese Untersuchung »aufgegeben« habe, wird deutlich, dass vielleicht aus dieser an den Philosophen gerichteten Bitte um eine ästhetische Sondierung des Gebietes auch der eigene, wenn auch kurze Artikel zur Instrumentalmusik herrühren mag. Reichardt hat den Text Engels – allerdings nur in der Zeitschriftenveröffentlichung – mit kommentierenden Fußnoten versehen und manches mit Bezug auf musikalische Fakten oder Werke präzisiert bzw. weitergedacht. Hier steht der Musiker im spannenden Dialog mit dem Philosophen, treten beide Disziplinen in einen fruchtbaren Austausch. Da diese recht früh formulierten und in den musikästhetischen Diskurs eingespeisten Ideen einen Wendepunkt in der Wahrnehmung malender, sprechender Qualitäten der Musik bilden, lohnt ein genauerer Blick auf den Text, von dem viele Aspekte in der Musikpresse der folgenden Jahre wieder aufgenommen werden.

Engel beginnt seine Ausführungen – von einem Philosophen kaum anders zu erwarten, methodisch sauber – mit der Definition des Malens, das einen Gegenstand »durch natürliche Zeichen vor die sinnliche Empfindung bringen« kann.[7] Er beschreibt sodann verschiedene Konzepte vollständiger (auf das Ganze zielender), unvollständiger (auf einen Teil zielender) und andeutender (»transcendentelle[r]«[8]) Tonmalerei, geht sodann aber zu der wichtigeren Variante über, wenn nämlich ein Komponist »den Eindruck nachahmt, den dieser Gegenstand auf die Seele zu machen pflegt«.[9] Hier nun könne er sich von der gegenständlichen Nachahmung durch die Musik lösen und den Akzent auf die Wirkung legen. Engel beschreibt sodann verschiedene Mittel, wie dies gelingen kann:[10] weiche und harte Tonarten, Tonartencharakteristika, Melodie, Bewegung, Rhythmus, Harmonie, Stimmlage, Instrumente, Dynamik usw.; er zählt im Grunde das gesamte Portfolio des Komponierens auf und kommt zu dem Schluss, dass die Musik auch »bestimmte Aehnlichkeiten«[11] zu Empfindungen gut malen, das heißt darstellen könne. Hier setzt Reichardt seine üppigste Fußnote und widerspricht Engel insofern als er sagt, dass es ein großer Unterschied sei, ob »sinnliche Gegenstände« oder »Ausdrucke der Empfindung« musikalisch einfangen werden sollen. Dafür gibt er mit einer Wut-Arie aus einer Oper von Paolo Scalabrini ein Beispiel, deren schlichte musikalische Ausgestaltung – »Noten von gleicher Dauer; keine Syncopation, keine schnelle Bewegung der Begleitung in den ersteren Tacten« – »noch stärker diese Wut ausdrückt; ob er gleich gerade lauter entgegengesetzte Mittel anwendet«.[12] Die Musik spricht, so Reichardt, ohne im gegenständlichen Sinne zu malen.

Ein anderer Einspruch Reichardts ist mindestens ebenso aufschlussreich, wenn Engel bei einer Gewittersymphonie die vom Ereignis erzeugten Empfindungen und nicht das Gewitter selbst darzustellen empfiehlt und aus diesem Grunde Johann Adam Hillers Gewitter in *Die Jagd* der Gewittersymphonie François-André Danican Philidors vorzieht.[13] Reichardt kommentiert in einer Fußnote, dass das Optimum wohl vielmehr wäre, beides – das Gewitter (als Gegenstand) und die Angst der Figuren (als Empfindung) – musikalisch darzustellen, und befindet daher beide Versionen als zu einseitig. Engels Text, dem ein gewisses Mäandern durch seinen ihm fachlich eher fremden Gegenstand nicht abzusprechen ist, streift nach der Ouvertüre[14] auch kurz Sinfonie und Sonate, die aus »einer Leidenschaft« eine »Reihe von Empfindungen« ausprägen – hier kommt dem Leser Moses Mendelssohns Empfindungsästhetik in den Sinn[15] –, und denkt sodann darüber nach, ob diese Reihe nicht genuin lyrisch geprägt sein müsse.[16] Sodann geht er zu dem Genre über, das Reichardt wohl hauptsächlich interessiert hatte, der Vokalmusik. Hier unterscheidet er zwischen Gesang und Begleitung und entwickelt mit dem Objektiven und Subjektiven zwei Konzepte, in denen das Objektive das Tonmalen im alten Sinn, das Subjektive jenen Ausdruck der Empfindung, meint, für die die Stimme zuständig sei: »Ausdruck erreicht den Zweck des Gesanges, Malerei zerstört ihn.«[17] Reichardt kommentiert hier kaum noch, er ist offenbar einverstanden mit dem Diktum, der Komponist solle stets die Idee, nicht das Wort malen.[18] Abschließend bescheinigt Engel den Instrumenten, und damit der Instrumentalmusik ebenso wie der Begleitung des Gesanges, weitaus flexiblere Gestaltungsmöglichkeiten in der Malerei als der Vokalstimme.[19]

Dass Reichardt bei Engel eine Abhandlung über das Malen in der Vokalmusik erfragt hat und kurz darauf in seinem eigenen Text über Instrumentalmusik nachdenkt, zeigt die Dynamik der Debatte: Sie entzündet sich an dem Verhältnis von Gesang und Begleitung, an einer spürbaren Aufwertung des Instrumentalparts in der Vokalmusik.[20] Dieses Verhältnis wird qualitativ neu gewichtet. Nicht anders lässt sich die Definition von Vokalmusik lesen, die 1792 in der *Musikalischen Monatsschrift* erscheint: »Eine Vokalmusik kann in gedoppelter Hinsicht betrachtet werden, einmal als Musik bloss und zweitens als musikalische Verschönerung eines lyrischen Gedichts.«[21] Vokalmusik als »blosse Musik« – was zunächst wie eine Contradictio in adjecto erscheint – setzt einen Poetik-Begriff voraus, der Musik und Text als gleichberechtigte Ausdrucksmittel versteht. Aber es geht noch um mehr als poetische Augenhöhe, es geht um eine gegenseitige, heute würden wir sagen mediale Durchdringung beider. Der Kritiker und Mozart-Experte Friedrich Rochlitz bringt dies 1799 auf den Punkt: »Weg mit dem Gedicht, das nicht auch klingt, aber noch weiter weg mit der musikalischen Komposition, die nichts sagt!«[22] Poesie muss klingen, Musik muss sprechen, und für Rochlitz ist die »Gesellschaft beyder das Höchste«.[23] Konsequent denkt er im Anschluss darüber nach, dass Instrumentalmusik nicht nachträglich textiert werden dürfe, und bezieht damit in einer recht aktuellen Debatte Stellung, in der der Komponist André-Ernest-Modest Grétry sich in seinen dreibändigen *Mémoires* von 1789 dafür ausgesprochen hatte, Joseph Haydns Sinfonien zu textieren. (Seine *Mémoires* wurden erst 1800 von Carl Spazier ins Deutsche übersetzt, Rochlitz hatte sie im Original gelesen.) Für unseren Zusammenhang ist wichtig, dass der instrumentale Anteil in der Vokalmusik einen ästhetischen Eigenwert zugebilligt bekommt und dass genau genommen damit das Phänomen der »Begleitung« nicht nur aufgewertet, sondern neu definiert wird. Es nimmt nicht wunder, dass diese Entwicklung schon bald in ein Narrativ der Emanzipation der Instrumentalmusik von der Vokalmusik eingebunden wird, wenn im ersten Doppeljahrgang der *Allgemeinen musikalischen Zeitung* von 1799 in einem mehrteiligen Essay »Ueber die Tonkunst« zu lesen ist: »Nicht zufrieden, der Singstimme gleichsam nur zur Sekunde zu dienen, wollte sie [die Begleitung] bald selbst die Hauptstimme, wollte selbst und für sich allein Musik seyn.«[24]

Diese Umwertung des Instrumentalen in der Vokalmusik zeigt sich in den Musikkritiken und musikästhetischen Schriften einerseits an einem breiten und in sich recht heterogenen Werkkatalog an Vokalstücken, die nun nicht mehr primär danach befragt werden, wie der Text in Musik gesetzt wird, sondern immer öfter auch danach, welchen Anteil der Instrumentalpart am Ganzen hat. Überhaupt zeigt eine rein quantitative Durchsicht der Rezensionen im besagten Zeitraum, dass

Vokalmusik die Liste der am meisten rezensierten Genres nicht nur anführt, sondern dies auch deutlich über 1810 hinaus tut.[25] Nur so lässt sich
auch die Argumentation einer Rezension 1803 verstehen, die die rhetorische Frage »Hat die Dichtkunst jetzt einen höhern Wert errungen,
warum soll es nicht auch die Tonkunst versuchen?« positiv beantwortet,
indem Lieder als diese »höhern Werte« verkörpernd vorgestellt werden.[26] Hier kommt noch ein anderer Aspekt der Frühromantik ins Spiel:
Weil Musik nach einheiliger Meinung der Zeitgenossen zwar mehr sagen kann als die Sprache, aber dennoch begriffslos ist, wandeln sich die
Sprechakte über Vokalmusik: Es zieht ein romantischer, schwärmerischer Tonfall ein, wenn die Musik Thema ist. So kann man 1799 em-
phatische Rezensionen über Haydns Oratorium *Die Schöpfung* finden,
in denen die Musik als »beynahe auch sichtbar werdendes Chaos«, »erhaben und süß zugleich«[27] bezeichnet wird, Liedkompositionen werden
schon 1803 vor allem deshalb als gelungen bezeichnet, weil »das Erwa-
chen, Scherzen und Spielen der Lüfte in der Begleitung ausgedrückt«[28]
sei. (Dass derselbe Kritiker Mozarts »Don Juan« als »eigentliche Oper,
[...] die romantische Oper«[29] bezeichnet, braucht uns nicht zu wundern.)
Und wenn Christian Friedrich Michaelis 1808 seine Überlegungen *Ueber
das Idealische in der Tonkunst* mit einem Zitat Reichardts beschließt, in
dem genau diese poetische Gemeinschaft von Text und Musik Thema ist,
erkennen wir in Reichardts Überlegungen, die 25 Jahre zuvor formuliert
wurden, etwas durchaus Vorausschauendes. Michaelis zitiert Reichardt:
»Wo Worte nichts mehr vermögen, nicht mehr hinanreichen, drücken
Töne, Harmonieen, das Unaussprechliche aus und erheben den Begeisterten weit über sich selbst. Der vollkommenste poetische Versbau und
Rhythmus erhält selbst erst durch den hinzukommenden musikalischen
Rhythmus seine höchste Kraft und Wirkung; nur vereint reissen sie hin,
entzücken sie, heben die Seele zum höchsten, göttlichen Aufschwung,
und senken sie wiederum in den Abgrund der Vernichtung.«[30] Vokalmusik ist, wenn sie gut gemacht ist, nichts weniger als existenziell.

Um ein Beispiel zu geben, wie diese neuen Verbünde aus Stimme
und Begleitung gemeinsam am großen Ganzen des Ausdruckes arbei-
ten, kann das Lied *Die verfehlte Stunde* von Friedrich August Kanne gelten, das dieser im August 1802 in Leipzig drucken ließ.[31] Das zugrunde

liegende vierstrophige Gedicht gleichnamigen Titels stammt von August Wilhelm Schlegel und wurde erstmals 1796 veröffentlicht:[32]

Qual des ungestillten Sehnen
Pocht mir in empörter Brust.
Liebe, die mir Seel' und Sinnen
Schmeichelnd wußte zu gewinnen!
Wiegt dein zauberisches Wähnen
Nur in Träume kurzer Lust
Und erweckt zu Thränen?
Süß berauscht in Thränen
[Refrain:] An des Lieben Brust mich lehnen,
Unsre Arme, Lippen, Zungen,
Fest gesogen, fest geschlungen:
Das nur stillt mein Sehnen!

Ach! ich gab ihm keine Kunde,
Wußt' es selber nicht zuvor;
Und nun beb' ich so beklommen:
Wird der Traute, wird er kommen?
Still und günstig ist die Stunde;
Nirgends droht ein horchend Ohr
Dem geheimen Bunde.
Treu im sel'gen Bunde
An des Lieben Brust mich lehnen [...]

Hör' ich leise Tritte rauschen,
Denk' ich: »Ha! da ist er schon!
Ahndnung hat ihm wohl verkündet,
Daß die schöne Zeit sich findet,
Wonn' um Wonne frei zu tauschen.«
Doch sie ist schon halb entflohn
Bei vergebnem Lauschen.
Mit entzücktem Lauschen
An des Lieben Brust mich lehnen [...]

»Täuschen wird vielleicht mein Sehnen«
Hofft' ich »des Gesanges Lust.
Ungestümer Wünsche Glühen
Lindern sanfte Melodien.«
Doch das Lied enthob mit Stöhnen
Tief erathmend sich der Brust,
Und erstarb in Thränen.
Süß berauscht in Thränen
An des Lieben Brust mich lehnen [...]

Dass es sich trotz der strengen Reimordnung um ein frühromantisches Gedicht handelt, ist offensichtlich: Das ungestillte Sehnen aus der ersten Zeile wird jeweils in der Schlusszeile des Refrains und damit auch am Gedichtende als irgendwann einmal lösbar angekündigt (»Das nur stillt mein Sehnen!«). Dennoch bleibt eine Ungewissheit bestehen: Die Schmachtende (»wird er kommen?«) spricht mit sich selbst, sie ahnt, sie wünscht und singt sich schließlich in der letzten Strophe selbst etwas vor, weil sie hofft, dadurch ihr Sehnen zu lindern. Doch der gegenteilige Effekt stellt sich ein: Das Lied ist ein »Stöhnen« und »erstirbt«. Dann jedoch setzt wieder der Refrain ein: Das Ende ist offen, unerfüllt, aber immerhin prospektiv. Dass die Stunde insgesamt »verfehlt« sein soll, steht nur im Titel, aber nicht explizit im Gedicht selbst, das »die Stunde« in Strophe zwei ganz im Gegenteil als »günstig« beschreibt, in dem Sinne, dass das Sehnen nun ein Ende haben möge. Viele Worte sind klanggebunden, viele Zeilen geradezu musikalisch durchwoben: »pocht«, »wiegt«, »beb' ich«, »horchend Ohr«, »rauschen«, »Lauschen«, »Gesanges«, »Melodien«. Das Sehnen ist voller Musik, zugleich kann Musik das Sehnen aber auch nicht lindern. Es bleibt die Grundempfindung des Textes.

Kanne entscheidet sich – wie 14 Jahre später Franz Schubert – für eine strophische Umsetzung, eine zweiteilige Anlage, in der der Refrain ein rascheres Tempo hat (Strophen: Andante un poco Adagio; Refrain: Allegretto agitato), sowie die Tonart As-Dur (vgl. Notenbeispiel 2 auf den Seiten 60–61).[33] Die stockende, mit den Tonrepetitionen das Pochende und Inwendige des Textes nachahmende Gesangsstimme bricht erst in der vierten Zeile melodisch kurz aus, nicht ohne weiterhin von horchenden Pausen durchzogen zu sein. Der Refrain stürzt emotional für einen Takt in einen Sechzehntel-Rausch (»An des Lieben Brust mich lehnen«) und fängt sich dann wieder in klopfenden Repetitionen, um die Schlusszeile (»Das nur stillt mein Sehnen!«), die insgesamt viermal erklingt, mit dem Zug »C-Dur – f-Moll« dreimal tonal offen und schließlich beim vierten Mal zur Tonika As-Dur zurücklenkend zu gestalten. Doch auch in dieser Schlusswendung zeigt sich Kanne als Romantik-Versteher: Der Schlussakkord hat lediglich den Wert einer Achtelnote mit anschließender Pause und ist damit mehr als flüchtig. Von einer gestillten Sehnsucht nach dem Schlusston kann also nicht die Rede sein.[34] Dass Kanne »so schön das Ganze« habe »reflectieren lassen«, fiel auch einem anonymen Rezensenten auf,[35] der selbst mehr als wach gegenüber romantischen Aspekten war: »Herrlich wiedergegeben ist A. W. Schlegels vortreffliches Gedicht: die verfehlte Stunde. Ueber ein solches Gedicht etwas zu sagen, ist unmöglich, da es so poetisch ist, daß Ausdrücke, wenigstens wie die meinen, nicht hinreichen. Würde ich es thun, so müßte es doch wieder Poesie seyn und dann käme am Ende wieder Schlegels Gedicht wörtlich zum Vorschein, eben dann hätte ich wenigstens kein Verdienst. Darum auch würde ich es nur in Musik wiedergeben, wie Kanne gethan hat, dessen Composition aber so schön ist, daß ich wenigstens für jetzt meinen Vorsatz aufgegeben habe.« Besonders »treffend und herrlich« sei die »Quaal der schmachtenden Sehnsucht« umgesetzt, und auch die Gestaltung des Liedschlusses überzeuge: »Die Worte: das nur stillt mein Sehnen können wohl nicht leicht auf eine andere Weise als hier geschehen ist, componirt werden.«[36] Wenn wir den Versionen Schuberts heute unumwunden das Etikett des Romantischen anheften, dann darf das für Kannes Vertonung ebenso gelten. Seine Version ist poetisch und deutet ebenso die Gesamtstimmung wie die Entwicklung des Gedichtes aus. Hier gehen Musik und Text eine sinnfällige, intensive Symbiose ein.

Mit diesem Bedeutungswandel des Instrumentalen in der Vokalmusik zeichnet sich zugleich ein Wandel im Nachdenken über reine Instrumentalmusik ab, die von Literaten, Musikästheten und

Andante un poco Adagio

Qual des un-ge-still-ten Seh - nens pocht mir in em-pör-ter Brust, Lie - be, die mir Seel und Sin - nen schmei-chelnd wuss-te zu ge-win-nen, wiegt sein zau - be-ri - sches Wäh-nen nur in Träu - me kur - zer Lust, und er - weckt zu Thrä-nen.

Notenbeispiel 2
Friedrich August Kanne, *Die verfehlte Stunde*, 1802

reflektierenden Komponisten der 1790er-Jahre gleichermaßen zu einem neu zu entdeckenden Ideenkunstwerk erklärt wird.[37] Ihr Mangel an Begrifflichkeit wird rundweg zum Vorteil umgedeutet, die Brücke, die Reichardt 1782 noch über den Weg der poetischen bzw. textlichen Inspiration gebaut hatte, entfällt. Michaelis nennt schon 1795 Mozart als ersten Vertreter einer »Unbestimmtheit des musicalischen Ausdrucks«: Anknüpfend an Michel Paul Guy de Chabanon, der in seinen *Observations sur la musique*[38] bereits einen merklichen Aufschwung in der Sinfonieproduktion registriert und darin einen Grund für die zunehmende Wirkungsmacht der Musik sieht, erkennt Michaelis in Mozarts Musik nicht nur einen bisherigen Höhepunkt, sondern eine Wende im Instrumentalkomponieren seiner Zeit, indem sich nun »innigste[r] Gefühlsausdruck mit der kunstvollsten Symmetrie in den sogenannten Nachahmungen, harmonischen Umkehrungen und dgl. Äußerungen seines [Mozarts] musikalischen Tiefsinns«[39] verbinden. Schon zuvor verweist ein anonymer Autor in der *Musikalischen Monathsschrift* von 1792 auf einen anderen französischen Text – *Lettres écrites de France pendant l'année 1790*[40] –, der »für die Kunst« sehr wichtig sei: »Er zeigt nämlich, wie mich dünkt, ein neues, grosses, erhabenes Feld, in welchem der Komponist weit wahrer, sicherer und mächtiger die stärksten und edelsten Empfindungen in uns erwecken und beschäftigen kann, als auf den meisten Wegen, die er bisher, verführt durch den Dichter, eingeschlagen hat.«[41] Der Sinn der reinen Musik, das Unbewusste, das Innere ist es, was nun fasziniert. Wackenroder formuliert es 1797 ähnlich: »Und eben so ist es mit dem geheimnißvollen Strome in den Tiefen des menschlichen Gemüthes beschaffen. Die Sprache zählt und nennt und beschreibt seine Verwandlungen, die Tonkunst strömt ihn uns selber vor.«[42] Und Friedrich Schlegel denkt 1798 darüber nach, ob »die reine Instrumentalmusik sich nicht selbst einen Takt schaffen« muss, und fragt sich, ob »das Thema in ihr nicht so entwickelt, bestätigt, variiert und kontrastiert [wird], wie der Gegenstand der Meditation in einer philosophischen Ideenreihe.«[43] Instrumentalmusik hat keinen Begriff und schafft sich daher selbst einen. An dieser Stelle – als Stellvertreter der Sprache und Worte – werden für die Romantik die

Figuren des Autors und Hörers wichtig, denen wir uns in jeweils eigenen Kapiteln zuwenden wollen, denn das Ideenkunstwerk muss, um zu funktionieren, von jemandem formuliert und geprägt werden, andererseits vermittelbar sein, um verstanden zu werden.

Für die Diskussion um neue Instrumentalmusik und ihren Eigenwert greifen die Rezensenten und Ästheten nun einerseits auf neues Vokabular zu, das – wie in den Texten zur Vokalmusik – nun immer stärker auf das Unbestimmte zielt. So bringt es Michaelis 1805 auf den Punkt: »Die Musik spricht nicht unmittelbar Begriffe aus wie die Poesie.«[44] Was spricht die Musik denn aber nun aus? Darüber streiten sich die Gelehrten wie Künstler gleichermaßen, einig sind sie sich darin, dass sie mehr ausspricht als die Sprache. Gleichzeitig ist aber das, was sie ausspricht, nicht mehr so leicht bestimmbar, die Musik damit im Grunde realistischer beschrieben, als in früheren Kategorien der Nachahmung oder Affektenlehre, die Definierbarkeit suggerieren, aber am tatsächlich Musikalischen vorbeigehen. Das Problem ist im Grunde schon in den frühen 1780er-Jahren virulent, als Engel und Reichardt die Potenz der Tonmalerei hinterfragen und das Unbestimmte zunehmend wichtiger wird. Dementsprechend gehen die Deutungen weit auseinander. 1799 wird – anknüpfend an Engel, der auf das Lyrische als verbindendes Element im Instrumentalen abhebt – die Melodie in die Diskussion eingeführt und die immer wieder aufgegriffene Idee formuliert, sie sei die eigentliche Sprache der Musik. In den Worten des Theologen und Musikschriftstellers Johann Carl Friedrich Triests: Die Melodie »ist die Seele, die Zunge, das Sprachorgan der Musik.«[45] Damit Musik sprechen könne, heißt es wenig später bei Michaelis, müsse sie sich aber dennoch an Regeln halten, auf Klarheit besinnen: »Planlosigkeit, Unverhältniß-mäßigkeit in der Zusammensetzung, Unbestimmtheit in der Melodie und Harmonie macht das musikalische Product dunkel«[46] – gemeint ist jede Form von Übertreibung, von Expressivität im Sinne einer auf äußerliche Effekte zielenden Instrumentalmusik.

Die ästhetischen Erwartungen an und Überlegungen zur Instrumentalmusik werden in Rezensionen an der Musik selbst erarbeitet – sie sind daher keineswegs nur philosophische Reflexionen ohne konkreten Gegenstand. Der erste Komponist, der – neben Mozart – in das

Visier gerät, ist Joseph Haydn. Mit seinem Komponieren habe er das Instrumentale dem Vokalen endlich gleichgesetzt. Dazu formuliert etwa Triest: »So hat also kein Komponist des vorigen Jahrhunderts soviel für die Ausbildung der Instrumentalmusik gethan, als unser Vater J. Haydn. Keiner benuzte so ihre innere und äussere Kraft; keiner als er war im Stande, sie mit der Gesangmusik nicht nur in das gehörige Gleichgewicht zu stellen, sondern diese sogar dadurch zu nöthigen, dass sie gegen den Anfang des neuen Jahrhunderts all' ihre Kräfte aufbiete, um nicht hinter jener zurückzubleiben.«[47] Zugleich wird er als »größter Instrumentalkomponist«[48] bezeichnet: »Den ersten Rang nehmen unbezweifelt seine Sinfonien und Quartetten ein, worin ihn noch niemand übertroffen hat. Den zweyten seine Kompositionen für's Klavier, doch hierin nur durch das empfindungsvolle, zarte und bey aller Künstlichkeit fassliche hervorragend, denn in andrer Hinsicht mochten ihm (ausser Mozart) auch noch manche neuere Klavierkomponisten, besonders Muzio Clementi mit seinem Feuergeist (ja vielleicht in der Folge, wenn sich das wild Schwärmende gelegt bat, ein Beethoven) u. a. den Rang streitig machen.«[49] Der Text ist in vielerlei Hinsicht bemerkenswert: Nicht nur weil er auf ca. 60 Seiten über mehrere Ausgaben verteilt ein Resümee des musikalischen 18. Jahrhunderts zieht und sein Ende als Schwelle zu einem neuen Zeitalter des Komponierens begreift. Sondern auch, weil er in der neuen Musik zahlreiche Ideen entdecke und mit einer Figur wie Beethoven – der sich noch »beruhigen« müsse – in die Zukunft einer Instrumentalmusik blickt, die das bei Haydn vorgeprägte »Unbestimmte« weitertrage. Das Selbstverständliche, dass in dieser besten, modernen Musik kein Text mehr nötig sei, ist diesen Texten um 1800 bereits fest eingeschrieben.

Das geht so weit, dass man der Sinfonik Mozarts und später auch Beethovens so viel eigene sprachliche Kraft zutraut, dass man sie wiederum nachträglich textieren kann. Friedrich Rochlitz findet diese Idee furchtbar, wie wir wissen (und steht damit der Romantik nahe), während andere Autoren der Meinung sind, dies ließe sich durchaus machen. Möglicherweise ist dies eines der kreativsten Missverständnisse der Frühromantik. Ein solches Beispiel stammt von 1806 mit dem unverfänglichen Titel *Musik und Poesie* von August Apel.[50] Er versteht die

Sinfonie generell als »Ideenkunstwerk«[51] – so weit so gut –, dreht aber den Spieß um, indem er argumentiert, eben weil die Musik selbst Sprache sei, könne ein kundiger Autor (also er) diese in Worte rückübersetzen: »Ist die Sinfonie, wie hier vorausgesetzt wird, ein Kunstwerk von bestimmtem Charakter, so ist sie Darstellung einer Idee durch die sinnlichen Erscheinungen der Töne in Harmonie und Rhythmus. Die Idee selbst aber ist nicht an die Töne gefesselt; diese sind nur das Mittel, (das sinnliche Material), in welchem jene als musikalisches Kunstwerk erscheint. [...] Eine Sinfonie in ein Gedicht umsetzen, heisst demnach nichts anders, als ihre Idee und die bestimmte Charakterisierung derselben, abgesondert von dem Mittel der Darstellung auffassen, und von neuem durch das Material der Dichtkunst darstellen.«[52] Gesagt, getan: Mozarts Es-Dur-Sinfonie (von 1788, also ein 1806 noch relativ modernes Werk) wird in eine Narration verwandelt. Für die langsame Einleitung skizziert Apel eine Götter-Urwelt, eine mythologische Vorwelt von »Geburt und Gebärer« (vgl. Abbildung 5 auf Seite 66), das direkt folgende Allegro moderato eröffnet eine Liebesgeschichte eines Jünglings, im langsamen Satz wird das Liebesleid beklagt, und im Menuetto und Finale folgen das gute, aber auch reflektierende, ambivalente Ende: Leiden und Liebe bleiben bestehen. Der Trend zur Sinfonie-Textierung flackert im 19. Jahrhundert immer mal wieder auf, eher assoziativ wie hier, aber auch gelegentlich pedantisch im Übertrag von Noten auf Silben wie bei Hans Georg Nägelis Beethoven-Textierungen, ist aber nicht nachhaltig. Dass die Musik auch ohne Text sprechen kann, erscheint weitaus attraktiver. Dies ist nicht zuletzt der entscheidende Antrieb für eine große Instrumentalproduktion.

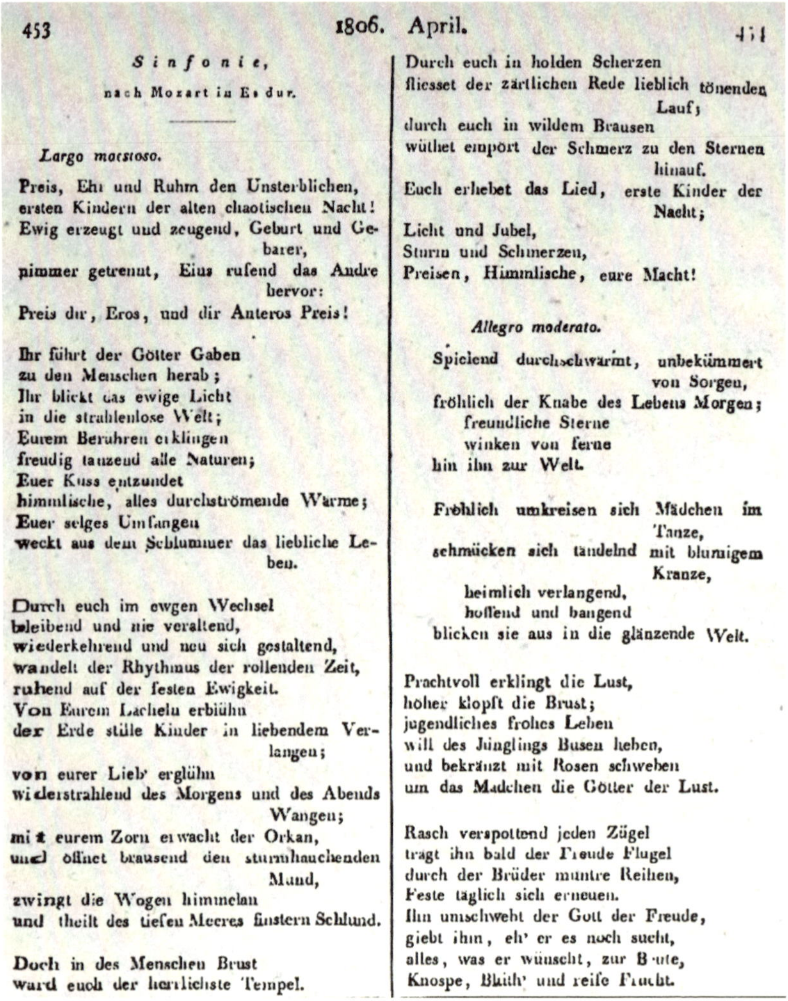

S i n f o n i e ,

nach Mozart in Es dur.

Largo maestoso.

Preis, Ehr und Ruhm den Unsterblichen,
ersten Kindern der alten chaotischen Nacht!
Ewig erzeugt und zeugend, Geburt und Ge-
                                    bärer,
nimmer getrennt, Eins rufend das Andre
                                    hervor:
Preis dir, Eros, und dir Anteros Preis!

Ihr führt der Götter Gaben
zu den Menschen herab;
Ihr blickt das ewige Licht
in die strahlenlose Welt;
Eurem Berühren erklingen
freudig tanzend alle Naturen;
Euer Kuss entzündet
himmlische, alles durchströmende Wärme;
Euer selges Umfangen
weckt aus dem Schlummer das liebliche Le-
                                    ben.

Durch euch im ewgen Wechsel
bleibend und nie veraltend,
wiederkehrend und neu sich gestaltend,
wandelt der Rhythmus der rollenden Zeit,
ruhend auf der festen Ewigkeit.
Von Eurem Lächeln erblühn
der Erde stille Kinder in liebendem Ver-
                                    langen;
von eurer Lieb' erglühn
widerstrahlend des Morgens und des Abends
                                    Wangen;
mit eurem Zorn erwacht der Orkan,
und öffnet brausend den sturmhauchenden
                                    Mund,
zwingt die Wogen himmelan
und theilt des tiefen Meeres finstern Schlund.

Doch in des Menschen Brust
ward euch der herrlichste Tempel.

Durch euch in holden Scherzen
fliesset der zärtlichen Rede lieblich tönenden
                                    Lauf;
durch euch in wildem Brausen
wüthet empört der Schmerz zu den Sternen
                                    hinauf.
Euch erhebet das Lied, erste Kinder der
                                    Nacht;
Licht und Jubel,
Sturm und Schmerzen,
Preisen, Himmlische, eure Macht!

Allegro moderato.

Spielend durchschwärmt, unbekümmert
                                    von Sorgen,
fröhlich der Knabe des Lebens Morgen;
    freundliche Sterne
    winken von ferne
hin ihm zur Welt.

Fröhlich umkreisen sich Mädchen im
                                    Tanze,
schmücken sich tandelnd mit blumigem
                                    Kranze,
    heimlich verlangend,
    hoffend und bangend
blicken sie aus in die glänzende Welt.

Prachtvoll erklingt die Lust,
hoher klopft die Brust;
jugendliches frohes Leben
will des Jünglings Busen heben,
und bekränzt mit Rosen schweben
um das Mädchen die Götter der Lust.

Rasch verspottend jeden Zügel
trägt ihn bald der Freude Flügel
durch der Brüder muntre Reihen,
Feste täglich sich erneuen.
Ihn umschwebt der Gott der Freude,
giebt ihm, eh' er es noch sucht,
alles, was er wünscht, zur Beute,
Knospe, Blüth' und reife Frucht.

Abbildung 5

(Un)romantische Textierung der Es-Dur-Sinfonie Wolfgang Amadé Mozarts.
August Apel: Musik und Poesie, in: Allgemeine musikalische Zeitung 8 (1806),
Heft 29, Sp. 453f.

4. Neue Modelle: Reflexion und Kritik

Der Frühromantik wesentlich ist ihr Interesse an Reflexion und Kritik. Das meint – in einem ersten Schritt – die generelle Bedeutungszunahme der Musikästhetik und Kritik in den 1780er-Jahren, das heißt, wir erkennen ein neues Sprechen über Musik, einen Wandel der Sprechakte. Der neue ästhetische Eigenwert der Musik wird gewürdigt, entsprechende Bewertungskriterien werden gebildet. Es setzt eine Professionalisierung des ästhetischen Musikschrifttums einschließlich der Bildung neuer Formate ein, neue Medien als Träger und Vermittler der Diskurse werden gegründet. In den neuen Musikzeitschriften finden sich zunehmend analytische Anteile und Notenbeispiele als Visualisierungen der Reflexion. Die Zeitschrift wird eine »romantische Form der Enzyklopädie«,[1] wie Ernst Behler sie genannt hat: plural und systemoffen. In den 1780er- und 1790er-Jahren vollzieht sich in diesen Medien ein Wandel im Sprechen über Musik. Es verlagert sich der Fokus von der Interpretation einer abstrakten Modellsituation, an der die Komposition gemessen werden kann, hin zu einer Vermittlung der dem Werk zugrunde liegenden Idee – wie Adolf Bernhard Marx es später nennen wird – an den Leser. Die Idee ersetzt jene schwer nachvollziehbare, empfindsam-subjektive Selbstaussage eines Komponisten – die man mit Kants ästhetischer Perspektive als etwas Erhaben-Unnahbares verstehen kann. Erst mit der Entschlüsselung dieser Idee ist die Voraussetzung für intersubjektive Verständlichkeit gegeben. Was bleibt, ist das Interesse an der Frage, wie sich das Subjekt in der Musik äußert, was sich ändert, ist der Weg der Begründung.

In einem zweiten Schritt werden die in der Frühromantik entwickelten Modelle der Reflexion wesentlich für die Kunst selbst. Dies sowohl in äußerer, philosophischer Perspektive, indem nun die Reflexion zum Mittelpunkt romantischer Kunstästhetik wird; aber auch in innerer, materialbezogener Perspektive, wenn die Reflexion als Kunstmittel in der Musik selbst zum Einsatz kommt. Insofern haben wir nun drei Etappen vor uns: erstens einen Blick in die junge, nun auch reflexiv geprägte und agierende Medienlandschaft vor und um 1800, zweitens die Skizzierung der philosophischen Rahmung von Reflexion und drittens die Überlegung, inwiefern Reflexion etwas sein kann, was die Musik selbst auch (aus)prägt.

Musikkritik kommt nicht erst um 1800 auf, das Diskutieren über Musik bzw. ihre Praxis und Theorie ist so alt wie die Musik selbst. Die Verschriftlichung der Diskurse findet spätestens in mittelalterlicher Musiktheorie und -philosophie statt, wenn die Frage »Quid est musica?« in Lehrer-Schüler-Dialogen verhandelt wird. Man könnte hier bereits nach den Ursprüngen reflexiven Denkens über Musik fragen oder in der Wahrnehmung dieses Faktums eine frühromantische Begeisterung für Geschichte[2] und ihre philosophischen und ästhetischen Praktiken beobachten. Indes ist die frühromantische Idee von Reflexion kein gelehrter Dialog, kein Anknüpfen an scholastische Traditionen der Musikvermittlung mehr, kein ganzheitliches Programm, das zwischen Gottesverehrung und Menschsein vermitteln will. Im späten 18. Jahrhundert wird die Kritik selbst zur Kunst, der Kritiker zum Künstler, und der beste Kritiker (oder »wahre Kritiker«, wie es später bei Novalis heißen wird) ist bereits Künstler, weiß also, wovon er in der Kritik spricht. Der Kritiker-Begriff strahlt schließlich auch auf den Leser aus, denn der »wahre Leser«, wie Novalis sagen wird, ist der »erweiterte Autor«.[3] Das Reflektieren über Kunst bekommt eine neue Bedeutung in der Romantik. Zugleich ändert sich die Perspektive auf den Gegenstand, der Kritik-Begriff orientiert sich nicht mehr an einem Vorbild, sondern an der Individualität des zu rezensierenden Werkes.[4] Wir beobachten eine Wende von einer Regelpoetik, also der Orientierung an einem Ideal, einem qua Regeln definierten Optimum, hin zu einer Individualpoetik: Der jeweilige Gegenstand steht nun im Zentrum, mit ihm ändern sich stets die Maßstäbe seiner Beurteilung. Welcher Art diese Gegenstände sein können und wie sie ins Zentrum gestellt werden, wollen wir uns an einigen Beispielen anschauen. Zunächst beobachten wir zunehmend eine Reflexion über Sinn und Aufgabe von Kritik, die innerhalb der Texte selbst stattfindet, also Räume des Nachdenkens über das eigene Tun während des Tuns öffnet. In diesem Sinne könnte man schon Georg Joseph Voglers Anmerkungen in der Monatsschrift *Betrachtungen der Mannheimer Tonschule* um 1780 lesen, die vor allem aus analysegeschichtlicher Perspektive bedeutsam sind, aber auch schon das Nachdenken über das eigene Tun andeuten: »Es muß also unsere Betrachtung bald empirisch sein, um nicht den Verstand zu ermüden; bald mathematisch, um uns nicht im Staube des Geschwäzes zu verlieren; bald philosophisch, um allgemein-faßliche Gründe zu bestimmen; bald poetisch, um vom Schwunge des Genies richtig urtheilen zu können.«[5] Ein Werk ist also nur dann ganzheitlich zu fassen, wenn es empirisch, theoretisch, philosophisch und auch poetisch betrachtet wird.

Während Voglers Poetik-Begriff sich eher auf die Darstellungsform und Schreibweise einer Analyse als auf die Poetik der Musik selbst bezieht, kann man an zwei verschiedenen Texten der 1780er-Jahre den Wandel von einer Regel- hin zu einer Individualpoetik deutlicher ablesen. So fordert der anonyme Autor, möglicherweise der Herausgeber Carl Friedrich Cramer selbst, in dem ersten Band des *Magazins der Musik* von 1783, der Komponist müsse sich freilich um »Gesetze und Vorschriften« kümmern, diese müsse er aber erst selbst aus der Natur dechiffrieren: »Er [der Komponist] erfindet die Vorschriften nicht, sondern entdeckt sie nur; er entfernt sich nicht von der Natur; er dringt nur tiefer in sie, lockt ihr ihre verborgensten Geheimnisse ab.«[6] Entsprechend sei die als notwendig erachtete »musicalische Kritik«[7] umso wichtiger, denn die Kritik »führt die Aufsicht über die ganze Haushaltung der Kunst; ist Hüterin der Gesetze, oder nach Popes Ausdruck, das Kammermädchen der Musen, welche sie so kleiden und schmücken hilft, daß sie dadurch schöner und liebenswürdiger werden.«[8] Obwohl die regelpoetischen Perspektiven hier klar überwiegen, hat die Kritik doch immerhin Anteil an der »Schönheit« der Kunst selbst – ein Gedanke, der sich im Nachdenken über das eigene Tun mehr und mehr verfestigen wird.

Wenige Jahre später, 1787, finden wir einen Text vor, der sowohl sprachlich als auch intentional in eine ganz andere Richtung zielt: die Abhandlung *Blicke eines Tonkünstlers in die Musik der Geister*[9] Johann Friedrich Hugo von Dalbergs. Dalberg, etwa zehn Jahre jünger als Cramer, begleitete Herder 1788/89 auf seiner Italienreise, hinterfragte in seiner 1791 erschienenen Schrift *Vom Erfinden und Bilden* das abschätzige Urteil Kants über die Musik, dem er seine eigene Auffassung vom Eigenwert des Musikalischen entgegenhielt, und übertrug 1802 – inspiriert von Herder – die Abhandlung *Musik der Inder* des Briten William Jones von 1784 ins Deutsche.[10] Der neue Eigenwert die Musik ist schon dem 1787er-Text abzulesen: In poetischer Diktion schwärmt Dalberg, der sich geradezu frühromantisch zunächst einmal an alter Musik – hier Pergolesis *Salve Regina*[11] – begeistert, vom »Genius der Harmonie«, einem Universum an »reinen Melodien« und »erhabenste[m] Gesang«. Überhaupt sei die irdische Musik nur ein Abbild jener Musik aus dem »Reich der Geister« (E. T. A. Hoffmann lässt grüßen).[12] Sämtliche musiktheoretischen Fakten werden in der Folge auf subjektive und gesellschaftliche Parameter übertragen: Grund- bzw. Urtöne bilden Identitäten, der Dreiklang als »höchste Vollkommenheit« der Musik sei das »Ebenmaas«, und die seelische Ausgeglichenheit im Menschen, eine Gesellschaft sei ein harmonisches Ganzes im Zusammenklang, Konsonanzen und Dissonanzen stünden für Liebe und Hass, Erstere siege immer, man brauche aber beide: »Schmerz und Missvergnügen sind in der Schöpfung so nöthig, als Freude«[13] usw. Der kurze Text endet mit der Feststellung, das Streben der Musik (wie des Lebens) sei jenes »nach großem Reichthume von Ideen in möglichst kurzem Zeitraume«.[14] Was hier in schwärmerischer Verdichtung beschrieben wird, ist nichts weniger als die Erkenntnis, dass jede Musik ebenso wie jeder Mensch etwas höchst Individuelles sei, verortet freilich in einem theologischen Zusammenhang: »Alle Seelen sind Theile dieser ewigen Symphonie, alle bewegen sich nach einer, ihnen vorgeschriebenen zweckmäßigen Melodie, jedes ist ein Ganzes, jedes zugleich Theil eines größeren Ganzen, und alle die unendlichen Theile bilden den großen Chor der Schöpfung, der in ewigen Lobgesängen der Gottheit huldigt.«[15] Warum ausgerechnet die Religion zum Sicherheitsnetz der sich auf neues, individuelles Terrain vortastenden Poetik gerät, kann hier nicht Thema sein, hat seine Parallelen indes in einem erwachenden Interesse der frühromantischen Literaten am Christentum, weniger im Sinne einer postaufklärerischen Reaktivierung vergessener Gesellschaftskonzepte als vielmehr als Inspirationsquelle symbolischer Denkformen und Kunstmodelle.[16]

Wird Musik nicht mehr allein an der Einhaltung ihrer systemimmanenten Kompositions- und Gattungsregeln gemessen, benötigt ihre Kritik mehr Raum. Denn wenn »der Herausgeber« (»D. H.«, also Reichardt) zu einer im November 1792 abgedruckten Rezension eines Oratoriums in seiner *Musikalischen Monathsschrift* die Fußnote setzen lässt, dass der betreffende Text eigentlich viel länger sei, man aber »für itzt noch nicht«[17] Platz für derlei lange Texte habe, so ist dieser Bemerkung der Wunsch abzulesen, man möge ihn bald haben. Doch dies wird noch eine Weile dauern: Viele Zeitschriften der 1780er- und 1790er-Jahre sind mangelfinanzierte, idealistische Eigeninitiativen von Künstlern und sämtlich Kurzzeitprodukte, die nur wenige Hefte bzw. Ausgaben durchhalten. Eine Möglichkeit, längere Texte unterzubringen, ist die Serienkritik, also das Verteilen ausführlicher Texte über mehrere Ausgaben.

Kritik ist wichtig, nimmt an Bedeutung zu, entsprechend wird über Sinn und Aufgabe der Kritik immer wieder nachgedacht, und dieses Nachdenken, diese Reflexion wird selbst Gegenstand des Artikels. So macht sich Johann Joachim Eschenburg 1792 die Mühe, einen Text über Musikkritik, den Charles Burney im 1789 vollendeten dritten Band seiner *General History of Music* abdruckte, ins Deutsche zu übersetzen und damit zu einer Art Gründungsdokument neuer Musikkritik zu erklären. Dort ist davon die Rede, dass musikalische Kritik ein »Vergnügen [sei], welches durch diejenige Art von Musik erregt wird, bei welcher Verstand und Gefühl gleich geschäftig gewesen sind.«[18] Burney plädiert für analytische Kriterien zur Beurteilung eines Stückes, die über die reinen Satzregeln hinausreichen, und fordert abschließend, man müsse sich mit der komplexeren Musik der Jetztzeit (also 1789) beschäftigen, denn Gewöhnung an das Neue spiele eine wichtige Rolle, um es verstehen zu können. Die rasante Dynamik, mit sich die musikalische Kritik entwickelt, ist kaum darzustellen. Schon

1799 liest man von Friedrich Rochlitz in der *Allgemeinen musikalischen Zeitung*: »Ueber die Produkte keiner Kunst wird so viel geurtheilt, als über die Werke der Tonkunst.«[19] Die Kritik als romantische Praxis ist etabliert und floriert vor allem in der Musikkritik. 1801 werden schon erste Skrupel geäußert, ob man dem Gegenstand gewachsen sei: Ein anonymer Rezensent, der die Wiener Uraufführung der *Jahreszeiten* von Joseph Haydn unter dessen Leitung rezensiert, wagt nicht, manche musikalischen Aspekte in Worte zu fassen: »dass ich nichts davon zu sagen wage«.[20] Nichtsdestotrotz ist das Rezensieren »in unsern Zeiten [1802] zu einem Bedürfnis geworden«.[21]

Wenig später folgen erste Grundsatztexte darüber, was Kritik leisten soll, es beginnt eine professionelle Ausdifferenzierung der Reflexion über den Gegenstand Musik. So publiziert der Komponist und Verleger Hans Georg Nägeli 1802 seinen *Versuch einer Norm für die Recensenten der musikalischen Zeitung*.[22] Er reagiere mit dem Text auf Missstände des Kritikwesens – ob aus der Sicht des Verlegers oder des Komponisten bleibt unausgesprochen –, und er fordert, dass Kritikerurteile objektiv sein müssen, auch wenn dies in der Kunst schwer sei. Dennoch müsse man Regeln aufstellen. Was hier quasi nebenbei erwähnt wird, bevor Nägeli zu seinem eigentlichen Anliegen kommt, zeigt etwas Bemerkenswertes: Man kann Musik nach der Befolgung ihrer Kunstgesetze beurteilen, man kann es aber auch auf andere Arten tun. Regelpoetik war gestern. Nägeli diskutiert daraufhin vier mögliche Modelle: Werkkritik, Wirkungskritik, historischer Standpunkt und idealistische Kritik; alle vier Perspektiven zusammen nennt er »den Gesichtskreis der reinen Objektivität«.[23] Schließlich stellt er zwölf Regeln auf, eine Art Leitfaden des Rezensierens. Die Details sind für den vorliegenden Zusammenhang unerheblich, auch, ob nicht durch die Verschriftlichung die Idee, mittels dieser Regeln eine Art »kunstrichterliches Tribunal«[24] gründen zu können, nicht das Prinzip romantischen Reflektierens rational suspendiert. Was hier aufschlussreich ist, ist die Selbstverständlichkeit, mit der Kunstkennerschaft selbst als Kunst verstanden wird, dass sie – wie das Komponieren – nach Regeln oder zumindest nach Grenzen verlangt. Diese reflektierende Qualitätskontrolle der Kritik ist ab 1800 ihr stetiger

Begleiter, »ächte Kritik«[25] wird zum programmatischen Kern vieler Zeitschriften. Und noch Robert Schumann kommt im Vorwort seiner *Neuen Zeitschrift für Musik* 1834 nicht ohne Reflexion aus, ohne Nachdenken darüber, warum das, was er als Kritiker tut, wichtig ist, und welches Programm sich damit verbindet. Dass Kritiken nun ebenso romantisch geprägten Konzepten wie Ironie, Fragmentarik, Fantastik und Anekdotik Einlass gewähren und sich entsprechend ausdifferenzieren, ist dann der nächste Schritt.

Zu den neuen Reflexionsmodellen der Kritik gehört die Einführung neuer Bewertungskriterien. Zunächst richtet sich – was banal klingt, aber wichtig ist – der Blick auf das Einzelwerk selbst. Michaelis formuliert dies 1795 folgendermaßen: Das »Kunstwerk soll durch die Schönheit seiner Form, mithin durch seine innere Vollendung, nicht aber um fremder Beziehungen willen, wohlgefallen«.[26] Er weist darauf hin, dass manches eben nicht beschrieben und mit Begriffen gefasst werden kann. Dies tue dem hohen Wert des Kunstwerks allerdings keinen Abbruch, denn das ideale Werk verbinde eben Unbestimmtes – Gefühle, »Ideen der Fantasie«,[27] Stoff, Materie – und Bestimmtes – Vernunft, Kunstlehre, Form.[28] Der Kritiker müsse also seine Beurteilung an einer Ausgewogenheit von beidem messen lassen, denn – so ergänzt Johann Triest schon 1800 – ein »Produkt der Kunst, bey dem man sich vergebens bemüht, Zweckmässigkeit, Ordnung und Einheit darin zu finden, ist eben deshalb kein Kunstwerk«.[29] Ganz ohne Logik und Regelwerk geht es in der frühromantischen Musikbeurteilung dann eben auch nicht. Aber: Ein Fokus wird ganz deutlich auf das Unbestimmte, Begriffslose, auf das nur schwer Beschreibbare gelegt. Die gesamte Diktion der Texte ändert sich, Fachvokabular und eine Prüfung kompositorischer Korrektheit oder Gattungskonvergenz verschwinden nicht,[30] werden aber um wirkungsästhetische Perspektiven – persönliche Eindrücke bis hin zu emphatischen Ausbrüchen – ergänzt, um subjektive Anteile, die uns heute nicht selten etwas übersteuert und fremdartig erscheinen, die aber auf den zeitgenössischen Leser keineswegs so wirken mussten. Ganz im Gegenteil zeigen diese Textpassagen an, wie die Musik in das Unbestimmte hinein und damit auf die Form der Kritik selbst wirken kann. In den Worten von Michaelis erhebt sich

Kunst mithilfe »ästhetische[r] Ideen« über das Mechanische und strebt die »Darstellung des Unendlichen im Endlichen« an.[31] Als Beispiel dient ihm Mozarts Wirkmacht: »Bald schreitet die Musik, wie mit furchtbaren Riesenschritten einher; bald brauset sie, wie ein Sturm über dem wogenden Meere; bald hallt sie in schauerlichen Tönen, wie aus den Katakomben hervor, und erschüttert die Phantasie mit allen erhabenen Bildern der Gräber, des Todtenschlafs und der Auferstehung.«[32]

Reflexion wird selbst Kunst, demnach werkhaft, und sie liefert als solche – auf der Basis neuer Bewertungskriterien – wiederum einen neuen Zugang zur Kunst. Gleichzeitig wird auch die Geschichte zum Gegenstand der Reflexion erhoben: Man schreibt romantisierend Musikgeschichte. Komponisten – auch älterer Zeiten – werden als Poeten bezeichnet, so ist etwa in einer 1800 erschienenen Werkrezension zu Haydns Oratorium *Die Schöpfung* zu lesen, die Art Haydns, zu komponieren, sei eine »wahrhaft poetische, reiche und eigne«.[33] Ein Jahr später setzt eine romantische Bach-Deutung ein: »Er [J. S. Bach] schrieb nicht um den Beyfall des grossen Haufens, arbeitete nicht nach seiner Hand, sondern gewöhnte (oft Nächte hindurch) seine Hände zu seinen Kompositionen (– ein starker Kontrast gegen viele neuere Virtuosen, die nur nach ihrer Hand komponiren –) er verfolgte unablässig sein Kunstideal, legte den Grund zu einer ungezwungeneren Vereinigung des diatonischen und chromatischen Klanggeschlechts«.[34] Bach als genialischer, nach einem überzeitlichen Ideal strebender und vorausschauender, nachts einsam arbeitender Individualist: Wer denkt da nicht an einen romantischen Komponisten in melancholischer Denkpose? Auch in einem Nachruf auf den Komponisten, Autor und Zeitungsmacher Johann Adam Hiller von 1804 wird dem Umstand großen Raum gegeben, dass er zu jenen gehört habe, die »über alles, was er empfunden, ruhig zu reflektiren und zu grübeln« vermochte und somit der »Vater der deutschen Kritik« geworden sei.[35] Und spätestens wenn Reichardt 1805 »den genialischen, romantischen Werken Haydns, Mozarts und ihrer Nachfolger« den Durchbruch in Berlin bescheinigt und sich freut, dass man die »Instrumentalwerke der Bache, Graune und Benda« endlich ersetzt habe, wird mit der romantischen Ideenbrille der Kritik Musikgeschichte neu gesehen.[36]

Abbildung 6
Ästhetiker der Reflexion. Friedrich von Hardenberg alias Novalis,
Stahlstich von Friedrich Eduard Eichens,1845
Quelle: Privatbesitz

Nachdem wir beobachtet haben, wie Reflexion und Kritik in der
Musikbetrachtung um 1800 Fuß fassen konnten, ist es Zeit, jenen
frühromantischen Ästheten der Reflexion und Kritik kennenzulernen, der schon gelegentlich zu Wort gekommen ist: Novalis (vgl. Abbildung 6). In der Nähe des Jenaer Frühromantiker-Kreises gelegen,
war das Rittergut Schlöben bei Jena seit 1727 im Besitz der Familie
von Hardenberg und neben Schloss Oberwiederstedt (heute Sachsen-
Anhalt) einer der wichtigen Orte in Novalis' Leben und Wirken. Novalis
wird – wie Wackenroder – nicht Künstler im Hauptberuf, sondern
nach dem Studium der Mathematik, Jurisprudenz und Philosophie
in Leipzig (ab 1791) und dem Abschluss des juristischen Studiums in
Wittenberg (1794) mit dem Examen und »erster Censur« beim Kreis-
amt Tennstedt als Aktuarius (Gerichtsschreiber) angestellt. Ab 1796 ist
Novalis als Anwärter für den Gerichts- und Verwaltungsdienst beim

Salinendirektorium in Weißenfels, 1799 wird er dort Salinenassessor, 1800 Supernumerar-Amtshauptmann für den Thüringer Kreis, vergleichbar mit der heutigen Stellung eines Landrates. Nach persönlichen und familiären Schicksalsschlägen – im März 1797 der Tod der Geliebten Sophie von Kühn, im April des Jahres der Tod des Bruders Erasmus, 1798 vermutlich die erste Diagnose einer tuberkulösen Erkrankung, im Oktober 1800 Selbstmord des Bruders Bernhard – verschlechtert sich Novalis' Gesundheitszustand derart, dass er den 1799 begonnenen Roman *Heinrich von Ofterdingen* nicht beenden kann. Nichtsdestotrotz wird der Roman – zusammen mit Wilhelm Heinses *Hildegard von Hohenthal* und Goethes *Werther* – die wohl am meisten gelesene, von jungen Künstlern geradezu verschlungene Prosa um 1800 bilden. Am 25. März 1801 stirbt Novalis in Weißenfels im Beisein seines Bruders Karl und des Freundes Friedrich Schlegel, nachdem er seinen Bruder gebeten hatte, »ihm auf dem Klavier etwas vorzuspielen, worauf er einschlief«.[37]

Novalis hat weder komponiert noch, soweit wir wissen, sonderlich ausgiebig musiziert. Seine größte Prägung der zeitgenössischen Musik ist daher in der (literarischen und philosophischen) Schärfung eines Reflexionsbegriffs zu suchen, der auch die Musikästhetik formt, in der bereits ausgiebig reflektiert wird, wie wir gesehen haben, dies indes noch ohne eine stabile Denkform. Erst mit einer zunehmenden Verfestigung des reflexiven, kritischen Denkens, Deutens und Produzierens in den Künsten allgemein bildet sich ein Modell heraus, das im Kern romantisch ist und als solches in verschiedenster Aktualisierung in den Künsten Anwendung finden kann (freilich nicht muss). Diese These soll aber keineswegs das Missverständnis von Dahlhaus wiederholen, es habe zuerst eines literarischen Denkers bedurft, um Romantik – hier in Form der romantischen Reflexion und Kritik – in Gang zu setzen, während die Musik selbst noch in der Klassik feststeckte. Dass die Musik selbst und auch das Sprechen über Musik romantische Angebote machte, ist bereits angeklungen und wird im weiteren Verlauf deutlicher werden. Novalis' Anknüpfen an das Nachdenken über Kunst und ihre Bedeutung erreicht vielmehr eine neue Ebene, die auf Vorhandenes aufbaut, zugleich aber neue Perspektiven eröffnet. Im Sinne des schon beschriebenen Künstlerkreises um Reichardt muss man sich diese Diskurse ohnehin kunst- und spartenübergreifend denken, zu eng sind die Künste hier noch verwandt, zu stark waren die Romantiker in mehr als einem Feld aktiv, neugierig und hellhörig.

Novalis hat vor allem in den erwähnten Fichte-Studien über die Reflexion nachgedacht, die für ihn die Technik des Romantisierens schlechthin darstellt.[38] Gemäß der berühmten Formel aus dem Blüthenstaub-Fragment Nr. 1, dass man beim Romantisieren immer das Unbedingte suche, aber nur Dinge finde,[39] bedeutet dies für ein Kunstwerk, sich an der Wirklichkeit auszurichten, aber diese zu romantisieren, indem die Reflexion darüber, die Differenz zwischen Wirklichkeit und Idee im Kunstwerk selbst thematisiert wird. Novalis selbst entwickelte dazu das berühmte Symbol der »blauen Blume«. Diese taucht zuerst im Romanfragment *Heinrich von Ofterdingen* als ersehntes Ziel auf. Die Hauptfigur Heinrich, der über die Wanderschaft nachdenkt, lockt vor allem der Gedanke, die blaue Blume zu erblicken. Was damit gemeint ist, zeigt sich später im Traum, als er sie in einer Höhle tatsächlich findet: »Die Eltern lagen schon und schliefen, die Wanduhr schlug ihren einförmigen Takt [...]. Der Jüngling lag unruhig auf seinem Lager, und gedachte des Fremden und seiner Erzählungen. Nicht die Schätze sind es, die ein so unaussprechliches Verlangen in mir geweckt haben, sagte er zu sich selbst; fern ab liegt mir alle Habsucht: aber die blaue Blume sehn' ich mich zu erblicken. Sie liegt mir unaufhörlich im Sinn, und ich kann nichts anderes denken und dichten. So ist mir noch nie zu Muthe gewesen: es ist, als hätt' ich vorher geträumt, oder ich wäre in eine andere Welt hinübergeschlummert; denn in der Welt, in der ich sonst lebte, wer hätte da sich um Blumen gekümmert, und gar von einer so seltsamen Leidenschaft für eine Blume hab' ich damals nie gehört. Was ihn aber mit voller Macht anzog, war eine hohe lichtblaue Blume, die [...] ihn mit ihren breiten, glänzenden Blättern berührte. Rund um sie her standen unzählige Blumen von allen Farben, und der köstliche Geruch erfüllte die Luft. Er sah nichts als die blaue Blume, und betrachtete sie lange mit unnennbarer Zärtlichkeit. Endlich wollte er sich ihr nähern, als sie auf einmal sich zu bewegen und zu verändern anfing; die Blätter wurden glänzender und schmiegten sich an den wachsenden

Stengel, die Blume neigte sich nach ihm zu, und die Blütenblätter zeigten einen blauen ausgebreiteten Kragen, in welchem ein zartes Gesicht schwebte.«[40] Aus den Träumen in der Johannisnacht wird Heinrich erst von seiner Mutter gerissen, die nach ihm ruft. Die »blaue Blume« an sich ist in der wirklichen, begrifflichen Welt nicht existent, in der »anderen Welt« des Traumes ist sie es und löst ungeahnte sinnliche Empfindungen und eine unstillbare Sehnsucht aus. Sie ist aber auch in der realen Welt als Sinnversprechen, als Reflexionsfigur vorhanden.

Um den Paradigmenwechsel in Novalis' romantischer Ästhetik gegenüber früheren Theorien des Schönen zu verstehen, muss man wissen, dass die philosophische Theorie des Schönen erst im 18. Jahrhundert entsteht, wenn Immanuel Kant mit seiner Kritik der Urteilskraft das Ästhetische erstmals systematisch in den philosophischen Blick nimmt und sein Verhältnis zum Begrifflichen, zur Realität diskutiert. Damit wird ein Prozess in Gang gebracht, der die gesamte Moderne ergreift, nämlich Ästhetik bzw. Kunst und Wissenschaft bzw. Realität in ein Verhältnis zu bringen und philosophisch zu evaluieren. Bei Kant steht die Poetik außerhalb des Begriffs: »Begrifflich deutliche, vollständige, adäquate und bis in die tiefsten Tiefen dringende Vorstellungen sind nicht sensitiv und daher auch nicht poetisch.«[41] Seine Definition von Schönheit ist eine Als-ob-Definition, sie kommt an die Wahrheit und Realität nicht heran, sie ist eine Als-ob-Realität, weil man sie nicht begrifflich fassen kann.[42] Entsprechend steht bei ihm das Naturschöne über dem Kunstschönen.[43] Immerhin aber – gleichgültig, ob Kant die Musik nun mochte oder verstand, worüber viel gelästert worden ist – ist das Verhältnis damit einmal benannt, hieran ließ sich anknüpfen. Schiller fügt dem Schönen die Freiheit und damit eine weitere Aufwertung hinzu.[44] Schelling dreht den Spieß Kants um und sagt: Kunst gibt nicht das Sichtbare wieder, aber: Sie macht ihrerseits sichtbar. Das heißt, sie kann Ausdruck des Absoluten, des Unbestimmten werden, und genau das macht sie aus. Entsprechend rückt das Kunstschöne nun über das Naturschöne.[45] Friedrich Schlegel zieht daraus die logische Konsequenz: Da wir das Absolute nicht greifen können, gibt uns die Kunst ein Sinnversprechen und gleicht damit das Unvermögen der Begriffe der Philosophie aus; er bezeichnet Kunst konsequent als »Krönung der Philosophie«, denn erst dort werde erreicht, was die Philosophie erreichen wolle.[46]

Novalis vollzieht nun den entscheidenden Paradigmenwechsel, indem er in seinen Fichte-Studien (1794/95) sagt: »Die Poesie ist das ächt absolut Reelle.« Kunst ist real. Novalis zufolge findet die Erkenntnis von Wahrheit oder Realität nämlich nicht mehr durch intellektuelles, begrifflich gestütztes Anschauen statt – was die Philosophie versucht –, sondern das Erkennen findet immer in Form von (Selbst-)Reflexion, einem steten Widerspiel von Wirklichkeit und Idee statt. Das Absolute selbst kann nicht erkannt werden, das weiß die Philosophie auch, sie hat ihre Grenzen. Somit wird bei Novalis das Kunstwerk zur überhaupt einzig möglichen »Darstellung des Undarstellbaren«, der »Unausschöpflichkeit«, wie er es nennt.[47] Kunst wird zu Realität, indem sie das Undarstellbare darstellt. Die Reflexion ist das Zentrum dieser Idee, durch sie erst gelangen wir zur Erkenntnis, erreichen echte Kunst und kommen damit dem Absoluten näher. Das ist eine bemerkenswerte Lesart der Rolle von Kunst, sie ragt in alle möglichen Lebensbereiche hinein, denn diese romantische Sehnsucht und das Wissen darum, das Absolute niemals in Gänze fassen, sondern allenfalls in Kunst erahnen zu können, machte aus der Kunst ein neues Sinnversprechen und aus der Reflexion das Mittel zu seiner Erfüllung. Man muss nicht den strapazierten Begriff der Kunstreligion bemühen, um zu verstehen, dass hier ein sehr attraktives Versprechen gegeben wurde, was Kunst und Kritik als Kunst alles leisten können.

Schließlich stellt sich die Frage nach der Reflexion als musikalischem Konzept: Gibt es reflexive Aspekte in der Musik, eine Selbstreflexion in der Musik, Musik, die sich selbst beurteilt und zwischen Wirklichkeit und Idee changiert? Anders gefragt: Wie funktioniert die »blaue Blume« in der Musik? In der Literatur hat Goethes Roman *Wilhelm Meisters Lehrjahre* von 1795/96 die Romantiker (zunächst) begeistert mit den zahlreichen Selbstreflexionen seiner Hauptfigur. Friedrich Schlegel hat eine Musterrezension verfasst, die diese Mittel aufzeigt und selbst ein Musterbeispiel reflektierender Kunst ist. Aber wie steht es um die Musik? Diese Frage ist kaum im Rahmen dieses Kapitels zu beantworten, entsprechend wird es in vielen folgenden Kapiteln immer wieder um neue Konzepte des Reflektierens über Musik und eben auch reflexive Konzepte in der Musik selbst gehen, die wir an Formen, Satzkonzepten, Satztypen und Ausdrucksformen festmachen oder zumindest in ihren Ansätzen erkennen können. Denn es gibt ein ganzes Ensemble an Verfahrensweisen, die in der Musik vor 1800 aufkommen und möglicherweise als Ausweis romantischen Denkens verstanden werden können. Zum Abschluss dieses Kapitels soll zumindest ein musikalisches Modell herausgegriffen und unter dem Aspekt des romantischen Reflektierens diskutiert werden: das Klaviernachspiel. Aus den Liedern Franz Schuberts oder mehr noch Robert Schumanns kennen wir das Klaviernachspiel als genuin romantisch: Das Klavier liefert einen instrumentalen, eigenen Kommentar zum Lied bzw. Liedtext, nun ohne Worte, ohne Begriffe, nicht selten über den Inhalt hinaus- oder auf die weiteren Handlungen im Zyklus vorausweisend.[48] Bei Schubert und Schumann ist dieser Passus teilweise recht umfangreich und kann schon einmal mehr als nur ein Nachspiel sein. Aber seit wann gibt es das eigentlich – das Nachspiel im Klavierlied?

Es wird uns nicht wundern, dass die ersten Beispiele von mehr als nur Schlussakkorde liefernden Klaviernachspielen in den 1780er- und 1790er-Jahren auftreten. Eines stammt von Friedrich Ludwig Æmilius Kunzen: *Lenore – Ein musikalisches Gemählde*, von 1789. Die melodramatische Ballade, die ein außergewöhnliches Gattungsexperiment bildet und – wie Melanie Wald-Fuhrmann gezeigt hat – den »Gattungsrahmen ›Lied‹ weit, ja vielleicht gar bis zum Zerreißen weit«[49] dehnt, steht in der extremen Tonart gis-Moll »mit starkem Ausdruck und etwas geschwind«. Es gibt deutliche Dynamik- und Tempozäsuren, Bewegungswechsel, vor allem ständig neue Begleitfiguren, einen effektvoll-schauerlichen Schluss über einem Dominantorgelpunkt und – ein eigenständig sinnierendes, mehrtaktiges Klaviernachspiel. Dieses verleiht der Geisterthematik des Schlusses – in dem bei »Mondenglanz« die Geister einen »Kettentanz« aufführen – eine besondere Wirkmacht. Kunzen liegt hier im Schauertrend, wenn er die Ballade mit einem Geisterheulen abschließt: »Gedult! Gedult! wenn's Herz auch bricht!«, und diese Geisterstimme in Tonrepetitionen im Zeitgeschmack monoton schauerlich umgesetzter Geisterszenen (wie im beinahe zeitgleich komponierten *Don Giovanni* oder auch in Reichardts Musik zu Goethes *Erlkönig*) erklingen lässt. Die acht Takte Klaviernachspiel kippen den Satz nun vom trochäischen, repetitiven Grundmaß in einen hüpfend-bewegten Walzerrhythmus um (vgl. Notenbeispiel 3 auf den Seiten 82–83). Die Geister tanzen – und sie tanzen genau genommen erst dann, wenn der Text aus ist – aus dem Bild; ob Gott nun der »Seele gnädig« ist, was am Ende hoffend formuliert wurde, bleibt dominantisch offen. Der Hörer darf sich seinen Teil denken. Kunzen galt der aufmerksamen Musikpresse schon einige Jahre zuvor als Vertreter einer neuen Liedpoetik, als Cramer 1783 seine *Lieder im Volkston* hymnisch rezensierte.[50] Diese frühen Erprobungen, wie Klaviernachspiele ein musikalisches Sinnangebot machen können, sind hier tastend und kurz und sicher noch nicht späterer, avancierter Konzepte von musikalischer Reflexion in den Beethoven- oder Schubert-Liedern vergleichbar. Das macht sie indes nicht weniger innovativ.

Wie ein Klaviernachspiel eine reflexive Kommunikation zwischen Text und Musik aufbaut, kann Mozarts *Die Verschweigung* KV 518 aus dem Jahr 1787 zeigen (vgl. Notenbeispiel 4 auf Seite 83). Die Schlusszeile – »und er ist jung, / und sie ist schön – / ich will nichts weiter sagen« – beendet Mozart mit einem ironischen musikalischen Gedankenstrich von nur zwei Takten, der in melodischer Rekapitulation auch nur wieder sagt, dass er nichts zu sagen hat, und auf der nur angetupften, unvollständigen Tonika ohne Quinte schließt.

Haydns *Das Leben ist ein Traum*, von 1784 (vgl. Notenbeispiel 5 auf den Seiten 84–86), ist dagegen zyklisch quasi endlos gebaut, könnte immer weiter im Kreise laufen und hat damit Anteil an romantischen Konzepten von Unendlichkeit, die in Liedern vor 1800 bereits immer öfter ausformuliert werden. Das Klavier erhält mit seinem eigenständigen, nachdenklichen Part zu Beginn, in der Mitte und wieder zum Beginn rückleitend eine kommentierende, innehaltende Funktion. Der reflektierende Text befragt sich am Ende der ersten Strophe selbst »Was ist das Leben?« und gibt sich auch selbst die Antwort »Das Leben ist ein Traum«: Wir – das lyrische Subjekt des Textes – möchten immer nur träumen und können es am ehesten eben dort, wo der Text innehält. Ist das bereits Romantik in ihren Anfängen?

Nun tanzten wol bey Mondenglanz, rund um herum im Kreise,
die Geister einen Kettentanz, und heulten diese Weise:

Ge - dult! Ge - dult! wenn's Herz auch bricht! mit
Gott im Him - mel ha - dre nicht! des Lei - bes bist du le - dig; Gott

Notenbeispiel 3
Friedrich Ludwig Æmilius Kunzen, *Lenore – Ein musikalisches Gemählde*, 1789 (Schluss)

Notenbeispiel 4
Wolfgang Amadé Mozart, *Die Verschweigung* KV 518, 1787 (Schluss)

Le - ben, das Le - ben ist ein __ Traum! Wir

schlüp-fen in die Welt— und schwe-ben mit jun-gem Zahn und fri-schem

Gaum auf ih-rem Wahn und ih-rem Schaum, bis wir nicht

mehr— an Er-de kle - ben;

und dann, was ist's? was ist das

2. Das Leben ist ein Traum!
   Wir lieben, unsre Herzen schlagen,
   Und Herz an Herz
   Gefüget kaum,
   Ist Lieb und Scherz
   Ein leerer Schaum,
   Ist hingeschwunden, weggetragen;
   Was ist das Leben? hör' ich fragen:
   Das Leben ist ein Traum!

3. Das Leben ist ein Traum!
   Wir denken, zweifeln, werden Weise,
   Wir teilen ein
   In Ort und Raum,
   In Licht und Schein,
   In Kraut und Baum,
   Sind Euler und gewinnen Preise;
   Dann noch am Grabe sagen Weise:
   Das Leben ist ein Traum!

Notenbeispiel 5
Joseph Haydn, *Das Leben ist ein Traum*, 1784

5. Neue Autorkonzepte

In dem Moment, in dem die Reflexion ebenso ein romantisches Werkzeug für Kunsterkenntnis und -ästhetik wie ein Kunstmittel in Literatur und Musik selbst wird, beobachten wir um 1800 einen sich verändernden Autor-Begriff. Der romantische Autor ist eine Kategorie, die wir heute am ehesten mit dem Klischee des jung verstorbenen, an der Welt angeblich verzweifelnden Künstlers – Typ Wackenroder, Novalis oder später Hölderlin – verbinden, mit jemandem, dem jeglicher Lebenspragmatismus abgeht. Freilich sind das Projektionen einer Romantik-Kritik, die in den 1830er- und 1840er-Jahren durch den deutschen Idealismus geschärft und in Hegels *Vorlesungen über die Ästhetik* auf den Punkt gebracht wurde. Georg Wilhelm Friedrich Hegel spricht den Schönen Künsten die Fähigkeit wieder ab, »wahr« zu sein; vielmehr sei alles – auch das Schöne – in philosophischen Begriffen darstellbar. Das Positive und Absolute wird also nicht – wie bei den Romantikern – lediglich ersehnt, sondern es ist tatsächlich erreichbar. Auf diese Weise wird die Romantik partiell entzaubert, zumindest philosophisch, und zu einer weltflüchtigen und realitätsfremden Kunstanschauung und -praxis zurückgestuft. Dass ihre Akteure damit unter Defizitverdacht gerieten und marginalisiert wurden, braucht nicht zu verwundern: In der Musikgeschichte ist die ideologische Kritik am Spätwerk des angeblich geistig umnachteten Robert Schumanns ein ebenso bekanntes wie beklemmendes Beispiel dafür, romantische Kunst verdächtig zu finden.

Doch zurück zum Autor-Begriff um 1800. Er ist durch die Reflexion geweitet, denn viele Künstler greifen im Gegensatz zu vorherigen Generationen nun auch ganz selbstverständlich zur Feder, um Kritiker zu sein, also am ästhetischen Projekt von Kunst schreibend mitzuarbeiten, darüber zu reflektieren. Mit dieser neuen Praxis des Kunstschaffens auf zwei Ebenen nimmt der romantische Autor auf die Kunst und auf die Kunst, über Kunst zu reflektieren, selbst Einfluss. Aber nicht nur auf der Ebene der Kunstpraxis verändert oder erweitert sich der Autor-Begriff der Romantik. Auch in der Wahrnehmung von außen verändert er sich, zunächst einmal durch eine allgemeine Aufwertung: Das Künstlerdasein hat nun eine Aufgabe, die über die reine Funktion, Kunst zu erschaffen, weit hinausreicht – der Künstler baut am Ideal des Absoluten mit und leistet damit einen wichtigen Beitrag für die Gesellschaft, die durch den zunehmenden Bedeutungsverlust der Religionen seit der Aufklärung eine Ersatzbefriedigung, also – kurz gesagt – einen Sinn im Leben sucht. Der romantische Autor begreift sich als Sinngeber durch seine Kunst, sein Publikum wertet sein Tun entsprechend höher als noch zur Mitte des 18. Jahrhunderts. Das Interesse am Autor als Autor (und nicht nur als Produzent) von Kunst beginnt. Seine Individualpoetik rückt ins Zentrum, seine Originalität interessiert, sein Werdegang und seine Wirkung werden analysiert – der moderne Autor im Sinne eines »Genius, [der] nicht durch Herkömmliches beschränkt« sei und der Kunst mehr zumute, »als sich mit jenen Gesetzen verträgt«,[1] entsteht. Dies können wir auf mehreren Ebenen beobachten, zuallererst am Aufkommen von Auto(r)-Biographik.

Es mag zunächst konsequent erscheinen, dass sich die jungen Musikzeitschriften der 1780er- und 1790er-Jahre für Biographik interessieren. Aus heutiger Sicht könnte man dahinter ein kluges medienstrategisches Marketing vermuten, das auf das erwachende Interesse am Autor reagiert und daran mitwirkt, dieses zu bedienen und wachzuhalten. Musikzeitschriften brauchen Leser und wollen verkauft werden. Auch der Umstand, dass es eine kleine, aber auffällige Schnittmenge von Zeitungsmachern und Autobiographikern gibt, darunter Johann Friedrich Reichardt, Johann Adam Hiller oder auch Friedrich Rochlitz, könnte das Argument stärken, man sei mit dem Interesse am Autor auf einen bereits fahrenden Zug aufgesprungen. Die Realität ist allerdings um einiges komplexer. Nicht nur kann man musikalische Biographik schon in der frühen Neuzeit beobachten, wo Künstler-Nobilitierungen in Stadt-, Länder- oder Hof-Viten des 15. und 16. Jahrhunderts, also in

Sammlungen von bedeutenden lokalen Persönlichkeiten, stattfinden, die mit der Beschreibung ihres Lebens und Wirkens für die Nachwelt biographisch gewürdigt werden. Es ist also nicht unbedingt etwas Neues, sich um 1800 für die Lebensumstände eines Künstlers zu interessieren und die Mechanismen seines Genies dechiffrieren zu wollen. Die Romantik interessiert sich immerhin wieder verstärkt für diese (historischen) Phänomene der Viten, verlagert aber nun ihr Interesse von der äußerlich betrachtenden, phänomenologischen hin zu einer inneren Autor-Perspektive: Sein Denken, sein Fühlen, seine Eigenarten, sein Charakter wollen erfasst und beschrieben werden. Es geht nicht mehr darum, ein kunstschöpfendes Genie als Denkmal distanziert zu bestaunen, sondern dahinterzukommen, was seine Welt im Innersten zusammenhält, und diese Erkenntnisse wiederum künstlerisch produktiv zu machen. Dementsprechend ändern sich mit dem um 1800 neu erwachten Interesse am Autor die Beschreibungsmodi: Lebensbeschreibungen werden Programme idealisierten romantischen Künstlertums, und dies ganz unabhängig von den Lebensdaten der beschriebenen Protagonisten. Sprich: Man muss kein romantischer, zeitgenössischer Autor sein, um romantisch beschrieben zu werden.

Das kann im Extremfall sogar zur Defizitdiagnose führen, etwa wenn Reichardt in einem kurzen Text mit dem Titel *Johann Sebastian Bach* diesen und seinen Kollegen Händel geradezu bemitleidet, denn »hätten diese beiden großen Männer mehr Kenntniß des Menschen[,] der Sprache und Dichtkunst gehabt und wären kühn genug gewesen[,] alle zwecklose Manier und Konvenienz von sich fortzuschleudern: sie wären die höchsten Kunstideale unsrer Kunst.«[2] Waren – nicht sind! Vielleicht war Reichardt seine kühne These – ein ordentlicher Komponist habe sich mit Humanismus, Prosa und Lyrik zu befassen – selbst etwas unheimlich.[3] Jedenfalls bringt er zum Schluss zwei Musikbeispiele. Er druckt zuerst eine Bach-Fuge ab, übertitelt sie mit »Instrumentalmusik«, als wäre das nicht ohnehin klar, lobt sodann ihre lyrische Melodieführung (»ich konnte gar nicht aufhören, sie zu spielen«) und schreibt dazu: »Man könnte Worte der tiefen Trauer gut drauf singen.«[4] Verkappte Lyrik in einer Fuge zum Mitsingen? Diese wahrhaft elliptische Argumentation macht staunen und fordert beinahe zu einer ironischen Lesart des Textes heraus. Doch Reichardt bleibt ernst: Auch das »liebe, herzige« Allegretto mit Variationen von Händel als zweites Musikbeispiel sei trotz seiner Kürze ein Ausweis des »edlen Komponisten«.[5] Der eigentliche Kern des gerade einmal zweiseitigen Textes ist jedoch ein langes Goethe-Zitat, und zwar der Bericht über Goethes innere Bewegung beim Betrachten des Straßburger Münsters 1772,[6] ein Bau, dessen erhabene Monumentalität sich einer Betrachtung in Gänze wegen ihres Detailreichtums schlicht entzieht. Eine ähnliche innere Erschütterung schildert Wilhelm Heinse in seinem Reise-Tagebuch von 1781,[7] während Tieck in *Franz Sternbalds Wanderungen* noch 1798 den Anblick des Münsters als künstlerisch-ganzheitliches Initiationserlebnis literarisch wieder aufleben lässt. Reichardt hingegen liest in seinem 1782 erschienenen Text aus der baulichen Schilderung Goethes vor allem den Bezug zur Musik heraus – »Wer fühlt hier nicht tiefe Analogie mit unserm harmonischen Gebäude!«[8] – und bezieht dies wiederum auf Bach und Händel, die so »ein ganzes großes, wahres vollendetes Werk« wie das Straßburger Münster nicht schaffen konnten, weil ihnen eben »der Mangel an größerer Menschheit im Wege stand«.[9] Indem Reichardt sich wünscht, die Musikgeschichte habe durch Bach oder Händel ein vergleichbar monumental erhabenes Werk hervorgebracht wie die Baugeschichte in Straßburg – das, um mit Goethe zu sprechen, ebenso viele »Widersprüche [wie] die Macht des großen Ganzen«[10] vereint –, lenkt er den Blick auf die kleineren Stücke und Passagen, in denen sich dieses große Ganze bereits andeute, sei es die »lyrische« Fuge von Bach, sei es die »wahre« Variation von Händel.

Überhaupt wäre es lohnend, die frühe Komponistenbiographik um 1800 einmal unter dem Aspekt ihrer romantischen Prägung zu untersuchen. So erscheinen im deutschsprachigen Raum in den 1780er- und 1790er-Jahren die ersten Komponistenbiographien, die, anknüpfend an englische Vorbilder der Händel-Biographik, zu den ersten Leben-und-Werk-Gesamtschauen zählen. Schon ein Jahr nach Händels Tod erscheint 1760 John Mainwarings *Memoirs of the Life of the Late George Frederic Handel* und bietet neben biographischen Darstellungen erstmals einen Werkkatalog. Nur ein Jahr später kommt die von Johann Mattheson übersetzte deutsche Fassung heraus. Mit diesen frühen Schriften wird der Grundstein zu einer Händel-Biographik gelegt, die ersten deutschen Händel-Biographien folgen 1784 von Johann Adam Hiller und 1785 von Johann Friedrich Reichardt. Die erste große Mozart-Biographie wurde 1798 in Prag von Franz Xaver Niemetschek veröffentlicht, *Leben des K. K. Kapellmeisters Wolfgang Gottlieb Mozart*. Zeitgleich beginnen die Musikzeitschriften mit biographischen Würdigungen. 1783 findet sich im *Musikalischen Almanach* eine Sammlung von Kurzbiographien (im Wesentlichen) moderner Komponisten wie Antonio Sacchini, Tommaso Traetta, Giovanni Battista Pergolesi und André-Ernest-Modeste Grétry mit ironischen Einwürfen, etwa zu Krankheiten oder angeblich unverdientem Ruhm einzelner Werke.[11] Vor allem der längere Abschnitt zu Grétry, der mehr als die Hälfte des Textes einnimmt, stimmt einen emphatischen Ton an, wenn es heißt, dass er sich »niemals wiederholt, oder sonst jemand copirt«[12] habe, und sodann beklagt wird, dass das Publikum (in Paris, aber auch generell: »C'est partout comme chez nous«[13]) ein »partheyliches« sei und die ehedem Bewunderten doch zu schnell wieder vergesse. Ein Jahr später richtet sich der Blick weiter zurück, mit Kurzbiographien und Würdigungen der Komponisten Johann Walter, Orlando di Lasso, Ludwig Senfl und Agostino Steffani, wohl vom selben Autor, dem Herausgeber Forkel.[14] Erneut wird nicht nur allgemein das Interesse an Biographik, sondern eine moderne Lesart des Autors sichtbar, etwa wenn die Entführung des Knaben Lasso,[15] dessen frühe Begabung oder auch die schon kurz nach seinem Tode einsetzende Verehrung beschrieben werden, also die persönlichen und wirkungsgeschichtlichen Aspekte mehr Raum einnehmen als die Diskussion der überlieferten Musik.[16] Forkels biographische Bemühungen, die er zuerst in Zeitschriften platziert, münden in die erste deutsche Bach-Biographie, *Ueber Johann Sebastian Bachs Leben, Kunst und Kunstwerke*, erschienen in Leipzig 1802. Sie fällt durch einen Passus aus der Reihe, der Aufmerksamkeit erregt: Forkel entscheidet sich, nach dem Werkverzeichnis, mit dem die frühen Komponistenbiographien (auch jene Händels) normalerweise enden, zwei weitere Kapitel anzuschließen: Kapitel X und XI, die eine Würdigung und – wie er selbst schreibt – eine »Charakteristik« Bachs enthalten. Hier zeichnet Forkel das Bild eines fleißigen Künstlers, das mehr und mehr idealisierte Züge annimmt. So heißt es, Bach habe sich nicht um Applaus geschert: »Er arbeitete für sich, wie jedes wahre Kunstgenie; er erfüllte seinen eigenen Wunsch, befriedigte seinen eigenen Geschmack, wählte seine Gegenstände nach seiner eigenen Meynung, und war endlich auch mit seinem eigenen Beyfall am zufriedensten.«[17] Und am Ende, als das Buch eine heute unangenehm zu lesende patriotische Wendung nimmt, wird Bach »der größte musikalische Dichter und der größte musikalische Declamator, den es je gegeben hat, und den es wahrscheinlich je geben wird«,[18] genannt. Viele Aspekte lassen hier aufhorchen, allein die Wahl des »musikalischen Dichters« ist 1802 kein Zufall mehr, und dass ein an Auftrag und Obrigkeiten gebundener Komponist in dieser Lesart nicht selten als reflexiv gestimmter Eigenbrötler erscheint, ist eine romantische Konstruktion von Autorschaft, wird bei Forkel indes flankiert von seiner Überzeugung, alles sei durchformt von protestantischer Arbeitsethik. Bachs Biographie ist in den Augen Forkels eine Mischung aus beidem: halb konfessionell-funktional, halb individuell-eigenbrötlerisch.

Während Forkels Bach-Bild allenfalls latent romantische Züge zeigt, aber immerhin neue Perspektiven auf Autorschaft offenlegt, wird die emphatisch-poetische Beschreibung von Künstlerleben und -wirken in der ersten Dekade des 19. Jahrhunderts zum beherrschenden Format – von Gluck, Händel, Carl Philipp Emanuel Bach über Fasch, Mozart und Haydn bis hin zu dem 1804 verstorbenen Hiller, der in einem großen Nachruf zum reflektierenden Komponisten par excellence gekürt wird: Der etwa zehnseitige Text, der in der *Allgemeinen musikalischen Zeitung* erscheint, bildet mit den Konzepten der Anekdotik, der persönlich gefärbten Erinnerung, der Konzentration auf menschliche Haltungen und Schwächen Hillers sowie auf seine ganzheitlichen – sowohl musikalischen als auch ästhetischen – Leistungen für das Projekt der Neu- und Umgestaltung der Musiklandschaft im späten 18. Jahrhundert geradezu ein Kaleidoskop autorpoetischer Beschreibungsmuster, die seit den 1780er-Jahren etabliert worden waren.[19] Diese Entwicklungen führen hinein in zwei Trends, die wir beobachten können: Einerseits werden Biographien selbst mit romantischer Kunst verglichen – so wird die Biographie von Carl Friedrich Zelter über seinen Lehrer Fasch in der betreffenden Rezension mit einer »Musik [verglichen], welche man eine Symphonie der Freundschaft nennen könnte, so wäre der erste Theil derselben ein weiches, aber ahndungsvolles Grave, das unsere Aufmerksamkeit und unsere Gefühle zu hohen Erwartungen spannt, aber uns allgemach zu einem sanften Thränen erregenden Adagio herabstimmt, und endlich mit einem tiefrührenden Requiem alle unsere Gefühle beruhiget; der zweite Theil dagegen wäre ein munteres Scherzando, das uns oft unwillkürlich in ein inniges Lachen ausbrechen läßt.«[20] Andererseits entwickelt sich ein Interesse an Komponisten-Autobiographik, das sich in den 1810er-Jahren und damit außerhalb unseres Betrachtungszeitraumes vollends entfalten wird. 1791 erscheint die ästhetische Abhandlung *Vom Erfinden und Bilden*[21] des Komponisten Johann Friedrich Hugo von Dalberg, die sich in der Widmungsvorrede[22] zugleich als teilautobiographische, an den Freund gerichtete Erzählung herausstellt: »Wie gern lauschten Sie dem Spiele meiner Fantasie, wenn bald rasche Uebergänge, bald weiche Melodien, bald die Gesänge der Freude, bald das schmelzende Adagio Ihre Seele schneller als die Wirkungen des Blitzes in so viele abwechselnde Situationen versetzte.«[23] Er habe sich, so heißt es weiter bei Dalberg, selbst dabei beobachtet, wie es sei, »Empfindungen durch Töne auszudrücken«, aus sich selbst heraus zu schaffen, möchte diese Beobachtungen nunmehr mitteilen[24] und gibt dabei erstaunliche Einblicke in seinen Schaffensprozess: »Meine besten Compositionen sind in den süssen Augenblicken der Natur oder Kunstgenusses entstanden, meine Seele kann sich für nichts erwärmen, wenn sie nicht durch einen freyen Ort, durch den Anblick eines Kunstwerks, durch den Zauber der Tonkunst oder irgend einen belebten Gegenstand gewekt wird.«[25] Auch das Leiden des Künstlers, seine Isolation und sein Schmerz werden am eigenen Beispiel beschrieben, mit einer hochsensiblen Selbstevaluation, die weniger ein biographisches Narrativ zum Ziel hat denn einen Einblick in das innere Empfindungsspektrum des Komponistendaseins geben will.

Zu den frühen Beispielen gehört auch Reichardts fragmentarische Autobiographie, erstmals 1805 in der *Berlinischen Musikalischen Zeitung*, die er selbst herausgibt, als Serie abgedruckt.[26] Die Biographie erscheint als eine Art Fortsetzungsroman über neun Ausgaben und bricht dann ab. Sie bleibt unvollendet, ein romantischer Torso. Sie beginnt zudem mit einer Reflexion, denn der Autor denkt in seiner Eigenschaft als Herausgeber des Textes in einer »Vorerinnerung« über das Faktum nach, eine Autobiographie eines Komponisten, der er selbst ist, zu liefern. Auch das ist eine romantische Idee. Es wird zunächst in der dritten Person begonnen: »Der Herausgeber ist seit mehreren Jahren von Freunden und Schriftstellern häufig aufgefordert worden, sein Leben selbst zu schreiben.«[27] Im nächsten Absatz schreibt nun der Autor selbst, Reichardt wechselt also die Rolle, verbleibt aber in der dritten Person: »Johann Reichardt, der Sohn eines Gärtners aus Oppenheim am Rhein«[28] usw. Mitten in seiner Kapellmeisterzeit bricht der Bericht ab. Trotz seiner Unvollständigkeit zeigt das Dokument bereits viele Anzeichen genieästhetischer Modellierung, wie sie für die frühromantischen Konzepte von Autorschaft charakteristisch sind. Diese schauen wir uns im Folgenden genauer an.

Mit älteren Genie-Konzepten – die eine Inspiration jenseits des handwerklich Erlernbaren und des Beherrschens technischer Konventionen beschreiben – haben die Darstellungen genialischen Komponierens um 1800 gemeinsam, dass das Genie etwas Unfassbares bleibt. War die Ingenium-Idee der Frühen Neuzeit göttlicher und damit in aller Konsequenz ebenfalls unfassbarer Herkunft, so ist der schöpferische Geist um 1800 frei. Und er ist sich bewusst, dass er teilhat an einem immerwährenden Kreislauf zwischen Regeln und Lizenzen, neuen Regeln und neuen Lizenzen usw. Christian Friedrich Michaelis hat dies 1795 so formuliert: »Kunstregeln gehen den eigentlichen Werken des schöpferischen Geistes nicht voraus, sondern sie werden erst nachher von der Beschaffenheit derselben abstrahirt.«[29] Der Künstler kann die Regeln erlernen, ebenso kann er von den Lizenzen der anderen Kunstwerke lernen. Das nützt ihm indes alles nichts, denn, so Michaelis, »der Stoff zu schönen Kompositionen [...] wird unmittelbar vom Genie erzeugt«.[30] Bis zu diesem Punkt der Argumentation verbleibt Michaelis ganz in der Philosophie Kants, es gibt Regeln und Begriffe, aber es gibt auch das Schöne, Begriffslose (hier das Genie), das man nicht greifen kann. Dann aber zieht Michaelis eine neue Ebene ein: Er sagt, freilich erlerne der Künstler die Form und die Technik (in unserem Fall des Komponierens), aber ihre individuelle Umsetzung – Michaelis nennt das »Einkleidung und Darstellung« – könne »gewissermaßen auch zu dem Stoff gerechnet werden, der ein eigenthümliches Werk des Genies ist.«[31] Schon in dem Moment also, in dem der Künstler die erlernten Formen anwendet, sie gewissermaßen »als Medium«[32] verwendet, ist Genie nötig, um vollendete Kunst zu schaffen. Michaelis versucht damit, die strikte Trennlinie zwischen dem schwer greifbaren Genialischen und dem begrifflich Regulativen zu übertreten, indem er das Genialische schon auf der Ebene der Form ansiedelt. Das ist in sich noch nicht konsistent, nähert sich aber schon der romantischen Idee, die Realität der Kunst als über den Regeln und Begriffen stehend zu interpretieren.

Wenige Jahre später diskutiert der jung verstorbene Komponist Friedrich Fleischmann in einem postum publizierten Artikel zwei Fragen: »Wie muss ein Tonstück beschaffen seyn, um gut genannt werden zu können? – Was ist erforderlich zu einem vollkommenen Komponisten?«[33] Hieran ist bemerkenswert, dass sich die Abfolge der Kompetenzen, um ein »vollkommener« Komponist zu sein, umkehrt. Nach Fleischmann gehöre »zum Wesen eines vollkommenen Komponisten [...]: I. Genie, zum Erfinden, II. Die Wissenschaft der Komposition, III. Mehrere Hülfswissenschaften«.[34] Habe man Ersteres nicht, nützen die beiden Folgenden auch nichts mehr (mit »Hülfswissenschaften« ist zum Beispiel Instrumentenkunde gemeint). Fleischmanns Fazit: »Wo diese Fähigkeiten nicht durch Genialische Kräfte hervorgebracht werden, da scheitert die Kunst mit all ihren Regeln. Musicus et Poeta nascitur.«[35] Mit diesem letzten Satz – der Musiker und Dichter wird geboren – steht Fleischmann wieder der älteren kantischen Unbegreiflichkeitsthese nahe. Immerhin aber wird das freie Genie und damit die Individualpoetik schon als primär wahrgenommen, das Regulative, die Regelpoetik, als sekundär. Da der Text mit regelpoetischen Konzepten des Schaffens und Urteilens beginnt, vollzieht er seine Wende durch die bemerkenswerte Beobachtung, dass eben das nicht mehr alles sein kann. Einzelne Figuren wie Mozart werden zum Symbol jenes Grenzübertritts hin zum Besonderen, nicht mehr Greifbaren: »Er studierte die Alten, (besonders einen Emanuel Bach) machte sich mit dem Geiste derselben bekannt, ließ seinem eigenen Geiste freien Lauf, würzte dessen Producte mit dem Salze seines Kraftgenies, achtete in dem Feuer seiner Einbildungskraft zuweilen der grammatikalischen Schranken nicht, und übersprang sie, nicht aus Unwissenheit, sondern aus Geniefeuer, und wurde Mozart!«[36]

Neben dieser sich vorantastenden, philosophisch-ästhetischen Neujustierung der Genieästhetik wird die Biographik um 1800 um neue Erzählmodelle erweitert. Hier ist vor allem die Anekdote zu nennen. Am bekanntesten sind wohl die Anekdoten in der frühen Mozart-Biographik, allen voran jene von Friedrich Rochlitz in der *Allgemeinen musikalischen Zeitung*. Anekdoten sind keine Faktenberichte, allenfalls eine Mischform aus Berichtetem mit Stille-Post-Faktor und Hinzugedichtetem. Sie dienen dazu, den individuellen Charakter zu skizzieren und ihn damit ebenso zu überhöhen, indem man manchen Handlungen genialische Züge zuschreibt, wie auch zu vermenschlichen, ihn also als einen mit realen Problemen ringenden Künstler darzustellen. Bei Mozart funktioniert Letzteres gut über sein schwieriges Verhältnis zum Geld – ein Mozart-Bild entsteht, das wir den Anekdoten von Rochlitz verdanken, die suggerieren, dass der Komponist mit Geld nicht umgehen konnte bzw. nicht darauf bestand, ordentlich entlohnt zu werden: »Von Niemand wurde diese Sorglosigkeit um Geld mehr gemisbraucht, als von Musikalienhändlern und Theaterdirekteurs. [...] Besonders hatte ein gewisser, ziemlich berühmter Kunsthändler eine Menge solcher Geschäffte gemacht, und eine Menge Mozartscher Kompositionen gedruckt, verlegt, verkauft, ohne den Meister nur darum zu fragen. Einst kam ein Freund zu diesem – ›Da hat der A – wieder einmal eine Parthie Variationen für's Klavier von Ihnen gedruckt: wissen Sie davon?‹ ›Nein!‹ ›Warum legen Sie ihm aber nicht das Handwerk einmal?‹ ›Ey was soll man viel Redens machen: er ist ein Lump!‹ ›Es ist aber hier nicht blos des Geldes, sondern auch Ihrer Ehre wegen!‹ ›Nun – wer mich nach solchen Bagatellen beurtheilt, ist auch ein Lump! Nichts mehr davon!‹«[37]

Dieses anekdotische Prinzip findet auch auf andere Komponisten Anwendung – in Autobiographien (Reichardts zum Beispiel) und Nachrufen, wie dem erwähnten auf Hiller, der von halbfiktiven Dialogen und Anekdoten durchzogen ist. In Hillers Fall erregt besonders dessen Hypochondrie Aufmerksamkeit – so habe man ihn, der wiederholt meinte, im Sterben zu liegen, angeblich nicht selten mit Gewalt zu Konzerten seiner Werke transportieren müssen, selbst im Schlafrock. Solche Beschreibungskonzepte sind ohne das um 1800 neu erwachte Interesse am Autor und seiner Individualität kaum denkbar. Hier entsteht das Bild des modernen Autors, der noch Teil der Gesellschaft, aber als ihr neuer Sinnstifter zugleich Teil einer eigenen künstlerischen Welt ist, die man verstehen möchte. Die Anekdote ist ein Mittel, dies zu erreichen. Zugleich dient sie dem Amüsement und verankert den verstorbenen Komponisten im Gedächtnis. Wenn 1792 von Pergolesi reißerisch berichtet wird, wie er beinahe vergiftet worden wäre,[38] oder wenn der frühe Tod des Komponisten Johann Samuel Schröter im selben Jahr lapidar und höchst geschmacklos damit kommentiert wird, er habe sich erkältet und sei dann glücklicherweise verstorben, bevor er einen Metastasio-Text in Musik habe setzen können,[39] dann hat diese biographisch-anekdotische Berichtsform einen enormen Unterhaltungswert und einen starken Anker im kulturellen Gedächtnis.

Mit dem romantischen Bild vom Autor ändert sich um 1800 schließlich auch seine historische Perspektivierung. Die Romantiker sind sich bewusst, an einer Schwelle zu stehen, sie schauen nach vorn und voraus. Diesem Optimierungsdenken liegt ein philosophisches Drei-Phasen-Schema der Frühromantik zugrunde, ausgeprägt vor allem bei Novalis und Hölderlin, das einer paradiesischen Phase eine Verlustphase und das Streben nach dem Wiedererreichen des Paradieses als dritte Phase folgen lässt. Die Romantiker sehen sich selbst am Ende der zweiten und verstehen ihre Kunst als Prophetie für die dritte Phase. Dieses Modell funktioniert nur im unmittelbaren Anschluss an die Geschichte, in der konstruktiven Auseinandersetzung mit und nicht in einer destruktiven Lösung von ihr.[40] Um diese Schwellensituation des Autors drehen sich viele Texte in den Zeitschriften um 1800. Schon 1792 wird ein besseres Zeitalter der Zusammenarbeit von Poesie und Musik beschworen.[41] Und 1795 reflektiert Christian Gottfried Körner *Ueber Charakterdarstellung in der Musik*.[42] Dort bedauert er zunächst das Fehlen einer Ästhetik des Schönen und möchte deshalb aufzeigen, »was an sich selbst darstellungswürdig ist«, denn, so Körner: »Vorarbeiten dieser Art giebt es zur Zeit noch weniger für die Musik als für andere Künste, und eben deswegen ist sie vielleicht öfter verkannt worden.«[43] Sodann beschreibt er, dass man früher die Natur, später die Empfindungen in der Komposition nachgeahmt habe. Schließlich markiert er die Schwelle, an der die Autoren heute stehen: »Nachäffung alles Hörbaren, vom Rollen des Donners bis zum Krähen des Hahns galt manchem für das eigenthümliche Geschäft des Tonkünstlers. Ein besserer Geschmack fängt an, allgemeiner sich auszubreiten. Ausdruck menschlicher Empfindung tritt an die Stelle eines seelenlosen Geräusches. Aber ist dies der Punkt, wo der Tonkünstler stehen bleiben darf, oder giebt es für ihn noch ein höheres Ziel?«[44] Verheißung und Aufbruch werden zu Dauerthemen der Ästhetik, man denkt darüber nach, wie schwer es aktuell sei, als Komponist »neu und originell«[45] zu sein, sich nicht zu wiederholen,[46] andernorts wird der zeitgebundene, eben nicht vorausschauende »Modecomponist« vom »edleren Künstler«[47] scharf unterschieden. Und Körner bedauert, dass im historischen Rückblick nur jene Künstler übrigbleiben und berühmt werden, die Epoche gemacht haben, jene, die sie vorbereiten halfen, indes nicht.[48]

Pünktlich zum Beginn des neuen Jahrhunderts schreibt Johann Carl Friedrich Triest in einem Artikel vom 1. Januar 1801 dieses immerwährende Umbruchsgefühl romantisch fort: »Der Eintritt in das neue Jahrhundert ergreift mit mächtigem Gefühl einen jeden, der sich nicht blos um Privatverhältnisse bekümmert, die ihm in der kurzen Spanne seines Lebens zugemessen sind, sondern der auch oft und ernstlich erwägt, was die Menschheit überhaupt gewonnen hat, und was ihr Noth thut.«[49] Er konstatiert eine »große Gährung«,[50] in der sich die Musik aktuell befinde. Diese Gärung beginnt etwa fünfzehn Jahre zuvor. Denn wenn Reichardt sein *Musikalisches Kunstmagzin* von 1785 mit einer emphatischen Ansprache »An junge Künstler« eröffnet und vom Nachwuchs fordert, »reiße dich von aller Kleinheit los: sey wahrhaft frey« und »Strebe nach hoher Begeisterung!«,[51] so ist das nicht nur eine mediale Strategie zur Lesergewinnung, zumal die jungen Komponisten wohl kaum ein zahlungskräftiges Zielpublikum darstellten, sondern auch eine ernstgemeinte Erklärung, dass man sich als Komponist in den 1780er-Jahren im verheißungsvollen Aufbruch in eine neue Zeit des Komponierens befinde.

6. Die Entdeckung des Hörers

Der Hörer als das nicht nur imaginierte, sondern reale Gegenüber erklingender Musik ist bereits in der Empfindungsästhetik der zweiten Hälfte des 18. Jahrhunderts präsent. Ein Hauptakteur ist Moses Mendelssohn. Voraussetzung seiner bereits in den 1750er- und 1760er-Jahren entwickelten Ästhetik ist die Überlegung, dass Natur, Kunst und Kunstgenuss in einem explizit ästhetisch-sinnlichen Bezug stehen: Die Kunst, deren Aufgabe und Ziel es ist, »Einheit im Mannigfaltigen« zu produzieren, ahmt die Vollkommenheit der Natur sinnlich nach, ohne aber deren »Einhelligkeit des Mannigfaltigen« je erreichen zu können.[1] Der Künstler müsse eben, so heißt es in den »Hauptgrundsätze[n] der schönen Künste und Wissenschaften« von 1761, »das idealische Schöne aus den Werken der Natur [...] abstrahieren«.[2] Dass Mendelssohn diese vom Künstler an den Hörer vermittelte Sinnlichkeit von Kunst, mithin von Musik, nicht als chaotisch, sondern als vielschichtig begreift, ist bemerkenswert und darf in seiner nachhaltigen Prägung romantischer Denkmuster nicht unterschätzt werden.[3] Mendelssohn entwirft eine »Theorie der Vorstellungsfolge«,[4] eine Art Empfindungspsychologie, die von ihm 1778 nochmals aufgegriffen und am Beispiel der Poesie differenziert wird.[5] In dieser Vorstellungsfolge lösen sich, einfach formuliert, Vernunft (Rationalität) und ästhetische Einbildung (Imagination) permanent ab. Dieser sequenzierte Wechsel verdichtet sich gelegentlich, und in sehr großer Verdichtung und Intensität können die Imaginationen vom Rezipienten »durch die Kraft des Vorsatzes, oder auch durch die Freiheit des Willens«[6] sogar als real empfunden werden. Je besser dem Künstler oder Komponisten diese sinnliche Vermittlung gelingt, desto mehr Genuss bereitet dem Leser,

Betrachter oder Hörer das Ergebnis, oder in Mendelssohns Worten von 1755: »Je ausgebreitet klärer die Vorstellung des schönen Gegenstandes, desto feuriger das Vergnügen, das daraus entspringet.«[7]

Diese frühe Analyse des Rezipienten unterscheidet sich von jener um 1800 dadurch, dass Mendelssohn sich zwar für die Wahrnehmungsseite interessiert, indem er ihr Changieren zwischen realen und imaginierten Empfindungen beschreibt, den Rezipienten aber als ein passives Gefäß begreift, in das die Kunst einströmt und sodann Reaktionen in ihm bewirkt. Der Hörer ist hier keine individuelle Figur, es gibt keine Hörertypologien, sondern er ist ein Kollektivsingular. Man kann seine Empfindungen mithilfe der Kunst erreichen und sogar steuern. Er hat an dem gesamten Prozess der Kunstrezeption keinen Anteil, er wird quasi von der Musik und seinen eigenen Empfindungen überflutet. Das ändert sich um 1800 grundlegend. Zunächst einmal – erstens – wird Hören nicht mehr allein als passiv begriffen, sondern die Wirkungen der Musik auf den Hörer haben stets eine aktive Komponente: mindestens eine eigene Reflexion, die über das kantische vernunftgeleitete Erkennen – von dem Mendelssohn noch spricht – deutlich hinausgeht, im höchsten Fall aber ein im Mit-Hören sich vollziehendes Beenden bzw. Vollenden des Kunstwerkes selbst. Der Hörer wird im besten romantischen Sinne Teil des Kunstwerkes, er muss sich das »Ganze« im Hören des Werkes erst selbst bilden. Im Erkennen dieser aktiven Seite wächst zweitens das Interesse der Romantiker an einer Typologie des Hörers, also daran, was den idealen Hörer eigentlich ausmacht. Und das führt schließlich drittens dazu, dass beide Perspektiven – jene des Musikspielens und Musikhörens – enggeführt werden und man über ein ideales Konzertprogramm nachdenkt. Es beginnt die Geschichte hörerorientierter Programmgestaltung. Diese drei Aspekte schauen wir uns im Folgenden näher an, zunächst die Wirkungen der Musik auf den Hörer.

Die romantischen Literaten finden neue, poetische Worte für ihre Hörerfahrungen, für die Art, wie Musik wirken kann. Von Jean Paul ist das beinahe körperlich spürbare Ergriffenwerden eindringlich beschrieben worden: »Aber deine Zunge, grausame Tonkunst, zieht sich, wie die Löwenzunge, so lange kitzelnd auf dem nackten Herzen hin und her, bis alle seine Adern bluten.«[8] Selbst der romantisch nur latent aufgeschlossene Zelter kann seine Hörempfindungen sinfonischer Musik Haydns gegenüber Goethe am besten poetisch fassen: »Es gibt gewisse Sinfonieen von Haydn, die durch ihren losen liberalen Gang mein Blut in behagliche Bewegung bringen und den freien Teilen meines Körpers die Neigung und Richtung geben wohltätig nach außen zu wirken. Meine Finger werden dann weicher und länger, meine Augen möchten etwas ersehn das noch kein Blick berührt hat, die Lippen öffnen sich, mein Inneres will hinaus ins Freie.«[9]

Eine besonders reflektierte Hörerfahrung kennen wir von Wackenroder, er beobachtet sich selbst als Hörer. Am 5. Mai 1792 schreibt er an Tieck über ein Konzert mit Glasharmonika, das er »mit sehr vielem Vergnügen« gehört habe.[10] Sodann folgt die Selbstbeobachtung: »Wenn ich in ein Konzert gehe, find' ich, daß ich immer auf zweyerlei Art die Musik genieße. Nur die eine Art des Genußes ist die wahre: sie besteht in der aufmerksamsten Beobachtung der Töne u ihrer Fortschreitung; in der völligen Hingebung der Seele in diesen fortreißenden Strohm von Empfindungen; in der Entfernung und Abgezogenheit von jedem störenden Gedanken und von allen fremdartigen sinnlichen Eindrücken. Dieses geizige Einschlürfen der Töne ist mit einer gewissen Anstrengung verbunden, die man nicht allzulange aushält. Eben daher glaub' ich behaupten zu können, daß man höchstens eine Stunde lang Musik mit Theilnehmung zu empfinden vermöge, und daß daher Konzerte u Opern u Operetten, das Maaß der Natur überschreiten. Die andre Art wie die Musik mich ergötzt, ist gar kein wahrer Genuß derselben, kein passives Aufnehmen des Eindrucks der Töne, sondern eine gewisse Thätigkeit des Geistes, die durch die Musik angeregt und erhalten wird. Dann höre ich nicht mehr die Empfindung, die in dem Stück herrscht, sondern meine Gedanken und Phantasieen werden gleichsam auf den Wellen des Gesanges entführt, und verlieren sich oft in entfernte Schlupfwinkel. Es ist sonderbar, daß ich, in die Stimmung versetzt, auch am beßten über Musik als Aesthetiker nachdenken kann, wenn ich Musik höre: es scheint, als rissen sich da von den Empfindungen die das Tonstück einflößt, allgemeine Ideen los, die sich mir dann schnell u deutlich vor die Seele stellen.«[11] Das ist ein bemerkenswerter Text, der mehrere Ebenen aktiven Hörens beschreibt: erstens die durch das kenntnisreiche Verfolgen der Töne erweckten Empfindungen (noch ganz im Sinne Moses Mendelssohns), zweitens die damit verknüpfte Teilnahme, die eine körperliche wie geistige Anstrengung bedeutet, drittens die durch das Hören der Musik inspirierte geistige Tätigkeit, die viertens in eigene, kreative Ideen münden kann. Der vorgebildete Hörer reflektiert über das Gehörte und kann daraus Kreativität ziehen. Hören wird also ein doppelter aktivierender Akt. Zugleich ist Hören ein Akt der Freiheit, es bleibt dem Hörer überlassen, wie weit er sich tragen und mitnehmen lassen möchte. Johann Carl Friedrich Triest beschreibt dies 1801 so, hier mit Bezug auf Instrumentalmusik: »Ihr eigentlicher Zweck ist also: durch das Unbestimmte ihrer Phrasen (was man aber mit dem Verworrenen, Faden, Nichtssagenden nie verwechseln darf) dem Theilnehmer einen freyeren Gebrauch seiner Einbildungskraft zu verschaffen, und es ihm (oder den Umständen) dann zu überlassen, zu welchen bestimmteren Ideen und Empfindungen ihn dieses Tonspiel hinführen möchte.«[12]

Diese neue, produktive Freiheit im Hören ist indes kein Phänomen der Instrumentalmusik allein, sondern gilt ebenso für Vokalmusik. Friedrich Rochlitz, Herausgeber der *Allgemeinen musikalischen Zeitung*, führt dies 1802 in einem bemerkenswerten Textformat vor, einem vierteiligen Briefroman, in dem die Hör-Bildung eines jungen Tonkünstlers mit Namen Ferdinand am Beispiel von Händels *Messias* geschildert wird.[13] Die tiefe persönliche Ergriffenheit bereits zu Beginn – »Die Overtura beginnet mit einem schauerlichen, einförmigen Largo, in welchem die Menschheit unter schweren Lasten ächzet und erseufzt und erliegt«[14] – zieht sich wie ein roter Faden durch die Briefe, in denen die Wirkmacht der Musik eindringlich beschrieben wird: Die Augen seien »voll Thränen«,[15] nichts an der Musik sei »berechnet«, sondern »vom richtigen Gefühl«[16] geleitet. Oft werden Begriffe wie »schauerlich« oder »schauderhaft« verwendet, Händels Musik sei für den Hörer eine »Welt der Wunder«,[17] er komponiere »aus der Fülle der Seele«, mit »Gefühl und Verstand«.[18] In Form und Diktion eine durch und durch romantische Höranalyse einer Musik, die Rochlitz nicht als barock oder distanziert historisch, sondern allein in ihrer unmittelbaren, momentanen Wirkung als im Hörer Romantik freisetzend deutet, ist dieser Text an der Schnittstelle von Literatur, Kritik und Ästhetik verortet und versucht mit künstlerischen Mitteln jenes eingangs kurz erwähnte Phänomen einzufangen, dass hörende »Phantasie und Gefühl einen so weiten, unbeschränkten Raum, zu freyer, selbsteigener Thätigkeit« haben.[19]

Rochlitz ist eine zentrale Figur im Nachdenken über eine Typologie des Hörers. Schon 1799 bemerkt er in einem Artikel »Die Verschiedenheit der Urtheile über Werke der Tonkunst«[20] die von uns bereits diskutierte, allgemeine Zunahme musikalischer Kritik und eine große Diversität der Hörurteile. Er betrachtet den Hörer also aus der Perspektive des Kritikers, der sich hörend ein Urteil bilden und es verschriftlichen muss: Wir, so Rochlitz, »müssen die Veränderungen in unserm Zustande schon zum Bewusstseyn zu bringen und auszusagen vermögen, um über sie und das, was sie erregte, urtheilen zu können. Wer dies nicht kann, sollte sich nun freylich alles Urtheilens enthalten.«[21] Der Kritiker – und damit der Künstler, weil Kritiker Künstler und Künstler Kritiker sind – ist nach Rochlitz ein professioneller Hörer. Er unternimmt eine Einteilung der Musikhörenden, und zwar eine romantisch (und ironisch) geprägte, weil er sich an Jean Pauls Einteilung von Spaziergängern orientiert. Jean Paul hatte in seiner *Unsichtbaren Loge* von 1793 die Spaziergänger, sicherlich angeregt durch den seinerzeit wohl unvermeidlichen Bezugspunkt von Jean-Jacques Rousseaus »Träumereien des einsamen Spazierganges« (1782), in vier »Kasten« geordnet: »In der I. Kaste laufen die jämmerlichsten, die es aus Eitelkeit und Mode tun und entweder ihr Gefühl oder ihre Kleidung oder ihren Gang zeigen wollen. / In der II. Kaste rennen die Gelehrten und Fetten, um sich eine Motion zu machen, und weniger, um zu genießen, als um zu verdauen, was sie schon genossen habe [...]. / Die III. Kaste nehmen diejenigen ein, in deren Kopfe die Augen des Landschaftmalers stehen, in deren Herz die großen Umrisse des Weltall dringen, und die der unermeßlichen Schönheitlinie nachblicken, welche mit Efeufasern um alle Wesen fließet [...]. / Eine IV. bessere Kaste, dächte man, könnt' es nach der dritten gar nicht geben: aber es gibt Menschen, [...] die nicht bloß mit dem Auge, sondern auch mit dem Herzen spazieren gehen.«[22] Nach diesem phänomenologischen Modell entwickelt Rochlitz seine Vierertypologie von Musikhörern, nicht ohne zum Teil wortwörtlich auf Jean Paul zurückzugreifen: »In der ersten [Klasse] sitzen auch hier die jämmerlichen, die nur aus Eitelkeit und Mode Musik hören, oder vielmehr der Musik beywohnen. [...] In die zweite Klasse gehören die, welche aufmerksam, aber (wenn ich mich so ausdrücken darf) nur mit dem Verstande hören. [...] Es missfällt ihnen ohne Ausnahme – warum? Weil es nicht so ist, wie wenigstens in der ersten Hälfte dieses Jahrhunderts. [...] Die dritte Klasse nehmen diejenigen Hörer und Beurtheiler musikalischer Kunstwerke ein, welche blos mit dem Ohre hören – gute harmlose Leutchen beiderley Geschlechts. Sie lieben Musik, weil durch dieselbe ihr Blut in einige leichtere Wallung versetzt und ihre Füße zum Tanzen gleichsam gehoben werden. [...] In der vierten Klasse stehen, oft übersehen, fast immer unbefragt, diejenigen, welche mit ganzer Seele hören.«[23] Es gibt demnach Menschen, die Musik aus rein modischen, rein vernünftigen, rein sinnlichen oder echten seelischen Gründen hören. Letztere, so Rochlitz, sind die eigentlichen Hörer, sie sind geleitet von Wissenschaft und Kunst gleichermaßen, ihnen gehe es um die »wahre« Musik, um die »reine Natur«[24] der Musik jenseits aller Empirie und Stofflichkeit. Sie nehmen Musik nicht passiv auf, sondern haben aktiv an ihrem Ereignen Teil, genau so, wie es Wackenroder beschrieben hat. Ob die Hörenden – wie Wackenroder – daraus selbst kreative Energie ziehen und das Gehörte künstlerisch produktiv machen, ist freilich eine andere Sache; darauf geht Rochlitz nicht ein.

Eine Differenzierung der Grundlagen qualifizierten Hörens, die den Hörenden überhaupt erst zu einem Urteil befähigen, liefert Christian Friedrich Michaelis, dem wir als Ästhetiker schon mehrfach begegnet sind, wenige Jahre später nach. 1806 denkt er im selben Blatt über Geschmacksdifferenzen in der Musikbetrachtung nach.[25] Darin zählt er sieben Aspekte musikalischer Urteilsfähigkeit auf: 1. Empfänglichkeit, 2. Zartheit und Feinheit des inneren Sinnes, 3. gebildeter Geschmack, 4. Bekanntschaft mit dem Regelwerk, 5. Wissen um Wirksamkeit, Geist und Kraft der Musik, 6. Rücksicht auf die Idee des Künstlers, 7. Erfahrung und Urteilskraft.[26] Die ersten beiden Kategorien setzen den Seelenhörer (mit Rochlitz) voraus, erst dann wird der Verstandeshörer der Kategorien 3 und 4, der um Regelkenntnis und Bildung verfügen muss, erwähnt, gefolgt von dem Genusshörer (Kategorie 5), der um die Wirkung weiß. Kategorien 6 und 7 sind das professionelle Rüstzeug des hörenden Kritikers – aber erst alle zusammen machen den idealen Hörer um 1800 aus. Michaelis lässt das Thema nicht los: Zur selben Zeit denkt er in dem nur dreiseitigen Artikel »Die Macht der Tonkunst« über Hörertypen nach, die neben Geschlecht und Charakter nun auch Nationalität einschließen.[27] Freilich bleiben die Inhalte seines Textes unscharf und auch pauschal, etwa wenn behauptet wird, die Engländer hätten, »bis auf wenige Volkslieder, das Schöne und Erhabene der Tonkunst nur aus fremden Quellen geschöpft«, ergo habe man keinen »Nationalgeschmack«, und man könne das »Englische« an einer Musik – im Gegensatz etwa zum Italienischen, Deutschen, Französischen, Russischen, aber auch Türkischen – schlicht nicht heraushören.[28] Bemerkenswert ist jedoch, dass Michaelis bereits über etwas nachdenkt, was wir heute als empirische Ästhetik kennen, nämlich der Frage nachgeht, wie die Ästhetik des Geschmacks entsteht, wie »individuelle Naturelle, Temperamente und Gemüthsstimmungen« damit zusammenhängen und welche Aspekte der Musik auf den Hörer besondere Wirkung entfalten können, zum Beispiel »die Art der Bewegung, der Rhythmus, der abgemessene Gang der Melodie, welcher Affekte und Leidenschaften ausdrückt und weckt.«[29] Hinweise auf unterschiedlichen Musikgeschmack von Männern und Frauen oder die Idee, dass mit »grave« oder »largo« bezeichnete Stücke besonders dem Melancholiker gefielen, erscheinen uns heute recht oberflächlich, gemessen aber an der modernen, um 1800 erst wenige Jahre alten Perspektive, den Hörer als aktives Gegenüber überhaupt ernst zu nehmen, ist dieser kleine Text enorm vorausschauend.

Mit der Analyse des Hörers und seiner Neigungen, Fähigkeiten und produktiven Möglichkeiten, gehen Überlegungen einher, wie ein perfektes Konzertprogramm auszusehen hat. So denkt der Theologe und Pädagoge Bernhard Christoph Ludwig Natorp in einem zweiteiligen Artikel darüber nach, wie wichtig Konzerte für die ästhetische und emotionale Bildung des Menschen sind.[30] Natorp scheint auf den ersten Blick nichts mit den frühromantischen Künstlerkreisen zu tun zu haben, obwohl er – um 1770 geboren – derselben Generation entstammt. Bei genauerem Blick ist dies indes zu korrigieren: Nicht nur erscheint sein Text in der von Reichardt herausgegebenen *Berlinischen*

Musikalischen Zeitung, sondern Reichardt steuert auch selbst das Vorwort bei, in dem er Natorps Idee unterstützt, dem es um nichts weniger als eine »edlere Gestalt« von Konzerten, also eine Neuausrichtung der Konzertlandschaft ginge. Natorp studierte 1792 bis 1794 Theologie in Halle, begann also sein Studium zwei Jahre später als der mit Reichardt befreundete Theologe Friedrich Schleiermacher. Nichtsdestotrotz ist denkbar, dass sich der musikalische Natorp, der später mehrere Liederschulen publizierte,[31] in Giebichenstein bei Reichardt aufgehalten, dessen romantische Luft geatmet hat.

In seinem Artikel beschreibt Natorp vier Arten von Musik, deren Modell wieder verblüffend an unseren Spaziergänger bei Jean Paul bzw. Musikhörer bei Friedrich Rochlitz erinnert. Seiner Ansicht nach gebe es erstens eine schulgerechte, vernünftige »Musik für den Verstand [...] wie Worte aus der Schriftgelehrten Munde«, zweitens eine »Musik für die Finger, für den Othem [sic] und die Singorgane«: virtuos, gewandt, geschickt, aber nicht berührend, drittens eine »Musik für das Ohr«, angenehm, gefällig, dissonanzarm, sinnlich, und viertens eine »Musik für das Herz« als echte, vollkommene Kunst.[32] Insgesamt also eine vernünftige, modische, sinnliche und echte seelische Musik, die er ausführlich beschreibt. Daraus folgt indes keine Hörertypologie. Natorp ist Didaktiker, ihn interessiert, wie die ästhetische Bildung des Menschen gelingen kann. Seiner Ansicht nach enthalten aktuelle Konzerte (um 1805) zu viel »falsche« Musik der Rubriken 1 bis 3. Es müsse mehr »ächte Musik«[33] zum Wohle des Hörers und seiner ästhetischen Bildung geben. Und nicht nur das, Natorp fordert: »Ein Geist müßte durch das Ganze wehen«, um ein »ästhetisches Ganzes« im Programm zu erzeugen.[34] Es soll also nicht nur Musik aus Kategorie 4 erklingen – Musik, die weder allein schulmäßig oder modisch-virtuos oder rein sinnlich-gefällig sei –, sondern alles soll zu einem größeren Ganzen, einem »Mehr« verbunden werden. Wie aber sieht diese »Stunde Null« der Konzertpädagogik nun konkret aus?

Natorp liefert ein elfteiliges Programm eines Silvesterkonzertes mit Pause, an dem wir uns seine Intention – freilich immer eingedenk der Tatsache, dass uns das »period ear« fehlt, dies adäquat zu tun – »hörend« verdeutlichen können. Einen gewissen Einblick kann diese musikalische Reise in ein romantisches Seelenmusik-Programm von

1805 aber in jedem Fall geben (in Klammern finden sich von mir erläuternde Zusätze bzw. – zu Nr. 1, 2, 7 und 10 – Werkvorschläge, sofern
Natorp keine Komposition eindeutig benennt):

1. »eine ernste Symphonie von Wranitzky« (z. B. Paul Wranitzkys
   c-Moll-Sinfonie, 1. Satz: Andante maestoso, Allegro molto, 1797)
2. »Tenor-Rezitativ zur Vergänglichkeit« (z. B. passend zu Nr. 3 die
   Arie »So schnell ein rauschend Wasser schießt« aus BWV 26)
3. Bach-Choral: »Ach wie flüchtig, ach wie nichtig« (BWV 26, 1724)
4. Instrumentalstück »Largo von wehmüthigem Charakter« aus der
   »Geisterinsel von Reichardt« (1798)
5. »Lied von Claudius: Der Mensch, vom Weibe geboren«
   (A-cappella-Motette von Johann Christoph Bach, 1680er-Jahre)

Pause (»Hiermit könnte der erste Akt des Concerts beschlossen werden«)

6. Chor von Reichardt aus der »Geisterinsel von Reichardt«:
   »Wolken verschweben, tiefer ins Leben« (1798)
7. »heiteres, aber nicht lustiges Rondo aus Pleyels Symphonien«
   (z. B. jenes aus der F-Dur-Sinfonie von 1787)
8. Bass-Rezitativ »Nein, der Hüter Israels / schläft und schlummert
   nicht«, »könnte man sehr leicht einem Graunschen oder Mozart-
   schen Recitativ unterlegen«
9. Chor »Die Himmel erzählen die Ehre Gottes« aus Haydns
   Schöpfung (1798)
10. »Variationen im heitern Tone« (z. B. Beethoven WoO 65, 1790)
11. »Rundgesang: ›Zeiten schwinden, Jahre kreisen‹« (Lied zum Mit-
    singen für die »ganze versammelte Gesellschaft, [...] indem der
    Gesang und die Melodie allgemein bekannt sind«)[35]

Ausgehend von der Empfehlung, man solle bei einem Konzert »am
letzten Tage des Jahres [...] den Zuhörer zuvörderst in eine ernsthafte
Stimmung« versetzen, empfiehlt Natorp zuerst ein Instrumentalmu-
sikstück ernsten Charakters, zum Beispiel »eine ernste Symphonie von
Wranitzky«, also wohl einen Einzelsatz, vermutlich einen Kopfsatz,

möglicherweise meint er den ernsten Kopfsatz der c-Moll-Sinfonie Paul Wranitzkys mit langsamer Einleitung (Andante maestoso, Allegro molto) von 1797. Auf diesen instrumentalen Teil soll ein Tenor-Rezitativ folgen, das über die Zeit und ihre Vergänglichkeit sinniert, es soll eine Stimmung »der Wehmuth über den Wechsel der Dinge und die Vergänglichkeit alles Irdischen«[36] entstehen. Natorp benennt hier kein konkretes Werk, aber da als dritter Programmpunkt der Choral aus der Bach-Kantate »Ach wie flüchtig, ach wie nichtig« BWV 26 folgen soll, liegt es nahe, als Nr. 2 die daraus stammende Tenor-Arie zu vermuten, deren Text – »So schnell ein rauschend Wasser schießt, so eilen unser Lebenstage. Die Zeit vergeht, die Stunden eilen, wie sich die Tropfen plötzlich teilen, wenn alles in den Abgrund schießt« – genau die Umbruchssituation des Jahreswechsels trifft. (In welcher Form Natorp die seinerzeit noch ungedruckte Kantate kennenlernen konnte, entzieht sich unserer Kenntnis.) Diese wehmütige Stimmung soll in den nächsten beiden Stücken noch ein wenig erhalten bleiben, und zwar instrumental, mit einem Largo von Reichardt aus seiner *Geisterinsel*, sodann soll ein A-cappella-Stück »Der Mensch, vom Weibe geboren« aus einer Motette von Johann Christoph Bach folgen, dem ältesten Stück des Programms. Damit beschließt Natorp den ersten Teil seines Konzertkonzeptes. Nach einer Pause möchte er den Hörer wieder »aus dieser wehmütigen Stimmung und allmählich zu einem heitern Lobe der ewigen Gottheit [...] erheben.«[37] Dazu empfiehlt er als Nr. 6 den Chor aus Reichardts *Geisterinsel*, »Wolken verschweben, tiefer ins Leben«, als siebtes soll unmittelbar darauf ein »heiteres, aber nicht lustiges Rondo aus Pleyels Symphonien« folgen. Das könnte zum Beispiel aus der F-Dur-Sinfonie von 1787 stammen. Sodann wünscht sich Natorp als achte Nummer ein Bass-Rezitativ, das musikalisch idealiter von Mozart oder Graun stammen, aber neu textiert werden sollte, und zwar angelehnt an Psalm 121,4: »Nein, der Hüter Israels / schläft und schlummert nicht.«[38] Als Nr. 9 folgt mit »Die Himmel erzählen die Ehre Gottes« aus Haydns *Schöpfung* eine festliche Choreinlage. An vorletzter Position sollen »Variationen im heitern Tone« folgen, also wieder etwas Instrumentales – denkbar wären hier vielleicht die frühen Beethoven'schen 24 Klaviervariationen über »Venni Amore« von Righini

Lebhaft

Zei-ten schwin-den, Jah-re _ krei-sen, und so wech-seln Wieg und Grab, Men-schen wer-den blüh'n und grei-sen, tre-ten auf, und tre-ten ab; Flüch-tig sind des Bluts Ge-füh-le, wenn es _ durch die A-dern irrt, glück-lich, wer im kur-zen Spie-le, sei-ner Rol-le Mei-ster wird. *Alle* Glück-lich, wer im kur-zen Spie-le, sei-ner Rol-le Mei-ster wird.

Notenbeispiel 6
Rundgesang, »Zeiten schwinden, Jahre kreisen«, 1777

WoO 65 (komponiert 1790). Und am Schluss des Konzertes möchte Natorp die Hörer sogar aktiv einbeziehen: Alle sollen bei dem Rundgesang »Zeiten schwinden, Jahre kreisen« mitsingen, ein bekanntes, auch in Halle gesungenes Freimaurer-Lied (vgl. Notenbeispiel 6).[39] Damit endet das Konzert.

Eine Analyse des modellhaften Programms zeigt einerseits die Vorstellung, dass qualitätvolle Vokalmusik spezifische Stimmungen evozieren, aber auch qualitätvolle Instrumentalmusik diesen Faden aufnehmen und weitertragen kann, um das »ästhetische Ganze« zu gestalten. Auffällig ist andererseits die Dominanz moderner Musik, genauer: die Konzentration auf die neue Musik der 1780er- und 1790er-Jahre nach der Pause, um aus der wehmutsvollen wieder in eine positive Stimmung der Jetztzeit – passend zur romantischen Schwellensituation eines Jahreswechsels – zu gelangen. Und schließlich wird die Partizipation der Hörer selbst am Ende eingerechnet, um einen kommunikativen, produktiven Effekt auch für jene Konzertbesucher zu schaffen, denen die hörende Schöpferkraft eines Wackenroder abgeht. Wollte man mit romantischer Brille noch etwas genauer hinschauen, könnte es bemerkenswert erscheinen, dass ausgerechnet Klaviervariationen (von welchem Komponisten auch immer), die der Romantik als besonderer Ausweis produktiver Einbildungskraft gelten, ein vokal-instrumental gemischtes Konzert vor dem Rundgesang resümieren. So oder so: Diese nicht nur aus einer zeitgenössischen Perspektive auf die Wirkkraft von Musik allgemein entwickelte, höchst bemerkenswerte Idee eines Konzertkonzeptes wäre ohne die neue Hörerperspektive um 1800 sicher so nicht entstanden. Auch wenn Natorps Text in dieser Zeit ein Einzelfall bleibt, ist er ein beeindruckendes Dokument der Entdeckung des Hörers in der Romantik.

7. Alte Geschichte(n): Neue Inspiration

Die Umwertung des Verhältnisses von Kunst zu Geschichte und Mythologie im späten 18. Jahrhundert fußt auf Konzepten, Geschichte und Mythos nun (auch) ästhetisch zu verstehen, was im Zuge der Aufklärung zumeist von säkularen Prozessen, der Lösung aus ehemaligen Deutungshoheiten flankiert war. Giambattista Vico ist so eine Zentralfigur der ersten Hälfte des 18. Jahrhunderts, der als Geschichtsphilosoph die Säkularisierung des Mythos vorantrieb, indem er dessen ästhetisches Potenzial, seine Eigenwertigkeit herausstellte. (Dies geschieht nicht zufällig genau dann, wenn Georg Friedrich Händel mit seinen Oratorien die neue musikalische Form der Mythenrezeption zu einem Erfolgsmodell macht.) Die Frühromantiker um 1800 schließen daran an, konturieren allerdings ihr eigenes Verhältnis zur Geschichte neu. Der Wandel, den wir dabei beobachten können, ist jenem Wandel ähnlich, den wir in der Kunstkritik beobachtet haben: Eine aktivische Komponente tritt hinzu, der Betrachter steht nicht mehr in unbeteiligter Distanz vor seinem Gegenstand, nimmt ihn wahr und bewundert ihn, ergriffen von seiner – letztlich unerreichbaren – Erhabenheit und Schönheit, sondern er eignet sich den Gegenstand kreativ an. Das kann ästhetische Reflexion meinen, das kann aber auch weitergehen und kreative Anverwandlung bedeuten, getrieben von einer tiefen, ja existenziellen »desire for history«, wie es Stephen Bann treffend genannt hat.[1] Ebenso wie der Romantiker sein Verhältnis zur Kunst ändert, indem er über es kunstvoll reflektiert oder es sogar als Ausgangspunkt für Kunst über Kunst verwendet, ebenso kann er sein Verhältnis zur Geschichte und damit Geschichte selbst als Motor von Kunst verstehen. Genau genommen handelt es sich dabei um einen kontinuierlichen,

Abbildung 7
Romantische Stilverklärung statt klassischer Stilkopie.
Römisches Haus, Ansicht Parkseite, Park an der Ilm in Weimar, 1792–1799
Klassik Stiftung Weimar, Bestand Fotothek

dennoch nicht bruchlosen Übergang von einer Rezeptions- zu einer Produktionsästhetik. Die Geschichte gibt nun Muster an die Hand, die ihre romantischen Rezipienten zu Experimenten anregen. Und der Künstler muss nun selbst produktiv werden, einen neuen Mythos – wie Friedrich Schlegel gefordert hat – auf dem »mütterlichen Boden« der Geschichte aus der eigenen »Tiefe des Geistes« bilden.[2] Wie das im Einzelnen funktioniert, wollen wir uns genauer anschauen. Dazu werfen wir einen – zunächst vielleicht unerwarteten, indes für das Gesamtphänomen um 1800 einleuchtenden – Blick auf die frühromantische Parkgestaltung des späten 18. Jahrhunderts, wo diese neue Auslotung von Geschichte zu beobachten ist.

Das im Park an der Ilm in Weimar gelegene Römische Haus (vgl. Abbildung 7) war ein beliebter Rückzugsort des Herzogs Carl August von Sachsen-Weimar und Eisenach. Das klassizistische Land- und Gartenhaus des Hamburger Architekten Johann August Arens mit Aussicht auf das Ilmtal wurde zwischen 1792 und 1797 unter der Leitung Goethes nach dem Vorbild römischer Villen errichtet. Der aufgesockelte Tempelbau mir einer ionischen Vorhalle zur Stadtseite und einem Untergeschoss mit einer von dorischen Säulen getragenen Halle zur Ilm- bzw. Parkseite hin ist gut erforscht, sein exquisites Dekorationsprogramm mit Stuck, Malereien und Reliefs macht aus dem Bau eine Art Modellfall des historistischen Klassizismus. Nun könnte man einwenden, das habe mit Romantik wenig zu tun, wie vielleicht auch Goethe selbst zwar die literarische Romantik durch seinen *Wilhelm Meister* massiv beeinflusste, aber sicher nicht als Hauptvertreter der Romantik, ihr allenfalls leicht zugeneigt gelten kann. Zudem sind römische Häuser in zeitgenössischen Parks um 1800 nicht unüblich: Noch heute kann man im Park Sanssouci in Potsdam ein Römisches Haus nach einem Entwurf von Karl Friedrich Schinkel besichtigen, das in den späten 1820er-Jahren konzipiert wurde. Und nicht zuletzt irritiert auch, dass das Römische Haus als Gebäude der Klassik Stiftung Weimar mit seiner klaren klassizistischen Struktur und Innendekoration zunächst einmal nichts mit Romantik als solcher zu tun zu haben scheint. Für das Objekt als solches mag dies zutreffen, wenn man es als historischen Import antiker Geschichte in einen modernen Park versteht. Betrachtet man es indes in seinem künstlich-natürlichen Umfeld des Parkes und schaut genauer hin, lassen sich andere Perspektiven auf das Haus entwickeln.

Bekanntlich entstammt der Ruinen- und Antik-Kult des späten 18. Jahrhunderts der englischen Garten- und Parkarchitektur, die groß angelegte, sogenannte romantische Landschaftsparks etablierte.[3] Im Gegensatz zum älteren französischen Barockgarten, der in geometrischen Modellen dachte und in diese die Natur hincinzwang, wurden in den englischen Landschaftsparks Pseudo-Ruinen, Tempel, Grotten, vermeintlich aufgelassene Friedhöfe, Teufelsbrücken, Ritterkapellen und anderes Dekorationszubehör aus den unterschiedlichen Epochen versammelt und in die künstlich angelegte Landschaft »natürlich« eingebettet. Das Römische Haus in Weimar ist als Teil eines kulissenhaften Park-Ensembles, das um 1800 tief in die Geschichte schaut, also durchaus frühromantisch, denn spätestens mit einer Kirchenruine in einem künstlich angelegten Park wird aus einer klassischen Stilkopie eine romantische Stilverklärung, in die das Bewusstsein um ihre eigene

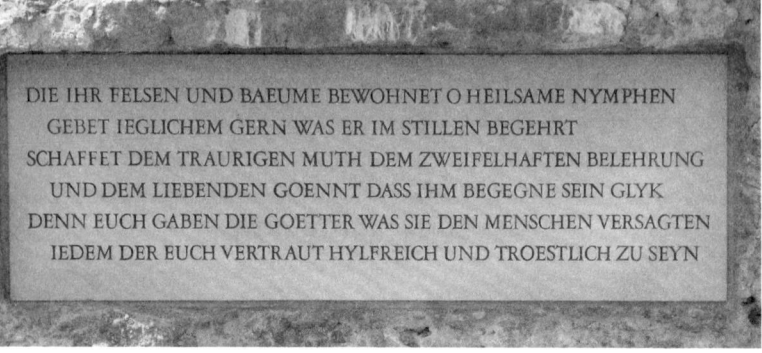

Abbildung 8
Johann Wolfgang von Goethe: Einsamkeit. Römisches Haus,
untere Parkebene (Ausschnitt), Park an der Ilm in Weimar, 1792–1799
Klassik Stiftung Weimar, Bestand Fotothek

Vergänglichkeit gleichsam eingeschrieben ist. Zusätzlich kommt die Position und Bauform des Hauses am Hang des Ilmparkes ins Spiel, denn Goethes Konzept war nicht nur, mit dem Haus eine Stilkopie oder Stilverklärung zu errichten, sondern ihm die Geschichte gewissermaßen narrativ einzuschreiben. Um dies nachzuvollziehen, muss man den Gang um das Römische Haus am unteren Ende, also auf der Höhe des Ilmtales, beginnen. Unten nämlich steht der Betrachter zunächst vor einer künstlichen, aber wild und unberührt wirkenden Felswand. Linkerhand plätschert eine kleine, ebenfalls künstlich angelegte Quelle aus dem Fels, rechts daneben ist ein mythologisches Gedicht in lateinischen Lettern in den Stein eingeschlagen, das Goethe an die Nymphen richtet. Das kleine Gedicht trägt den Titel *Einsamkeit* (vgl. Abbildung 8). Gemeinsam mit der Quelle symbolisieren die im Gedicht verewigten Nymphen auf dieser unteren Ebene des Römischen Hauses den mythologischen Ursprung allen Lebens, die wilde, ungezähmte Natur (vgl. Abbildung 9 auf Seite 116).[4] Der Betrachter steigt sodann die in den Stein geschlagenen Stufen den Hang hinauf und erreicht die hintere Sockelzone auf der mittleren Ebene (vgl. Abbildung 10 auf Seite 117). Hier ließ Goethe eigens dorische Säulen aufstellen, als ältester, von Menschen gebauter Säulentyp Europas, den man nach dem Vorbild der Athener Akropolis kannte. Man steigt also die Treppe nach oben und damit in der geschichtlichen Entwicklung fort. Nach einem weiteren – zeitlichen wie räumlichen – Aufstieg gelangt man dann zur Stadtseite des Hauses, dessen Giebel von ionischen, gleichsam »moderneren« antiken Säulen getragen wird (vgl. erneut Abbildung 7 auf Seite 112). Das Haus präsentiert also nicht nur drei historische Zeiten und Ebenen, es lässt die Geschichte von einer mythologischen Urzeit bis zur römischen »Zwischen-Gegenwart« gleichsam unmittelbar erfahrbar werden. Denn wer, oben angelangt, aus dem Bannkreis des Hauses tritt, findet sich im frühromantischen Park der Goethe-Zeit wieder, in den das Haus gesetzt ist. Wer durch den Park flaniert, wird von dem Römischen Haus ständig begleitet, seine Ansicht prägt zahlreiche Sichtachsen, und nicht zuletzt Goethe selbst konnte es von seinem Sommerhaus im Park stets direkt sehen. Ohne dass man ihm zu viel Bedeutung zumessen muss, ist doch kein anderes Objekt des Parkes derart geschichtsproduktiv wie das Römische Haus und damit um 1800 ebenso historisch wie modern. Geschichte kann so zu einem multiplen Spiegel der Gegenwart werden und von Besuchern aktiv nachvollzogen, nicht nur besichtigt werden. Dieses geschichtsproduktive Moment gilt freilich nicht nur für die Architektur oder die Parkgestaltung um 1800, sondern auch für die Musik. Deshalb wollen wir zunächst die Modelle der Auseinandersetzungen mit »alter« Musik anschauen, dann nach Übergangsformen im Spannungsfeld von Bearbeitung und Eigenschöpfung fragen und uns schließlich produktiver Aneignung von Geschichte in der Musik widmen.

Als »alte« Musik könnte zunächst einmal alle Musik vor der musikalischen Gegenwart der Frühromantiker gelten. Geht man aber davon aus, dass die Bezeichnung »alt« im seinerzeitigen Sprachgebrauch auf mindestens eine, eher zwei Generationen Abstand zielt, so wäre im Grunde alles alt, was aus der Perspektive der um 1770 geborenen Frühromantiker um und vor 1750 komponiert worden ist. Diese Grenze ließe sich noch genauer fassen, wenn Mozarts und Haydns Musik in Musikzeitschriften in den 1780er-Jahren als modern, Bachs und Händels Musik als alt beschrieben wird. Indes ist eine exakte Grenzziehung ohnehin obsolet, da künstlerischer Wandel sich in längeren Reflexions- und Formungsprozessen vollzieht, die mit Kalendern und Uhrzeiten kaum überein zu bringen sind. Für unseren Zusammenhang ist

Abbildung 9
Beginn des Aufstieges in mythologischer Urzeit. Römisches Haus,
untere Parkebene, Park an der Ilm in Weimar, 1792–1799

Abbildung 10
Zwischengegenwart als Etappe. Römisches Haus, hintere Sockelzone,
Park an der Ilm in Weimar, 1792–1799
Klassik Stiftung Weimar, Bestand Fotothek

vielmehr wichtig, dass sich um 1800 insgesamt das Bild von (Musik-) Geschichte wandelt. Welche Auseinandersetzungen mit »alter« Musik sind nun belegbar? Zunächst, auf einer ersten Stufe, können wir in Bibliotheken von Komponisten um 1800 einen Zuwachs an »alten« Medien, also älterer Musiktheorie oder älteren Musikalien feststellen, ähnlich wie bei den literarischen Romantikern Brentano, Tieck, Schlegel und Arnim um 1800 geradezu eine »Sammelwut« von Literatur vergangener Epochen zu beobachten ist.[5] Die Hintergründe für dieses Interesse sind vielfältig, zum Teil schlicht pragmatisch, weil die Materialien nun ediert vorliegen und zugänglich sind, zum Teil aus einem neu erwachten Bildungsinteresse an als klassisch empfundener Kunst im Sinne Friedrich Schlegels: »Eine klassische Schrift muß nie ganz verstanden werden können. Aber die, welche gebildet sind und sich bilden, müssen immer mehr daraus lernen wollen.«[6] Zugleich wird in der napoleonischen Ära nach nationalhistorischen Orientierungen gesucht. Ältere Kunst wird daher bewusst mit Blick auf die eigene politische Situation rezipiert. Die Romantiker entwickeln demnach aus ganz unterschiedlichen Motiven ein historisches Interesse an und ein positives Bild von Geschichte. Dabei stehen nicht nur – wie oft diskutiert – klassische Antike, Mittelalter und Renaissance im Fokus der Aufmerksamkeit der jungen Romantiker. Sowohl in der Literatur als auch in der bildenden Kunst setzt im späten 18. Jahrhundert ebenso ein vielseitiges Interesse am Barockzeitalter ein.

Beethoven, 1792 in Wien angekommen, eroberte sich als Pianist dort rasch den Ruf, ein »Naturalist des Klavierspiels« zu sein; sein Klavierspiel galt den Zeitgenossen als »hart, gewaltsam und übertrieben, maßlos und barock«, vor allem habe er reichlich das Pedal eingesetzt, um »koloristische Wirkungen« hervorzurufen.[7] Folglich wurde er als Antipode zu Mozart verstanden, der fast nie das Pedal gebraucht und dessen Klavierspiel sich vor allem durch Klarheit und Transparenz ausgezeichnet hatte. In dieser Irritation über Beethovens angeblich »barockes« Klavierspiel lassen sich wie in einem Brennspiegel verschiedene Aspekte des Barock-Verständnisses vor und um 1800 aufzeigen, das zunächst ganz klar auf einen Stil, keine Epoche abzielt. Vor 1800 existierte allenfalls eine diffuse Vorstellung, was Barock sei, eine

Begriffsdefinition entsteht erst in der zweiten Hälfte des 19. Jahrhunderts. Dennoch existierte zumindest eine längere Wortgeschichte: So hatte Johann Christoph Gottsched in seiner Literatur- und Theaterreform der 1730er-Jahre den barocken Stil als »Schwulst« definiert.[8] Er attackierte vor allem die vielen Verzierungen und schmückenden Metaphern in der Literatur des 17. Jahrhunderts. Die stilistischen Begriffe »barock« oder »barockisch« werden im Verlauf des 18. Jahrhunderts dann zu Synonymen von »bizarr«, »verwunderlich« oder »abstrus« und bieten damit geradezu eine Steilvorlage für eine romantische Umwertung.[9] Wenn die Wiener Kritiker also Beethovens Klavierspiel als »barock« bezeichnen, befinden sie sich eben in dieser Tradition. Zugleich treten Hinweise auf den Barockstil zumeist in vergleichender Perspektive auf: Beethoven »koloriert«, Mozart spielt »klar«. Darin zeigt sich eine weitere typische Haltung vor 1800, barocke Stile als Negativfolie des Klassischen zu verwenden und damit zugleich Zeitgrenzen zu ziehen, zwischen Epochen mit »barockem« und »klassischem« Stil, mit »schwülstiger« und »klarer« Ästhetik, unabhängig von ihrer historischen Zeitenfolge. So erklärte schon Johann Wolfgang von Goethe in seinem bereits erwähnten Aufsatz über die Baukunst von 1772, was Barockarchitektur ist, ohne das Wort zu verwenden, allein in einem abwertenden Vergleich mit klassischer, hier antiker Baukunst.[10]

Diese Konnotation des Barock-Begriffs ist kein deutsches Phänomen. Schon in den etymologischen Ursprüngen ließen sich vier Begriffsfelder aus Portugal, Spanien, Italien, Frankreich ausmachen:[11] Erstens bezeichnete das portugiesische »barroco« (französisch »baroque«) unregelmäßigen Schmuck (etwa eine Perle von geringem Wert), zweitens benannte das spanische »berrueco« (auch »barrueco«) eine unregelmäßige Geländeformation in der Geologie, drittens meinte das italienische »baroco« eine künstlich wirkende Sprachformel in der Rhetorik, und viertens bezeichnete das italienische »barocco« Wucherzinsen im Geldgeschäft. Gemeinsam ist den vier semantischen Feldern ihre negative Eigenschaft, der Begriff wurde also nicht wertfrei gebraucht (wie auch bei unserem Beethoven-Beispiel). In den 1790er-Jahren wandelt sich jedoch das Bild. Die Stilkategorie wird zunehmend differenzierter gebraucht, weil man die damit in Verbindung gebrachte

Kunst und Architektur des 17. bis mittleren 18. Jahrhunderts als wissenschaftlichen Gegenstand und historische Phase von Stil-Ähnlichkeiten ernst zu nehmen beginnt. In der Musik zeigt sich das historische Interesse zunächst durch verschiedene Aneignungen: durch Anschaffen älterer Musiktheorie und Musikalien, durch Exzerpieren, Üben und Vermitteln dieser Musik an Dritte, durch Konzerte und öffentliches Präsentieren und schließlich durch Editionen. Ein Blick in Beethovens Bibliothek um 1800 zeigt dieses zeittypische Interesse deutlich.[12] Er besaß nicht nur zahlreiche Musikalien von Bach und Händel,[13] sondern setzte sich intensiv mit Fugentheorien auseinander. Vor allem studierte Beethoven die Fugenlehren von Fux[14] und Marpurg,[15] ebenso Albrechtsberger[16] und Kirnberger.[17] Daraus transkribierte er nicht nur Fugenmodelle, sondern auch erläuternde Textauszüge. Im Verzeichnis seines Nachlasses finden sich zudem diverse »alte« Notenmaterialien, darunter eine Madrigalsammlung (nach Texten von Antonio Maria Lucchini) um 1700, Bachs *Kunst der Fuge*, mehrere Stücke von Händel und Paisiello;[18] in der nächsten Abteilung folgen die Bücher, darunter Carl Philipp Emanuel Bachs Clavierschule.[19] Ebenso ist eine Liedersammlung von 1647 gelistet.[20] Auf einer weiteren Seite mit »fremdem Eigenthum«, also Dingen, die Beethoven bis zu seinem Tode den Leihgebern nicht zurückgegeben hat, sind ebenfalls ältere Bestände zu finden: Bach-Inventionen und sechs Bände Händel.[21] Beethoven kannte wohl außerdem Zarlino und Glarean, darauf lassen zumindest Einträge in einem Konversationsheft schließen.

Am Beispiel Beethoven lassen sich auch weitere Ebenen der Aneignung von »alter« Musik ablesen, zunächst das Exzerpieren, Üben und Vermitteln an Dritte im privaten Rahmen. Beethoven schrieb, wie man seinem Werkverzeichnis entnehmen kann, Kompositionen von Palestrina, Muffat, Bach und Händel[22] ab, und er setzte sich intensiv mit barocker Fugenkunst auseinander. Hierzu sind in den Bibliotheken weltweit knapp 400 Seiten handschriftliche Exzerpte überliefert, die er teils zum eigenen Gebrauch, teils auch für den privaten Musikunterricht von Erzherzog Rudolph anfertigte. Des Weiteren sind wir über Beethovens Konzerte gut informiert, ja Beethoven galt im Wien der 1790er-Jahre, bevor er das öffentliche Konzertieren am Klavier einstellt, als großer Bach-Interpret.[23] Eine letzte mögliche Aneignung von »alter« Musik wäre das Edieren. Hier werden wir bei Beethoven nicht fündig, die professionelle Musikphilologie von Komponisten setzt im signifikanten Umfang erst in den folgenden Dekaden ein, vor allem bei Robert Schumann.

Eine zweite Stufe der Neubegegnung mit (Musik-)Geschichte um 1800 ist die kreative Aneignung zwischen Bearbeitung und Eigenschöpfung. In den 1790er-Jahren beginnt das musikjournalistische und -biographische Interesse an alten Komponisten, einhergehend mit einer mehr oder weniger frühromantisch geprägten, in jedem Fall verklärenden Deutung ihrer Lebensläufe und Werke. Auf Musik selbst bezogen, kann auf zweierlei Weise Altes kreativ angeeignet werden: in modernisierender Bearbeitung oder in nachahmender Eigenschöpfung. Beides hat nun nicht mehr – wie noch in der Frühen Neuzeit – den primären Sinn, kompositionspraktische Exempla zu erstellen, also sich zum Beispiel im Stil alter Meister zu üben, um diese zu kopieren (imitatio), nachzuahmen (aemulatio) und auf längere Sicht zu überwinden (superatio). Das Historische ist vielmehr als »anders« erkannt und als eigenwertig markiert worden – man kann es sammeln, abschreiben, aufführen, edieren usw. Gleichzeitig ist es aber mehr als nur ein Glied in einer Entwicklung, an die man – wie noch in der Renaissance-Ästhetik – anschließen muss, um sich in die Geschichte des Komponierens einzuschreiben und das Alte in aller Konsequenz zu ersetzen (denn welchen Sinn sollte eine »superatio« sonst haben?). Geschichte wird nun, um 1800, selbst produktiv gemacht, Stile werden verklärt, nicht kopiert, sie werden bewahrt, nicht ersetzt.[24] Das geschieht auf verschiedenste Weise.

Als modernisierende Bearbeitung im Sinne einer klanglichen Stilverklärung kann man Mozarts Instrumentierungen von vier Händel-Oratorien bezeichnen: *Acis und Galathea* (vom November 1788), *Messias* (März 1789), *Alexanderfest* und *Ode auf den Caecilientag* (beide Juli 1790). An der *Messias*-Bearbeitung ist zunächst bemerkenswert, dass sie erst postum in den Druck gelangte und noch bis in das späte 20. Jahrhundert hinein unser klingendes Händel-Bild prägte.[25] Sodann griff Mozart hier bisweilen stärker ein, als nur die Orgel – die in den Wiener Privathäusern, für die er arrangierte, nicht verfügbar war – durch

Notenbeispiel 7
Wolfgang Amadé Mozart, Arrangement der Bass-Arie »The trumpet shall
sound« aus dem *Messias* von Georg Friedrich Händel, 1789, T. 15–32
Bärenreiter-Verlag

ein Cembalo zu ersetzen. Die berühmte Bass-Arie »The trumpet shall
sound« aus dem dritten Teil instrumentierte er zum Beispiel um, indem er zwei, auch solistisch agierende Hörner ergänzte (vgl. Notenbeispiel 7), die mit dem Bassisten in einen Dialog treten. Bei Händel
ist dem Streichquartett eine solistische Trompete beigeordnet, der
Satz entsprechend viel monologischer und transparenter (vgl. Notenbeispiel 8 auf Seite 123). Dass diese, uns heute vergleichsweise mo-
derat erscheinende Modernisierung nicht überall auf Gegenliebe stieß,
zeigt eine antiromantische Kritik von 1805 zur Aufführung des *Messias*
in Mozarts Bearbeitung, in der genau diese klangliche Neumodellie-
rung als dem »alten Meisterwerk« schädlich und in der »modernen

Notenbeispiel 8

Georg Friedrich Händel, Bass-Arie »The trumpet shall sound«
aus dem *Messias*, 1741, T. 18–32

Leichtigkeit, Kälte und Unbestimmtheit« als ungenügend bezeichnet wurde: »Daß solche große einfache Compositionen, wie Händels Messias, auf unser Publikum den ehemaligen alten Eindruck nicht mehr machen können, liegt vorzüglich in dem rauschenden Charakter unsrer neuen Instrumentalmusik.«[26]

Während Mozarts Bearbeitungen schon die Grenzen reiner Instrumentierung und damit die historische Distanz zu ihrem Gegenstand lockern, ist dies erst recht bei Beethovens Liedprojekten der 1810er-Jahre der Fall. Sie sind Bearbeitungen einstimmiger Melodien, die Beethoven musikalisch neu einkleidet, interessanterweise für eine oder mehrere Singstimmen, mit einer kammermusikalischen Besetzung von Klavier, Violine (oder Flöte) und Violoncello. Die 25 *Schottischen Lieder* op. 108 erschienen erst ab 1814 und liegen damit außerhalb unseres Zeitkreises, aber das Lied Nr. 20 unter ihnen wurde als erstes 1810 komponiert und kann hier als Beispiel für kreative Aneignung alter Volksweisen, »Original Scottish Airs«, im Spannungsfeld von Bearbeitung und Eigenschöpfung dienen. Angeregt wurde Beethoven zu den Liedern durch den schottischen Musikliebhaber und Herausgeber George Thomson, der Beethoven erstmals im Juli 1806 anfragt, ob er für ihn schottische Lieder instrumentieren könne. Beethoven stimmt zu – eine erste Sendung an Liedern ging wohl in der Post verloren, aber eine zweite mit 43 Melodien traf 1809 in Wien ein. Unter den zuerst ausgewählten Liedern ist Nr. 20, *Faithfu' Johnie* (*Der Treue Johnie*). Als Beethoven dieses mit anderen Liedern 1810 nach Edinburgh sendet, reagiert Thomson begeistert, verlangt aber Änderungen, denn er empfindet die Ergebnisse als spieltechnisch zu anspruchsvoll – ein Vorwurf, den Beethoven gut kannte, weil er ihm bei fast allen seinen Werken gemacht wurde. Dennoch überarbeitet Beethoven die Lieder wunschgemäß und sendet sie zurück, sodass wir heute zwei Fassungen des Liedes kennen (1810 und 1818).

Das Air ist als Frage- und Antwortmodell zu lesen, die ersten beiden Zeilen fragen nach der Rückkehr des ersehnten Johnny (T. 1–8), Zeilen 3 und 4 bieten die Antwort (T. 13–18, vgl. Notenbeispiel 9 auf Seite 125). Die folgenden vier Strophen setzen den Dialog fort: Johnny verspricht, trotz aller Widrigkeiten zu kommen, damit – so heißt es orakelnd am Ende – »we shall not part again«. Das Lied erscheint wie ein innerer

When will you come a-gain, my_ faith-ful John-ny?

When will you come a-gain, my_ faith-ful John-ny?

When the corn is ga-ther-ed, when the leaves are wi-ther-ed,

I will come a-gain, my_ sweet and bon-nie, I will come a-gain.

Notenbeispiel 9
Schottisches Air, *Faithful Johnny*

Monolog, denn es wird nicht dialogisch von zwei Partnern, sondern nur von einer Sängerin aufgeführt. Beethoven gibt dem sehnsuchtsvollen Lied ein neues instrumentales Klanggewand und mit der Vorzeichnung »Andantino semplice amoroso teneramente« eine klare Spielanweisung im »piano dolce« (vgl. Notenbeispiel 10 auf den Seiten 126–129). Die sechstaktige Vorimitation im Klavier gibt dem Stück zunächst die Rahmung eines Kunstliedes. Beibehalten wird der monologische Charakter des inneren Zwiegesprächs und die entsprechende Teilung des Liedes in zwei Abschnitte, in denen die Frage in ruhigen, jeweils zur Quinte auf-, dann ab- und schließlich fragend wieder hinaufsteigenden Gesten formuliert wird (T. 7–12), während Johnnys Antwort (ab T. 15) deutlich bewegter ausfällt, indes den Dominantrahmen der Frage noch beibehält, bevor er in Zeile 4 sich dem Duktus der Zeilen 1 bzw. 2 wieder nähert (ab T. 19) und mit »I will come again« die tonikale Reaktion auf die melodisch auf die Dominante zielende Frage »will you come again?« aus Zeile 2 liefert. Mit dieser bogenförmigen Gesamtanlage bleibt Beethoven dem Vorbild eng verbunden. Da die sechstaktige Vorimitation ebenfalls kein neues Material liefert und allein die Harmonisierung der Melodie noch keinen gravierenden Eigenanteil markiert, fragt sich, wie Beethoven dem Lied sein eigenes Gepräge gibt.

Andantino semplice amoroso teneramente

When will you come a - gain, my____ faith - fu'

Joh - nie, when will you come a - gain?

When the corn is ga - ther - ed,

and the leaves are with - er - ed, I will

come a - gain, my sweet and bon - ny,

I will come a - gain.

Notenbeispiel 10

Ludwig van Beethoven, op. 108 Nr. 20, *Faithfu' Johny*, 1809/10

Vordergründig lässt sich das zeigen, wenn die Frage »will you come again?« (T. 12) eine Fermate bekommt, die die Antwort noch weiter verzögert. Darüber hinaus platziert Beethoven zwei Fülltakte (T. 13f.), in denen im Pianissimo huschende, teilweise mit Vorschlägen verunklarte Akkordbrechungen erklingen. Die Frage wird damit nicht nur verlängert und die Spannung erhöht. Vielmehr wird der (im Text sonst unvermittelt einsetzende) Rollenwechsel musikalisch markiert, denn die nach unten fallende Dreiklangsbrechung hatte ebenso die beiden Takte des Vorspiels vor dem Einsatz der ersten Liedzeile geprägt. Beethoven komponiert also ein musikalisches Einsatzzeichen, der aufmerksame Hörer erkennt: Hier passiert etwas, ein Einsatz wird folgen. Man könnte nun die nach unten zur Tonika gerichteten Linien auch als semantische Antizipation deuten, in dem Sinne, dass die melodisch auf die Dominante zielende Frage, ob Johnny denn kommen wird, eigentlich schon in Takt 6 des Klaviervorspiels mit dem Anzielen der Tonika ganz klar mit »ja« beantwortet wurde, bevor überhaupt eine einzige Zeile Text erklungen ist. Die sechs Takte Klaviervorspiel enthalten also quasi das Substrat des gesamten Liedes.

Aber es gibt noch eine weitere Beobachtung zu machen: Mit dem Klaviernachspiel in den Takten 25 bis 29 wird eine Verbindung zur nächsten Strophe gebildet (das Klaviervorspiel entfällt stattdessen, die Antizipation der Frage-Antwort-Konstellation, wie beschrieben, damit auch). Diese fünf Takte sind nun gänzlich neu geformt, und zwar verbinden sie im Klavier Elemente aus der bewegten Zeile 3, die sie erweitern und mit einer den Dominantorgelpunkt *b* umkreisenden Melodie verzieren. Mit dem Rekurs auf Zeile 3 und die Dominante nimmt dieser Verbindungsteil also die in Zeile 4 gegebene Antwort wieder zurück. Alles ist wieder offen, unklar bleibt, ob Johnny nun kommt oder nicht. So geht es die vier Strophen hindurch hin und her. Ganz am Ende folgt ein fünftaktiges Klaviernachspiel (T. 30–34) – hier wird der Melodiebogen zu »I will come again« (*es-es-f-g-f-es*) mehrfach verwendet und in die Schlusskadenz geführt, es handelt sich also um eine Unterstreichung des positiven Fazits im Lied, das Changieren zwischen Frage und Antwort ist abgeschlossen. Beethoven zeigt sich hier als jemand, der auf der Basis einer Volksliedmelodie eigenständige Schlüsse aus der traditionellen Vorlage zieht, instrumentale Abschnitte zur Kommentierung der textlichen Aussage nutzt und somit über eine rein harmonische Aussetzung eines Volksliedes deutlich hinausgeht.

Dass man genau hinschauen muss, um diese feinen frühromantischen Nuancen der Volksliedbearbeitung als besonders produktiv zu erkennen, ist kein Manko oder Ausweis eines »Noch nicht« auf dem Weg hin zu »echten« romantischen Liedern eines Schubert oder Schumann. Ganz im Gegenteil zeigt diese Musik in ihrer feinen Zurückhaltung statt lärmender Expression sowohl eine tiefe Verbindung zu den inwendigen, subtil durchformten Liedmodellen der 1780er- und 1790er-Jahre Mozarts, Haydns oder Reichardts, die die Anfänge der Romantik in der Musik markieren, als auch zu der frühromantischen Überzeugung, auch im Volkslied liege die Quelle einer neuen Musiksprache verborgen. Wenn Achim von Arnim in der von Reichardt herausgegebenen *Berlinischen Musikalischen Zeitung* 1805 beklagt, dass Texte und Melodien in aktuellen Liedern oft nicht zusammenpassten und man nur im Volkslied fündig werde, ja dass ihm »auf dem Lande« überhaupt »Gewalt und Sinn der Poesie«[27] erstmals klar geworden seien, und er schließlich fordert, man müsse das Volkslied künstlerisch wieder entdecken, was bislang der Wissenschaft vorbehalten sei, »die es nicht verstehen«[28] könne, dann trifft dies den Kern der Sache, die Geschichte ebenso ernst zu nehmen wie künstlerisch produktiv zu machen. Dabei ist Weniger das neue Mehr, nicht nur in stilistischer Abkehr von empfindsam-expressiven Liedkonzepten, sondern in der Berücksichtigung der poetischen Zwischentöne in Text und Musik. Wer sich schon immer gefragt hat, warum die leisen, oft mit getupfter, monotoner Begleitung und nur wenigen klavieristischen Ausbrüchen versehenen Lieder Schuberts, Schumanns oder Mendelssohns, ja noch Brahms' oder Wolfs uns am meisten anrühren, am tiefsten in das Gemüt hineingreifen und am ehesten als romantisch bezeichnet werden, wird in zahlreichen Liedkompositionen und ästhetischen Forderungen der Zeit um 1800 nach Fasslichkeit und Volksliedhaftigkeit die Urgründe und Voraussetzungen dafür finden. Der Gothaer Organist Friedrich Schlimbach wählt 1806 deutliche Worte für »neumodische« Lieder, die mit zu viel Klavierbegleitung und Glanz daherkommen: »Viel Geschrei und wenig Wolle, – nach dem Sprüchwort – viel Noten und nichts dahinter.«[29] Hier ist bereits angedeutet, dass Neuschöpfungen ein Blick in die Geschichte gut täte, auch wenn dieser Blick dazu führen kann, dass ein junger Komponist – wie Rochlitz bezogen auf Mozart meint – nach der Berührung mit »zu viel« Geschichte (hier: Johann Sebastian Bach) zunächst »rauh, abentheuerlich, bizarr verworren« werden muss, bevor sich der »freye eigenthümliche Genius« hin zur »Erfindung der Idee« und sogar »Erfindung des Ausdrucks der Idee« erheben könne, um schließlich poetisch zu werden.[30]

Als wohl intensivste Form der Inspiration durch Geschichte und der produktiven Auseinandersetzung mit ihr gilt die Eigenschöpfung, die Neukreation alter Gattungen, die um 1800 wieder Konjunktur hat. Ein Blick in Beethovens Werkverzeichnis zeigt eine Liste von Kanons, die er größtenteils über eigene Texte und Themen komponiert hat, darunter viele scherzhafte Stücke.[31] Interessanterweise fängt er mit den Kanonexperimenten erst im Spätwerk der 1820er-Jahre an, sie sind eben keine Fingerübungen eines Anfängers, sondern – bei aller Kürze, Ironie und Fragmenthaftigkeit – reflektierte Formmodelle eines reifen, romantischen Komponisten. Einen roten Faden durch sein gesamtes Schaffen dagegen bildet Beethovens Interesse an der Gattung der Fuge. Er schreibt Fugen nicht nur ab, und er spielt sie nicht nur in Konzerten, sondern er verbindet mit ihnen das Potenzial einer kreativen, produktiven Neuschöpfung. So soll er einmal gegenüber Karl Holz geäußert haben: »Eine Fuge zu machen ist keine Kunst, ich habe deren zu Dutzenden in meiner Studienzeit gemacht. Aber die Phantasie will auch ihr Recht behaupten, und heut zu Tage muß in die alt hergebrachte Form ein anderes, ein wirklich poetisches Element kommen.«[32]

Wie sich Beethoven diese Poetisierung der Fuge vorstellt, lässt sich in den Fugenfinali seiner Instrumentalwerke zeigen. Hier übernimmt die Fuge eine schließende Funktion für das gesamte Werkkonzept. Ihre formale Eigenständigkeit als Satzform steht damit immer in Relation zu den anderen Sätzen, denen gegenüber sie nicht selten als krönender Höhepunkt auftritt. Mit zunehmender Bedeutung der Finalsätze in der Instrumentalkomposition generell kommt dem Fugenfinale eine Schlüsselstellung im Satzgefüge zu. Sie, die Fuge, hat oft das letzte Wort eines Instrumentalwerkes. In den *Eroica-Variationen* von 1802 wird diese Doppelfunktion aus der Betonung des Alten als »Anderes« – das Fugato wird im Zyklus als fremd und ungewöhnlich empfunden – und seiner Integration in ein neues Finalkonzept, in dem Fuge und Sonate gemeinsam in den Schluss (hier: Andante con moto) leiten, zum Markenzeichen. Während das Fugenfinale (wie meist) noch recht streng, wenn auch bezeichnenderweise nicht polternd, sondern leise einsetzt, Dux und Comes klar erkennbar sind und auch die Formabschnitte aus Durchführungen und Zwischenspielen anfangs formal korrekt wirken, löst sich das Ganze prozessual in eine moderne, sowohl Fuge als auch Sonate entwachsene Form auf. Diese Form ist ohne romantische Reflexion nur schwer verständlich.[33] Denn indem Beethoven – wie in der Äußerung gegenüber Holz deutlich wurde – sein eigenes Verhältnis zur Geschichte des Fugenkomponierens reflektiert und dieses neu ausrichten und poetisieren möchte, versteht er diesen Prozess damit selbst als Motor von Kunst. Das Fugenfinale, das seine eigene Geschichte in seiner Formauflösung reflektiert und zum Gegenstand von Kunst verklärt, ist ein ausgezeichnetes Beispiel einer produktiven, historisch wachen Aneignung von Geschichte in Eigenschöpfungen. Es wäre lohnend, die Geschichte der instrumentalen Fugenfinali und ihren Formwandel um 1800 unter dieser ästhetischen Prämisse nochmals neu zu lesen. Man denke allein an das bemerkenswerte Finale der *Eroica*-Sinfonie (1802/03), in dem ein wahrlich unschuldig klingender Contretanz zum Hauptthema gekürt wird, eingebunden in eine große rauschende Einleitung, ironisch kontrastiert mit Pizzicati, gefolgt von figurierten Abschnitten im Bass und kontrapunktischem Diskantthema bis hin zur andächtig-choralhaften Verlangsamung im Poco Andante: Klingt das nicht nach dem Bedürfnis, aus einem winzigen Motivkern eine ganze fugierte Poetik zu entfalten?

Dass die frühromantische Musik um 1800 weit öfter auf barocke Modelle und Formen zurückgriff als auf jene der Epochen zuvor, hat nur vordergründig etwas mit größerer historischer Nähe zu tun oder damit, dass das Quellenmaterial nun leichter zugänglich und greifbar war. Auch das Argument, man habe damit einen Gegenentwurf zum Klassischen bzw. Antiken lancieren wollen, greift zu kurz. Tatsächlich machten barocke Künste, Literatur und Musik den Romantikern neue Deutungsangebote, die vor allem im Kontext ihrer eigenen historischen Verortung verständlich werden. Heinrich Wölfflins Studien zum Barock von 1888 und 1915 gehen davon aus, dass der Stilwandel um 1600 nicht nur die Malerei und Architektur, sondern »alle Künste (auch die Musik)«[34] erfasst habe. Er diskutiert mehrere Absatzbewegungen zur Renaissance, die die Barockzeit beinahe als rebellisch erscheinen lassen. Vor allem geht es ihm um formale Kriterien, aber auch stilistische Merkmale spielen eine Rolle. Stark verkürzt lässt sich Wölfflins polarisierende Hauptthese wie folgt zusammenfassen: Dem »schönen ruhigen Sein«[35] der Renaissance folgt »die Unruhe des Werdens«[36] im Barock. Wölfflin gehört damit zu den Vertretern einer Verfallsthese – Barock fungiert als Negativfolie. So spricht er von »Chaos«, »Verwilderung«, »Berauschung« oder »pathologischer Wirkung«.[37] Trotz oder gerade wegen aller Pauschalität und Abstraktheit lassen sich die von ihm benannten Merkmale der Barockkunst als Kriterien heranziehen, sofern sie nicht als statisch, sondern flexibel begriffen werden. Dies kann gelingen, wenn man die Stilmerkmale mit Walter Benjamin[38] als Denkformen und Geisteshaltungen versteht, die sich in der Zeit des Barock ausprägen, aber nicht nur historische Brüche, sondern auch Kontinuitäten einschließen. Folgende Aspekte werden nach Wölfflin und Benjamin dem Barock zugeschrieben: 1. Strukturen werden gelockert, 2. Formen streben nach Größe, 3. Stil- und Ausdrucksmittel sind auf Überwältigung angelegt, 4. Allegorien gewinnen an Bedeutung, und 5. Melancholie wird eine Grundstimmung. Die Punkte 4 und 5 sind, nach Benjamin, zudem dialektisch aufzufassen: Die Allegorie steht zwischen Sinn und Bedeutung, die Melancholie zwischen Traum und Bedeutung. Nach Benjamin ist das gesamte barocke Zeitalter von Dialektik geprägt, ja mehr noch: Der Barock nimmt mit dieser dialektischen Mentalität eine ästhetische Gegenposition zu idealistischen Zeitaltern der Renaissance und Antike ein und ist zugleich dem Mittelalter und der Moderne geistesgeschichtlich näher.

Ohne diese historische Meta-Konzeption des Barock hier weiter verfolgen zu wollen, bieten die genannten Aspekte einschließlich der dialektischen Grundhaltung Parallelen zur romantischen Ästhetik an, und dies auf erstaunlich vielseitige Art und Weise. Die Romantik um 1800 ist in allen fünf Punkten der barocken Ästhetik recht nah. Damit ist keine bewusste ästhetische Rezeptionshaltung gemeint oder eine ahistorische, rekursive Krümmung, sondern eher gemeinsame kreative Merkmale, die die Romantiker motivierten, barocke Kunst als Fundus zu begreifen und produktiv zu machen. So sucht auch die romantische Kunst (1.) nach Mitteln, herkömmliche Strukturen zu öffnen und zu dynamisieren. In der Musik zählen dazu die Tendenzen, die Sonatenform zu destabilisieren, die harmonischen Grenzen zu lockern oder variative Satzmodelle wiederzuentdecken; metrischem Gleichmaß treten dynamische Rhythmen entgegen; Ordnungen und Statik wollen überwunden werden. Dieses Phänomen einer Absatzbewegung ist für sich genommen wenig spektakulär. Interessant ist jedoch, dass von den Romantikern als Argument für freie, unkonventionelle Strukturen der Vergleich von Musik und Poesie bemüht wird: Die Musik spricht sich aus. Es genügt, auf die Debatte um »prima« und »seconda pratica« um 1600 und damit auf die in Musikgeschichtsbüchern – bei aller Problematik – so oft proklamierte »Stunde Null« des Barockzeitalters hinzuweisen: Auch dort wurde mit den neuen poetischen Qualitäten der Musik argumentiert.

Kunstformen stehen (2.) immer in einem Spannungsfeld zwischen Einzelnem und Ganzem. Während aber in Kunstwerken der Renaissance – man denke etwa an figurenreiche Gemälde wie Raffaels *Schule von Athen* (1510/11), das weniger die »Schule« denn die vielen Einzelfiguren in Einzelhandlungen zeigt – oft eine Vielheit relativ selbstständiger Elemente erkennbar ist, sind in barocken Kunstwerken oft alle Elemente einem Gesamteindruck, einer Gesamtwirkung, einem dominierenden Motiv untergeordnet. Nach Größe strebende Formen gewinnen einen Eigenwert. Das im Barock nachweisliche musikalische Interesse an zyklischen Modellen (Da capo, Ritornell usw.) zeigt sich in anderer, aber doch verwandter Weise in der Romantik, wenn über die Sinfonik als »große Form« und zyklische Prinzipien musikästhetisch nachgedacht wird. E. T. A. Hoffmann spricht bezogen auf Beethoven vom »Charakter des Ganzen«.[39] Die Einheitlichkeit in der Mannigfaltigkeit wird zum tragenden ästhetischen Prinzip, das Ganze tritt gegenüber dem Einzelnen hervor. Zum großformalen Denken um 1800 gehört auch das Motiv der Repetition, das ebenso Wurzeln im Barock hat (Ostinato-Technik). Die Romantiker laden das Bewegungsmodell allerdings metaphorisch auf. So gilt die immerwährende Bewegung nicht selten als Symbol von Ewigkeit, wie zum Beispiel das Wander-Motiv in der Musik, das oft zyklisch-rekursiv eingesetzt wird.

Barock und Romantik stehen (3.) ästhetisch auch für Monumentalität, für Strategien der Überwältigung. Diese Idee ist allerdings unterschiedlich gefüllt: Wiederum steht der Barock für die reale, greifbare Massigkeit von Kunst, während die Romantik die monumentale Potenz der Musik vor allem in ihrer Universalität und ihrer Fähigkeit zur Transzendenz erblickt. Hoffmann erkannte in Beethovens 5. Sinfonie »Ungeheures, Unermessliches, tiefe Nacht, Riesenschatten«:[40] »Die Musik schliesst dem Menschen ein unbekanntes Reich auf.«[41] Die Überwältigung ist weniger quantitativer, denn qualitativer Natur.

Allegorien (4.) spielen in der romantischen Ästhetik dort eine Rolle, wo sie poetisch sind, also mehr sind als rational eindeutige Allegorien. Der Traum ist in der romantischen Literatur entsprechend ein typisches allegorisches Motiv. Im Barock waren Allegorien eher unverschleiert, etwa die Vanitas-Darstellungen in barocken Gemälden oder die Echo-Prinzipien in der Literatur. Insofern besteht ein signifikanter Unterschied zwischen barocker und romantischer Allegorik. Die der barocken Allegorie zugrunde liegende Dialektik zwischen Sinn und Bedeuten, zwischen Zeichen und Bezeichnetem, hat allerdings auch die Theorie der romantischen Allegorie inspiriert: Die Musik selbst wird nun Zeichen, »in Tönen ausgesprochene Sanskritta der Natur«.[42]

Das von Wölfflin und Benjamin als barock bezeichnete Merkmal der Melancholie (5.), Resultat von Glaubensverlust und Verfallsästhetik, tritt verändert auch in der Romantik auf – nun allerdings in Form des verwandten Sehnsuchtsbegriffs. Wie die Melancholie strebt die Sehnsucht nach der Auflösung ihres immanenten Widerspruchs. Während der Melancholiker dies indes theoretisch erreichen kann, wird der sehnsüchtige Romantiker – oder romantische Melancholiker – jedoch stets in seiner sehnsuchtsvollen Spannung verbleiben. Unauflösbarkeit ist ihr Prinzip. Im Bewusstsein dessen wird die Kippfigur[43] zum zentralen romantischen Topos, ein Schwanken zwischen Behauptung und Widerruf. Hoffmann spricht von »Schmerz und Lust in Tönen«, von einem »vollstimmigen Zusammenklang aller Leidenschaften« in der 5. Sinfonie Beethovens; hierin erkennt er den »Schmerz der unendlichen Sehnsucht« als ureigenes »Wesen der Romantik«.[44]

So wenig wie die Romantik als bloße Rezeptionshaltung barocker Ästhetik gelten kann, so sehr hat sie philologisch und ästhetisch die Auseinandersetzung mit dem Barock gesucht. Die Motive sind so unterschiedlich wie die Ergebnisse, und oft diente der Griff in die Barockgeschichte lediglich der Relativierung formstrenger Positionen oder auch dem Zweck der ästhetischen Irritation. Dennoch hat das Unreine, Rauschhafte, Vitale, Experimentelle und auch Verspielte des Barock es dem Romantiker angetan. Und nicht zuletzt bot sich hier in Vokal- und Instrumentalmusik ein vielfältiger, reichhaltig überlieferter Formenfundus, der den kreativen Ausgangspunkt von Neuschöpfungen bilden konnte. Mit Beethovens Äußerung, »heut zu Tage muß in die alt hergebrachte Form ein anderes, ein wirklich poetisches Element kommen«,[45] ist der entscheidende romantische Ansatz benannt: Es gilt, die historische (hier barocke) Form poetisch zu füllen.

8. Romantische Orte im Lyrischen und Idyllischen

Nachdem deutlich wurde, wie Geschichte neue Musik um 1800 be-
flügeln konnte, Künstler also eine produktive, reflektierende Haltung
zur Geschichte einnehmen und daraus neue Zugänge zum Komponieren entwickeln, wollen wir nun zwei künstlerische Ausdrucksformen um 1800 genauer unter die Lupe nehmen: das Lyrische und das
Idyllische. In der Literatur wird durch Friedrich Schlegel (*Über das
Studium der griechischen Poesie*, 1797), August Wilhelm Schlegel (*Vorlesungen über die Ästhetik I*, 1798–1803) und Friedrich Hölderlin (*Über
den Unterschied der Dichtarten*, 1798/99) eine neue Poetikdiskussion in
Gang gesetzt, die die Lyrik von Epik und Dramatik systematisch distanziert. Schlegel bezeichnet die epische Form als »subjektiv-objek-
tiv. – Die lyrische ist bloß subjektiv, die dramatische bloß objektiv.«[1]
Ähnlich August Wilhelm Schlegel: »Das Epische das rein objective im
menschlichen Geiste, das Lyrische das rein subjective. Das Dramatische die Durchdringung von beyden.«[2] Und bei Friedrich Hölderlin
lesen wir: »Das lyrische dem Schein nach idealische Gedicht ist in
seiner Bedeutung naiv. Es ist eine fortgehende Metapher eines Gefühls. / Das epische dem Schein nach naive Gedicht ist in seiner Bedeutung heroisch. Es ist die Metapher größer Bestrebungen. / Das
tragische, dem Schein nach heroische Gedicht, ist in seiner Bedeutung
idealisch. Es ist die Metapher einer intellektuellen Anschauung.«[3]
Diesen Ideen liegt einerseits eine historische Stufenfolge zugrunde:
Epik gehört einer Vorzeit oder Urzeit, Lyrik der idealisierten Vergangenheit und Dramatik der Gegenwart an. Andererseits ist ihnen
die Überzeugung gemeinsam, dass dem Lyrischen das Subjektive,
das Innerliche des Gefühls innewohnt. Gattungen des Lyrischen

sind also historische Träger von Innerlichkeit, von Individualismus, und lösen sich daher von regelhaften, allgemeingültigen Konzepten.

Auch das Idyllische bekommt im späten 18. Jahrhundert eine neue Prägung – es wird ebenfalls subjektiviert: Inspirierend war hier Goethes berühmter und für die Romantiker bedeutsamer Roman *Die Leiden des jungen Werthers* (1774), in dem sich Dorf- und Naturidylle für die Hauptfigur als trügerisch und letztlich tragisch herausstellen. Zugleich wird die Idylle als Utopie aufgewertet – in der Idylle kann man einen idealen Zustand imaginieren, aber nicht erreichen. Friedrich Schiller gehört mit seiner Schrift *Über naive und sentimentalische Dichtung* (1795) zu den wichtigen Exegeten des Idyllischen. Ziel der Idylle in der Kunst sei, so Schiller, »den Menschen im Stand der Unschuld, d. h. in einem Zustand der Harmonie und des Friedens mit sich selbst und von aussen darzustellen«.[4] Jean Paul setzt dieser potenziellen Endlosigkeit von Idylle bei Schiller wiederum Grenzen, indem seiner Ansicht nach das Utopische, also letztlich die Unmöglichkeit des Idyllischen stets mitgedacht werden muss: Seine Definition der Idylle als »Vollglück in der Beschränkung«[5] trifft genau diese spannungsreiche Position zwischen subjektiver Vorstellung und objektiver Beschränkung. Mit der Darstellung des Idyllischen kann der Künstler das Subjektive demnach in seiner Begrenztheit ausloten, quasi psychologisieren. In der Literatur geschieht dies um 1800 zunehmend weniger durch Äußerung eines lyrischen Subjekts, das eine Umgebung als idyllisch beschreibt. Idyllische Orte werden vielmehr zu Symbolen des Unbewussten, wo das Jean Paul'sche »Vollglück« besonders gut imaginiert werden kann, zum Beispiel Waldlichtungen, Inseln, Gärten, Tempel usw. Diese Orte sind also nicht selbst idyllisch, sondern sie erlauben die Imagination von Idylle.

In der Musikkritik können wir parallel zu diesen Debatten seit den 1780er-Jahren einen signifikanten Anstieg der Texte zu lyrischen und idyllischen Themen feststellen. Dies geschieht im Zusammenhang eines gesteigerten Interesses an neuen vokalmusikalischen Ausdrucksformen, aber auch mittels einer Aufwertung der langsamen Sätze von Instrumentalmusik in den Rezensionen: Sie werden als romantische Orte erkannt, in denen sich »das Subjective, Besondre und Freie«[6] ereignet. Formen wie das Adagio werden zu vieldiskutierten

experimentellen Freiräumen, die offenbar am wenigsten vorgege-
benen Regeln gehorchen müssen, sie ermöglichen einen – wie Ernst
Bloch meinte – »Aufenthalt im Unerhörten«.[7] Konsequent mutet in
dem Zusammenhang an, dass Konzepte musikalischer Rhetorik gleichzeitig ad acta gelegt werden, das Lyrische löst sich, so machen viele
Texte deutlich, von Bedingungen der Sprachlichkeit und wird individuell, sinnlich und innerlich. Wir wollen in einem ersten Schritt diese
musikästhetischen und -kritischen Texte und ihre Musikbeispiele genauer anschauen, um den Kriterien, die an musikalische Lyrik und
Idyllik angelegt werden, näherzukommen. In einem zweiten Schritt
werden Kompositionen Thema sein, die diesem neuen Bild von Lyrik
und Idyllik eine musikalische Form geben und der Imagination von
Idylle Vorschub leisten.

Schon in den frühen 1780er-Jahren rücken mit den ästhetischen
Überlegungen von Johann Friedrich Reichardt in seinem *Musikalischen Kunstmagazin* das »Adagio«,[8] sodann die »Idylle«[9] in den Blick.
Beide Texte erscheinen 1782, also selbst aus unserer frühromantischen
Perspektive eigentlich zu früh oder zumindest sehr früh. Da wir Reichardt indes als einen seiner musikalischen Gegenwart gegenüber besonders wachen Zeitgenossen kennengelernt haben, mag das nicht
verwundern, auch nicht, dass beiden Texten ein didaktischer Zug innewohnt, indem ein ästhetischer Passus jeweils mit einem praktischen
Beispiel kombiniert wird. Den Text mit dem Titel »Instrumentalmusik«
haben wir bereits kennengelernt.[10] Zur Erinnerung: Reichardt probt
hier den Übertrag eines Petrarca-Gedichtes in ein Adagio für Klavier
im Sinne eines Nachweises, dass dieses Klavierstück als Charakterstück
äquivalent zum Gedicht funktionieren oder »gelesen« werden kann. Insofern nimmt das Adagio als Form für musikalische Lyrik auch aus unserer aktuellen Perspektive eine besondere Rolle ein. In dem anderen Text
des Jahres 1782, den wir noch nicht kennen, denkt Reichardt »Ueber die
musikalische Idylle« nach.[11] Auch hier wird zunächst eine Erläuterung
vorangeschickt, was eine musikalische Idylle ausmache, und sodann ein
Beispiel aus der eigenen Feder zur Erklärung beigefügt. Die Idylle hat,
laut Reichardt, vier Ausdrucksfacetten: erstens den Gesang (also die Melodie): Hier »muss alles lyrisch sein« und »viel Einheit haben«; zweitens

die Harmonie: Sie soll »sanft moduliren«, dabei einheitlich, aber nicht einförmig sein; drittens die Bewegung (gemeint ist der Rhythmus): Hier ist alles Extreme »untersagt«, und viertens die Begleitung: Sie soll stets den »wahren Charakter« der Instrumente beachten.[12] Kreative Homogenität – so könnte man die Anweisungen zusammenfassen – ist laut Reichardt das Gebot der Stunde, schnelle Ausdruckswechsel, Unruhe, Ablenkung und jegliche Härte hält er der idyllischen Stimmung für unzuträglich. Dies überträgt er im Folgenden auf sein Liedbeispiel *Der May* auf einen Text von Karl Wilhelm Ramler (vgl. Notenbeispiel 11 auf den Seiten 142–144). Das vor 1780 komponierte Lied ist im *Musikalischen Kunstmagazin* nur auszugsweise abgedruckt und im Klaviersatz wiedergegeben.[13] Reichardt hatte es bereits 1777 zum Gegenstand eines längeren Aufsatzes gemacht, in dem er *Ueber die musikalische Komposition des Schäfergedichts*[14] nachgedacht und seine Vertonung damit implizit als Pastoralstück definiert hatte. Schon dort begann sein Text mit dem Satz: »Der Hauptcharakter der Idylle ist das Sanfte«.[15] Das Lied soll nach Reichardts Aussage nur »eine Empfindung« tragen, nämlich die »Freude über die Ankunft des Mays«.[16] Nichts darf zu bewegt, nichts zu langsam sein, die Empfindungswechsel sollen durch strophische Formen aufgefangen und nivelliert werden, ja Reichardt möchte den Text »liedermäßig«[17] vertonen. Um dies zu erreichen, werden die beiden Figuren Daphnis und Rosalinde zu Trägern derselben strophischen Melodie, trotz Männer- und Frauenstimme auf derselben Tonlage, einer Melodie, die sich in ihrem Gestus kaum von den Instrumentalparts unterschcidet. Es entsteht der Eindruck einer Vogelperspektive auf die Naturidylle, allerdings in der eher unschuldigen, harmoniebedürftigen Außensicht Friedrich Schillers, und nicht in jener gebrochenen, utopischen Perspektive, die wir wenig später bei Jean Paul finden. Idylle ist für Reichardt eine zwar schon innerliche, doch noch sanfte, ungebrochene (keine genuin romantische) poetische Form, zumindest – so müsste man einschränken – im pastoralen Kontext.

In den 1790er-Jahren werden die musikästhetischen Anmerkungen und Überlegungen zum Lyrischen und Idyllischen vielfältiger. 1792 finden wir im *Musikalischen Wochenblatt* zum Beispiel eine auszugsweise deutsche Übersetzung von Charles Burneys *General History in*

Rondeau. Allegretto

(Eine Hoboe und ein Fagott)

(Hoboen, Waldhörner und Fagotte)

Daphnis

(Von einer Hoboe und zwei Fagotten begleitet)

Se - lig preiß' ich Ro - sa - lin - den, die sich ih - rer Mut - ter leicht vom Her - zen wand, als der May re - gier - te, als die Ro - se die Kno - spe durch - brach. Ih - re Kind - heit hauch - te Freu - de;

Freu - de duf - tet ihr Al - ter der - einst.

Alle

Rosalinde
(Von zwei Flöten und einem Fagott begleitet)

See - lig— preißt sich Ro - sa - lin - de, die sich ih - rem

Daph - nis— in die Ar - me warf, als der May re - gier - te,

als die Re - be den Ulm - baum um - schlang.—

Sei - ne Ju - gend liebt sie zärt - lich;

Notenbeispiel 11
Johann Friedrich Reichardt, *Der May*, 1777/80

Music, und zwar ihres dritten Bandes, der 1789 im englischen Original vorlag.[18] Die Übersetzung aus der Feder des Hamburger Kritikers Johann Joachim Eschenburg interessiert sich vor allem für die Abschnitte über musikalische Kritik, die der englische Historiker verfasst hat. Obwohl sich Burney in diesem Abschnitt mit der Musik aus der Mitte des 18. Jahrhunderts und nicht jener seiner Gegenwart beschäftigt, stellt er hier erstmals fest, dass die »Adagio's singbarer, und schon an sich selbst interessanter«[19] geworden seien. Die Begründung klingt indes merkwürdig: »Ehedem«[20] (also vor ca. 1750) habe man ein Adagio selten ausnotiert, sondern dem Spieler die Ausführung (gemeint: die Verzierung) überlassen. Da aber die Interpreten selten das verzierten oder ausführten, was den Komponisten vorgeschwebt habe, wurden Adagios zunehmend öfter ausnotiert und hätten damit zugleich an kompositorischer Qualität gewonnen: Komponieren von Adagios aus Notwehr vor Fehlinterpretation sozusagen. Ob das nun stimmt oder nicht, ist weniger relevant als der Umstand, dass dem Adagio als einem ehedem eher unbeachteten Satzteil mit »einigen wenigen Noten«[21] nun ab der zweiten Hälfte des 18. Jahrhunderts offensichtlich eine erhöhte künstlerische Aufmerksamkeit zuteil wird.

Eine ästhetische Aufwertung folgt wenig später, wenn Michaelis 1795 seine Studie *Ueber den Geist der Tonkunst* publiziert. Michaelis teilt darin musikalische Werke grundsätzlich in Kompositionen mit »freier« und »bedingter Schönheit« ein.[22] Erstere meinen die Instrumentalmusik, also Musik ohne Text, zweitere Musik in Verbindung mit Text oder anderen Künsten. Hiermit ist keine Wertung verbunden, denn »bedingte« Schönheit ist als Schönheit zu verstehen, der schlicht äußere Bedingungen oder Beigaben zugehören. Das meint aber keine Beschränkung oder ein künstlerisches Defizit im Sinne einer Hierarchisierung von Gattungen, denn als »bedingt« schön gelten auch Werke, die einen literarischen Titel, aber keinen Text haben. Sodann heißt es: »Zu der ersteren subjektiv=gegründeten Gattung [zählen] die freien Kaprisen, Fantasieen [sic] und manche einzelne pathetische und regellosere Stücke (z. B. gewisse Adagio's, Largo's u. dgl.).«[23] Mit der Fantasie als romantischer Form werden wir uns in einem eigenen Kapitel eingehender beschäftigen.[24] Hier ist zunächst festzuhalten, dass gerade die »scheinbare Planlosigkeit«[25] der langsamen Sätze zu einem Vorteil umgewertet wird, freie Musik – bzw. wie Michaelis es in Bezug auf Kant formuliert: freie Schönheit – zu kreieren. Die langsamen Sätze in der Instrumentalmusik sind somit die idealen Orte, in denen subjektive, innerliche und freie Kunst beheimatet ist, sie sind seiner Ansicht nach »lyrische Poesie«.[26] Einen besonderen Reiz haben sie aufgrund ihrer »scheinbaren« Regelfreiheit in einem produktiven Spannungsfeld von Realität bzw. Vernunft und Imagination bzw. Sinnlichkeit.

So breit gefächert, wie das Spektrum an Adagio-Vertonungen sein kann, so breit gefächert sind die Berichte über deren Wirkungen und auch die Versuche, das »scheinbar« Regellose in Worte zu fassen. Die persönliche Ergriffenheit durch ein Adagio bzw. die Option, durch einen solchen Satz besonders ergriffen zu werden, beschreibt wohl am eindringlichsten E. T. A. Hoffmann 1795: »Denke Dir eine Simphonie gespielt von den größten Virtuosen, auf den vollkommensten Instrumenten – denke Dir die schmelzendste Stelle eines Adagio, pianissimo ausgeführt – Deine Empfindung ist aufs Äußerste gespannt – und nun kommt ein elender Mensch, und schrapt auf einer Bierfiddel ein Stück eines erbärmlichen Gassenhauers – sage, würde nicht Dein Innerstes sich empören – Du siehst Dich herausgerissen auf die empfindlichste Art aus der süßen wonnevollen Betäubung, worin Dich das sanfte

Adagio wiegte.«[27] Aber auch Johann Carl Friedrich Triest spricht dem Adagio zu, »seelenvoll« und »vielsagend« zu sein, seine Melodie sei gar die »Seele«, »Zunge« und das »Sprachorgan« der Musik.[28] Vor allem die langsamen Sätze Haydns werden als Beispiele gelungener Adagios herangezogen und ihre stets spannungsvolle Formen- und Ausdrucksvielfalt betont: »Die Adagio, oder Andante [von Haydn], haben die allerverschiedensten Formen. Mehrentheils haben sie einen breiten Umfang und das Ansehn eines grossen Styls, doch verlangen sie einen brillanten, lebendigen Vortrag und sind, im Ganzen genommen, nicht von der sentimentalen und rührenden Gattung, vielmehr athmen sie einen Nationalgeist der Heiterkeit und Laune, der in einer schmelzenden, ernsthaften Verfassung nicht ausdauern mag; selbst was man darinn leidenschaftlich nennen möchte, ist mehr eine Art idealistischen Uebermuths und der Gesundheitsfülle, als dass eine entstehende oder bestimmte Gemüthslage durchgeführt werden sollte.«[29] Die Probleme, des Lyrischen sprachlich habhaft zu werden, ohne seine Freiheit unzulässig einzuschränken, zeigen sich besonders offen in Rezensionen, die um 1800 immer öfter Reflexionen über das Gesagte einschließen und das Nachdenken über das Lyrische als großes Bedürfnis erkennen lassen. In der Besprechung einer Vokalballade von 1803 nimmt der anonyme Rezensent folgende argumentative Kurve: »Aller Gesang aber ist lyrisch, insofern der Gesang seine Entstehung in den verschiedenen Affectionen und Berührungen mit der Sinnenwelt hat. Darum soll der Gesang nur darstellen, was empfunden wird (in der weitesten Bedeutung des Worts). Deshalb darf er in seiner reinsten Gestalt nie plastisch werden. Der Gesang soll gleichsam Chor seyn, er soll auf dem Grunde der plastischen Musik wie eine ätherische Gestalt schweben, wie ein heilger Interpret auf den verworrenen Schicksalen der Erde. Daraus folgt, der Gesang solle immer nur den Geist des Ganzen wiedergeben, er entweihe sich nie das Einzelne darzustellen.«[30] Empfindend, aber nicht zu plastisch, chorisch, aber doch ätherisch, ganzheitlich, aber doch affektiv: Was hier als Kaleidoskop an Widersprüchen erscheint – Kritiker könnten dies romantische Verwirrung nennen –, ist weniger auf eine spezifische Komposition denn auf die Idee bezogen, die enorme Spannweite des Lyrischen zu beschreiben. Das Risiko, damit im Grunde letztlich nichts zu sagen, wird in Kauf genommen, weil das Thema wichtig ist. Im selben Jahr, 1803, schlägt der Verfasser einer gut 15-seitigen Rezension zu einer Romanze von Wilhelm Schneider auf einen Text des Romantikers August Wilhelm Schlegel einen noch größeren argumentativen Bogen.[31] Am Beispiel der Romanze als Gattung wägt Immanuel Meier zuerst das Verhältnis von Musik und Text ab: »Musik ist Ausdruck, nicht Sprache, wie man gewöhnlich hört, denn Sprache ist Ausdruck durch Zeichen von willkührlicher, conventioneller, zufälliger; Musik, Ausdruck durch Zeichen von nothwendiger, natürlicher, wesentlicher Bedeutsamkeit.«[32] Nach einer polemischen Invektive gegen musikalische Rhetorik stellt er sich aber die selbstkritische Frage, wie man überhaupt heute Poesie in Musik setzen könne, denn: »Der Geist der Poesie, die Poesie als Ganzes und im Ganzen soll componirt werden, nicht die Worte, nicht das Einzelne«, aber auch: »Composition des Ganzen [ist] nicht ohne Composition des Einzelnen möglich.«[33] Dies gelinge seiner Ansicht nach am ehesten mithilfe des Lyrischen, das am wenigsten »Materie«[34] sei. Die Idee, der Spannungsproblematik mit der Flucht ins Immaterielle zu entkommen, erscheint freilich ebenso überzogen wie manches in den vorangegangenen Beispielen. Erneut aber zeigt sich daran das große Bewusstsein um die Bedeutung des Lyrischen in der neuen Musik, das nun um transzendente, gleichsam utopische Facetten ergänzt an die Seite der Idylle rückt: Lyrik und Idyllik symbolisieren das Unbewusste, die Utopie ihrer selbst.

1805 kommt auch Michaelis mehrfach auf den von ihm 1795 diskutierten Punkt der Freiheit der langsamen Sätze zurück; hier nimmt er (möglicherweise) Lektüreerfahrungen aus der eingangs erwähnten Romantikerliteratur auf, denn er stellt – intensiver noch als in den Andeutungen 1795[35] – nun das Lyrische dem Epischen gegenüber.[36] Darin folgt er einerseits der Tendenz der Brüder Schlegel, das Epische als objektive, das Lyrische als subjektive Gattung zu verstehen. Andererseits macht er deutlich, dass beides in der Musik nicht so leicht zu trennen sei, denn die Musik braucht ebenso objektive Parameter – etwa Harmonik und Kontrapunkt, also feste, objektive Regeln, nach denen sie funktioniert – wie subjektive, regelfreie Parameter, etwa die Melodik. Die Unterscheidung ist freilich nicht restlos überzeugend, denn ebenso wie eine Melodie nie ganz regelfrei laufen wird, sind auch harmonischer Anlage und kontrapunktischer Stimmführung durchaus freie Anteile eigen, wenn sie originell sein wollen, und das nicht erst seit Kurzem. Dennoch zielt Michaelis auf eine genauere Unterscheidung ab: Wenn nämlich das Regelhafte, kontrapunktisch Determinierte überwiegt, habe man es mit dem Objektiven zu tun, in der »lyrischen Gattung der Musik« stehe dagegen das Individuelle im Fokus, sie sei von der Melodie her gedacht. So heißt es: In der »lyrischen Musik [...] herrscht die Melodie und freie Modulation; die Harmonie aber dient ihr nur zur Unterlage und Unterstützung, oder gleichsam zur Beleuchtung und Schattirung. Manche Componisten strebten vorzüglich nach jener Objektivität, und gleichen den epischen Dichtern, wie etwa Händel, Sebast. Bach, Naumann, besonders in ihren Kirchenstücken. Andre drücken mehr ihre subjektive Individualität aus (z. B. Mozart und Haydn).«[37] Der Schritt von der Gegenüberstellung des Objektiven und Harmonischen mit dem Subjektiven und Melodischen hin zu einer Beschreibung der beiden Pole als männlich und weiblich ist nicht weit und wurde nicht zuerst von Adolf Bernhard Marx in seiner Kompositionslehre (1837–1847) gegangen. Michaelis wiederholt nämlich zunächst seine Überlegungen zum Lyrischen, die er bereits andernorts formuliert hat, und schwenkt sodann in eine Gattungstypologie ein, in der die musikalische Ode für den Mann stehe, weil sie zum Erhabenen, Schönen neige und Vorzeichnungen wie »Grave, Allegro, Allegro moderato, Agitato, Maestoso, Presto« trage, während der weibliche Charakter der Elegie und dem Sonett gleiche, denn diese tendierten zum Gefühl, nicht zum Erhabenen; ihre Bezeichnungen seien entsprechend »Andante, Andantino, Allegretto grazioso, Innocentemente, Adagio, Largo, Larghetto, Siciliano«.[38] Die wichtige Folgerung daraus sei aber, dass sich beide Charaktere oft in einem Stück vereinten.

Wir können festhalten, dass nicht nur eine Auseinandersetzung mit den Begriffen des Lyrischen und Idyllischen in der Musikdebatte um 1800 stattfand, sondern man sich auch bemühte, konkreter zu werden, also das an sich nicht Beschreibbare freier, innerlicher, subjektiver Musik doch irgendwie zu umschreiben. Reichardt, der seinen Erklärungen gleich kompositorische Exempla mitgibt, ist freilich eine

Ausnahmeerscheinung, und man würde ihm Unrecht tun, seine Werke auf die Einhaltung seiner eigenen Regeln kritisch zu prüfen. (Das funktionierte auch schon bei komponierenden Theoretikern der musikalischen Figurenlehre des 17. Jahrhunderts wie Christoph Bernhard nicht.) Hier handelt es sich vielmehr um erste Gehversuche in den frühen 1780er-Jahren, neue Entwicklungen im lyrischen und idyllischen Komponieren anzuzeigen und zu erklären. In den 1790er-Jahren werden diese Darstellungen durch romantische Lektüren verfeinert und ihrerseits poetisiert, bis hin zu beinahe irrationalen, höchst fantasievollen Beschreibungsversuchen, was langsame Sätze, Lieder und Vokalmusik eigentlich ausmachen. Dass Michaelis, der über eine Dekade an diesem Thema bleibt, schließlich sogar eine historisierende Positionierung vornimmt, indem er Bach und Händel einer alten, objektiven, Mozart und Haydn einer neuen, subjektiven Zeit des Komponierens zuordnet, zeigt uns die Richtung an, in der wir nun in einem zweiten Schritt in die Musik selbst, in klingende romantische Lyrik und Idyllik schauen können, in denen sich dieses Neue ereignete.

Joseph Haydns langsame Sätze sind von der zeitgenössischen Kritik von Beginn an als seltsam, bizarr, vielsagend, auch ambivalent dargestellt worden. Die musikwissenschaftliche Forschung hat dies fortgeschrieben: So spricht Daniel Heartz von einer »faintly comic aura«,[39] Alfred Peter Brown von »half-serious affairs«[40] und William Dean Sutcliffe von »expressive ambivalence«[41] manch langsamer Haydn'scher Sätze. Sie werden als launisch, unernst und irritierend beschrieben und wollen nicht zur zeitgenössischen Musiktheorie, wie etwa jener Joseph Riepels (1765), passen, nach welcher ein Adagio grundsätzlich traurig und pathetisch zu sein hat. Haydn äußerte selbst in einem Brief an Marianne von Genzinger im Juli 1790, das Adagio seiner neuen Es-Dur-Klaviersonate Hob. XVI:49 sei »etwas mühesam«, habe »aber viel Empfindung«:[42] Ein Hinweis auf eine subjektive Innerlichkeit, die sich regelpoetischen Konzepten ebenso widersetzt wie einer eindeutigen Zuordnung zu Stimmungen.

Dies Adagio cantabile aus der Es-Dur-Sonate folgt auf einen regelhaft strukturierten Kopfsatz, der in der Literatur als Paradebeispiel klassischer Kopfsätze gilt. Es ist 125, mit Wiederholung des Mittelteils

Notenbeispiel 12
Joseph Haydn, Es-Dur-Klaviersonate Hob. XVI:49, Adagio cantabile, 1790, T. 120–125

(der Takte 57–67) 135 Takte lang. Die Form ist in mehr als einer Hinsicht frei modelliert. Zwar ist der formale Rahmen gut erkennbar: Wir haben eine grobe A-B-A'-Form, wobei der A'-Teil kürzer ist und nur vier (zunehmend schwerer zu trennende) Binnenteile enthält, während der A-Teil fünf umfasst und damit in sich symmetrisch ist (a-b-a-b-a):

A-Teil   (T. 1–56)
            a: 1–8, 9–16; b: 17–26; a': 27–36; b': 37–50; a'': 51–56
B-Teil   (T. 57–81, Haltepunkte, rhythmische Pseudoreprise mit Fortspinnung in T. 66)
A'-Teil   (T. 82–119)
            a''': 82–89; b'': 90–99; a'''': 100–110; b''': 111–119
Coda, Synthese (T. 120–125)

Wenn man genauer hinschaut, zeigt sich aber, dass auch die Binnenteile (a und b) steter Variation unterliegen, eine reguläre Reprise eines Teiles gibt es nicht, und spätestens, wenn der figurativ reiche B-Teil erklungen ist, ist nichts mehr wie zuvor, denn die Figurationen sind überall präsent. In der Coda wird eine Tonrepetition aus dem b-Binnenteil mit der punktierten Rhythmusgruppe des a-Binnenteils des A-Teils verschmolzen (vgl. Notenbeispiel 12), die auch in der linken

Hand des B-Teils auftritt, sodass der Schluss als abstrakte Synthese, nicht als prozessual erreichte Konsequenz anmutet. Durch die Asymmetrie der Teile, die zunehmende Varianz trotz Substanzgemeinschaft und die zunehmende Durchdringung mit thematischen Floskeln hat der Satz mit einer klassischen A-B-A-Liedform nicht mehr viel zu tun, sondern mutet wie eine Melange aus Variationensatz, Liedform und prozessorientierten Modellen an, die am ehesten im Sonatensatz zu finden sind: eine im höchsten Maße ambivalente Form, die durch die zahlreichen Fragegesten in der Motivik – die in zunehmend verzierter, klausulierter Form den Satz immer wieder ausbremsen – noch zusätzlich verunklart wird. Streckenweise weiß der Hörer nicht mehr, wo er sich befindet, er lässt sich treiben und sodann wieder irritieren. Idylle, in einem unschuldig naiven Sinne, ist durch die steten Richtungswechsel und Unklarheiten nur eingeschränkt möglich, man befindet sich stattdessen im dauerhaft kippenden, romantischen Modus des Andeutens und Verweigerns. Das Lyrische hat bei Haydn eine neue, eigene, subjektive Qualität erreicht. Schon wenige Jahre zuvor komponierte Haydn sein Streichquartett C-Dur Hob. III:57, das ausgerechnet im Finale ein Adagio liefert, das zunächst als langsame Einleitung daherkommt, dann aber mit knapp 60 Takten zu viel Platz einnimmt, das »eigentliche« Final-Presto als Mittelteil verkürzt (T. 57–122) auf die Ersatzbank schiebt und dann – ein Einzelfall bis dahin in der Musikgeschichte – nochmals wie der Geist aus der Flasche auftaucht und den Satz beschließt (T. 122–140).[43] Auch ohne das Narrativ finaler Erhabenheit zu bemühen, darf die Entscheidung, ausgerechnet ein Adagio einen Sonatenzyklus beenden zu lassen, als bemerkenswert und zudem als Ausweis gelten, dass diesem Satzmodell um 1788 offenbar mittlerweile mehr zuzutrauen war als jemals zuvor.

Carl Friedrich Zelter beschreibt diese Haydn'sche Wirkmacht gegenüber Goethe bekanntlich als geradezu katalytisch für »liberale« Stimmungen: »Es gibt gewisse Sinfonieen von Haydn, die durch ihren losen liberalen Gang mein Blut in behagliche Bewegung bringen und den freien Teilen meines Körpers die Neigung und Richtung geben wohltätig nach außen zu wirken. Meine Finger werden dann weicher und länger, meine Augen möchten etwas ersehn das noch kein

Blick berührt hat, die Lippen öffnen sich, mein Inneres will hinaus ins Freie.«[44] Und Ignaz Arnold, der Haydn 1802 als Romantiker etikettiert, bezeichnet diese Ambivalenz, die er für »alle Haydnschen Werke« als elementar beschreibt, als besonders lustvoll: »Jeder Schein von Ernsthaftigkeit ist nur da, um uns die Leichtfertigkeit des angenehmen Tonspiels unerwartet zu machen und uns von allen Seiten zu necken, bis wir müde, zu erraten, was kommen wird, und zu begehren, was wir wünschen, und zu fordern, was billig ist, uns auf Diskretion ergeben und dafür von dem Meister in eine geistreiche Stimmung des Wohlwollens und einer heitern wohltätigen Laune versetz [sic] werden, die nicht beglückender seyn kann.«[45] Haydn gehört wohl nicht zufällig, neben Mozart, zu jenen Komponisten, deren Werke in den Romanen der Romantiker für musikalische Erweckungserlebnisse stehen – so liest sich der Passus aus Jean Pauls *Flegeljahren* von 1804 kaum anders als die zitierten schwärmerischen Rezensionen, wenn die Hauptfigur Walt beim Besuch eines Haydn-Konzertes »durch das ihm neue Wechselspiel von Fortissimo und Pianissimo, gleichsam wie von Menschenlust und -weh, von Gebeten und Flüchen in unserer Brust, in einen Strom gestürzt und davon gezogen, gehoben, untergetaucht, überhüllt, übertäubt, umschlungen und doch – frei mit allen Gliedern« wird.[46] Gehen diese Wirkungen vom Kopfsatz aus, so wird auch die Hörerfahrung des Haydn-Adagios beschrieben und mit allen Zutaten romantischer Hörerfahrung umkleidet: »Wie eine Luna ging das Adagio nach dem vorigen Titan auf – die Mondnacht der Flöte zeigte eine blasse schimmernde Welt, die begleitende Musik zog den Mondregenbogen darein. Walt [...] hörte das Tönen – dieses ewige Sterben – gar nicht mehr aus der Nähe, sondern aus der Ferne kommen, und der herrnhutische Gottesacker mit seinen Abend-Klängen lag vor ihm in ferner Abendröte. Als er das Auge trocken und hell machte: fiel es auf die glühenden Streifen, welche die sinkende Sonne in die Bogen der Saalfenster zog; – und es war ihm, als seh' er die Sonne auf fernen Gebürgen stehen – und das alte Heimweh in der Menschenbrust vernahm von vaterländischen Alpen ein altes Tönen und Rufen, und weinend flog der Mensch durch heiteres Blau den duftenden Gebürgen zu und flog immer und erreichte die Gebürge nie – – O ihr unbefleckten Töne, wie so heilig ist euere Freude und euer Schmerz!«[47] Das Sehnen nach Erfüllung durch Musik und das stets mitschwingende Erkennen seiner Unerfüllbarkeit: Hier wird romantisch beschrieben, was die Musik längst anbot. Rey Morgan Longyear empfand Jean Pauls Beschreibung des Hörerlebnisses daher auch als »so rhapsodic, colorful, and impassioned that one would suspect that Beethoven or Schumann had been the composer«.[48]

Ähnliches findet sich in einem langsamen Satz aus Mozarts Streichquartetten, dem Andante cantabile aus dem »Dissonanzenquartett« KV 465. Es ist – wie die anderen fünf Quartette des Drucks – Haydn gewidmet, nimmt also in vielerlei Hinsicht Bezug auf Haydns Modernität. Mozart komponiert es 1784/85, also gut fünf Jahre vor Haydns Klaviersonate. Der 114-taktige langsame Satz zeigt mehrere Besonderheiten, er reflektiert dabei in vielerlei Hinsicht auf die 22-taktige, dissonante langsame Einleitung des Kopfsatzes.[49] Zunächst zeigt er keine eindeutige Wiederholung eines Formteils, also keine klare A-B-A-Form mit einer rekursiven Prägung, wie man vielleicht erwarten könnte. Immerhin gibt es latente Bezüge, wie eine Formübersicht von Friedhelm Krummacher zeigt, der diesen Satz 1984 eingehend analysiert hat:[50]

A-Teil   (T. 1–45)
           a: 1–12; b: 13–25; c: 26–36; b: 35–46
A'-Teil   (T. 45–84)
           a': 45–57; b': 58–74; c': 75–84; drei Viertelpausen
A"-Teil   (T. 85–114)
           aus c: 85–101; aus b: 102–114

So ist der letzte Teil ab Takt 85 (A"), der auch als erweiterte Schlussgruppe verstanden werden kann, aus dem c-Binnenteil von Teil A inspiriert, und der Beginn des Mittelteils ab Takt 45 (A') ist eine Variante des Beginns. Ansonsten ist nichts dort, wo man es erwartet. Der Mittelteil (A') bricht auf der Tonikaparallele abrupt ab und bleibt auf drei Viertelpausen stehen, ganz so, als sei alles vorbei. Der Schlussteil (A") ist gegenläufig angelegt: Nach einem variativen Rekurs auf Binnenteil c (T. 85–101) und einem weiteren auf Binnenteil b (T. 102–114) endet der Satz offen, anstatt (der Logik nach) nochmals auf den Binnenteil a zurückzuführen. Das ist umso bemerkenswerter, als die kantable Linie des Eingangsthemas zu den einprägsamsten Motiven überhaupt gehört. Sie wird aber nur noch einmal kurz in den Takten 45f. aufgerufen und sogleich motivisch verfremdet. Immerhin fungiert sie als Fundus für die immer weiter um kleinste Formeln ergänzte Motivik der anderen Teile. Am Ende stellt sich entsprechend auch keine Synthese der motivischen Formeln ein, sondern übrig bleibt in der Violine eine von f^2 zu f stufenweise geführte chromatische Linie abwärts (T. 108–114), der bloße Tonvorrat der Melodik, nicht mehr, aber auch nicht weniger.

Dieser langsame Satz ist ebenso wie jener Haydns ein bemerkenswerter Fall, formal unklar, gesanglich, aber additiv-formelhaft, voller lyrischer Seufzerfiguren, drängender Unruhe, innehaltender Repetition und chromatisch-bedrohlicher Verdichtung. Der Gesamteindruck ist ambivalent, kein idyllisch-ungebrochener, so viel steht fest, dafür höchst individuell, subjektiv, innerlich. Der Satz ist zudem kein Einzelfall in Mozarts Werk, im Sinne gar einer frühen (oder verfrühten) Erprobung ambivalenter lyrischer Modelle, die romantische Hörangebote machen. Im Gegenteil könnte man an dieser Stelle eine lange Kette an Analysen zu Mozarts langsamen Satzmodellen vorlegen, wohl zuerst zum Andante der C-Dur-Sinfonie KV 551, dessen »merkwürdiges Ineinandergleiten der verschiedensten Stimmungen« schon Hermann Abert auffiel, der es zudem als »modernen Satz« bezeichnete und vermutete, schon die Zeitgenossen hätten »vor dem ›Romantiker‹ Mozart« eine »geheime Angst« empfunden.[51] Ebenso bemerkenswert ist wohl der zweite Satz, wohl kaum zufällig bezeichnet als »Romance«, des d-Moll-Klavierkonzertes KV 466, dem Peter Gülke den »Charakter der lyrischen Enklave«[52] zuspricht, mit seinen vielen Anläufen, thematisch Schwung zu holen und damit eine quasi monologische Haltung einzunehmen. Anzuführen wäre auch das Adagio h-Moll KV 540 für Klavier solo, das Alfred Einstein, der die Romantik bekanntlich geringschätzte,[53] als »trostlos« empfand, aber zumindest seine Zerrissenheit als konstitutiv erkannte.[54] Wer dieses Werk von 1788 allein biographisch deutet, vermutet zwangsläufig düstere Programmatik und Seelenleid, angefangen bei der nur selten verwendeten »schwarzen«[55] Tonart h-Moll über den Trauermarsch-Rhythmus und die Seufzer-Motivik (ab T. 2) hin zum melancholischen Arioso (ab T. 48). Doch es ist viel mehr als das: Ist es ein Marsch oder doch eine Pavane? Warum macht der traurige Satz schon im zweiten Takt in der Oberstimme lustige Bocksprünge? Ist eine Einheit angestrebt in Form der düster pochenden Tonwiederholungen, oder werfen sich (in T. 11 und 12) nicht vielmehr zwei Stimmen im dynamischen Wechsel etwas an den Kopf? Was soll dieser »falsche« arpeggierte Schlussakkord, mitten im Stück (T. 45)? Und was ist der siebentaktige, flirrende Schluss in H-Dur anderes als eine einzige große Verzierung, eine Figur der Verwirrung, die man auch als ironischen Monolog hören kann: Trauert hier wirklich jemand?

Auch das fantastisch durchwobene, mit der c-Moll-Fantasie KV 475[56] verwandte Adagio der Klaviersonate c-Moll KV 457 von 1784 wird oft als sprachaffin bezeichnet, ja sogar mit opernanalytischer Brille betrachtet, als ein Stück aus Ritornellen, Senari, Rezitativen und Quinari, aus Silben anstatt Motiven geformt.[57] Dabei ließe sich fragen, wie ein Text zu so einem Potpourri aus Sprachformen aussehen müsste, er wäre wohl kaum mehr zu einer klaren Aussage fähig. Hier laufen mehrere Dinge zusammen: ein Kippen zwischen klaren Formen und monologischem Innehalten (zum Beispiel im Halbschluss T. 31), ein immer wieder zu erwartendes Ausbrechen in das Schwesterwerk der Fantasie sowie erneut eine ironische Schlusswendung mit dem Charme eines Kinderliedes – die Töne des Vogelfängers vorwegnehmend –, die mehr die Suche nach einem Schluss denn einen echten Schluss darstellt. Rückbezogen auf die neuen Konzepte von Lyrik und Idyllik, die um 1800 auftauchen, ist auch hier der langsame Satz längst kein unschuldiger Rückzugsort mehr, er ist voller Unsicherheiten, Brüche, aber auch intimer Momente. Ein besonderer Fall ist schließlich das Andante des Klavierkonzertes Nr. 17 G-Dur KV 453 aus demselben Jahr 1784: Bis das Thema in seinen Tritt findet, vergehen fast 30 Takte, zuvor wird es immer wieder unterbrochen, immer nach jeweils fünf Takten, bis das Klavier endlich einmal in Ruhe zu Ende formulieren darf. Dass darüber hinaus Mozart nur vier Takte benötigt, um – in den Worten Peter Gülkes – geradezu »halsbrecherisch« von Gis-Dur nach C-Dur zu gelangen (T. 86–90), dass überhaupt ein harmonisches Wegenetz ausgebreitet wird, auf dem sich der Komponist wie der Hörer gern ausgiebig verirrt, weist voraus auf die Entscheidung, in der c-Moll-Fantasie in aller Konsequenz die Tonartvorzeichnung in der Partitur zu streichen und damit die harmonische Unbestimmtheit faktisch zu verschriftlichen. Im Andante des Klavierkonzertes, das oft irritiert und mit Erwartungen bricht, dann aber wieder umso mehr betört (gibt es ein schöneres Thema als jenes des langsamen Satzes?), ist jenes Verfahren der mehrfach ansetzenden und wieder abbrechenden Themenpräsentation realisiert, das E. T. A. Hoffmann mehr als 25 Jahre später an Beethovens 5. Sinfonie so romantisch fand.

9. Relaunch: Fantasie, Arabeske und Nachtstück

Am Beispiel dreier Konzepte, die um 1800 romantisch umgedeutet und sodann produktiv gemacht werden – Fantasie, Arabeske und Nachtstück – lässt sich konkret erfassen, wie sich die Romantik (in der Fantasie) von älteren Modellen abgrenzt, (mittels der Arabeske) Formen mit neuer Bedeutung auflädt oder sich (im Nachtstück) als neuer Themengeber versteht. Gemeinsam ist ihnen, dass sie in der frühromantischen Literatur oft musikalisiert werden, also dass fantastische oder nächtliche Szenen Musik thematisieren oder arabeske Formen benutzen. Alle drei Konzepte scheinen also mit Musik besonders gut zu harmonieren. Gleichzeitig haben Fantasie, Arabeske und Nachtstück als Genres und Stilmittel gemeinsam, dass ihnen nachgesagt wird, geheimnisvoll, rätselhaft und märchenhaft zu sein, dass sie also geradezu ideal ein romantisches Programm verkörpern.

Anstatt gleich in die Musik einzutauchen, möchte ich den Zugang zum romantischen Relaunch des Geheimnisvollen, Unheimlichen und Fantastischen um 1800 erneut über eine kurze Expedition in die romantische Parkarchitektur suchen, nämlich über die Neuentdeckung des Irrgartens. Es ist nicht leicht, heute noch romantische Irrgärten in Deutschland zu finden. Die meisten sind in Großbritannien oder Frankreich erhalten, und viele Irrgärten – die sich von Labyrinthen darin unterscheiden, dass sie nicht einen Weg, sondern viele Wege ins Zentrum anbieten, aber auch Sackgassen haben, sodass man sich gründlich verirren kann und auch soll – sind zerstört worden.[1] Zwei noch heute zu besichtigende Labyrinthe stammen aus der Mitte des 18. Jahrhunderts und sind in Altjeßnitz und Schloss Mosigkau in Sachsen-Anhalt zu finden. Der älteste erhaltene romantische Irrgarten

Abbildung 11
Lust am romantischen Verirren. Irrgarten im Park Belvedere in Weimar, 1843
Grafik: Mathias Brösicke

liegt in Park Schönbusch bei Aschaffenburg und wurde 1829 angelegt, der zweitälteste im Park Belvedere in Weimar, er wurde einem
bereits mit zahlreichen romantischen Kulissen versehenen Sommerschloss-Park 1843 hinzugefügt (vgl. Abbildung 11). Zeitlich liegen wir
damit zwar außerhalb des gesteckten Rahmens dieses Buches, doch
da es weder Irrgärten aus der Zeit um 1800 zu erleben gibt noch der
Weimarer Irrgarten von jener romantischen Tradition abweicht,
die schon die früheren Modelle prägte, mag diese zeitliche Dehnung
für den Zweck dieses Kapitels legitim sein.

Herzog Carl Friedrich von Sachsen-Weimar-Eisenach und seine russische Gattin Maria Pawlowna wohnten zuerst im Schloss Belvedere, das sie später als Sommerresidenz nutzten. Den barocken Park ließ Maria Pawlowna ab 1806 von Johann Konrad Sckell und dessen Sohn Louis mit einem Russischen Garten, einem Heckentheater und einem Irrgarten gestalten, 1842 bis 1850 wurde er nach Vorschlägen Hermann Fürst von Pückler-Muskaus überarbeitet, der als romantischer Parkarchitekt berühmt geworden war. Dieser verstand seinen Heimatpark in Bad Muskau in Ostsachsen als Modellobjekt: Mit einer Gesamtfläche von 830 Hektar ist er der größte Landschaftspark Zentraleuropas im englischen Stil. Pückler verstand seine Parkanlagen in den Anfangszeiten des professionellen Tourismus ebenso als Erlebnisorte wie als Kunst, die ihrerseits im besten romantischen Sinne wiederum Kunst inspiriert: »Ein vollkommener Park oder mit anderen Worten: Eine durch Kunst idealisierte Gegend, soll gleich einem guten Buche wenigstens ebenso viele neue Gedanken und Gefühle erwecken, als es ausspricht.«[2] Irrgärten sind keine romantische oder englische Erfindung, sie stammen (zumeist als Labyrinthe) aus der französischen Barock-Gartenarchitektur, in der die Natur geordnet auftritt. Das beste Beispiel ist wohl Versailles, wo Ludwig XIV. im 17. Jahrhundert sein seinerzeit berühmtes, riesenhaftes, später zerstörtes Labyrinth als »Symbol seiner Vorstellung von absoluter Herrschaft« inszenierte.[3] Diese Barock-Labyrinthe waren klar strukturiert, sie hatten eine vorberechnete Anlage, einen von außen klar erkennbaren Weg, der zum Zentrum und wieder hinaus führte. So systematisch, so gut. Warum nun aber fügte man seit dem frühen 19. Jahrhundert wieder Irrgärten in die romantischen Parks ein?[4]

Was dem romantischen Interesse am Labyrinth, nun in Irrgarten-Form, Antrieb verleiht, liegt nicht im Systematischen, sondern im Rätselhaften, Unheimlichen des Labyrinthischen begründet, das die Romantik wiederentdeckt und das zugleich als Metapher für das Romantische gilt. Das Schaudern Jean Pauls, die Geisterfurcht E. T. A. Hoffmanns kommen in den Sinn. Die Idee einer »Welt als Labyrinth«, die sich in der europäischen Kunst weit zurückverfolgen lässt und freilich auch moderne Kunst prägt, erhält um 1800 eine neue Färbung.[5]

Zunächst wird erneut die gedankliche Verbundenheit zur Geschichte sichtbar, sind doch moderne Labyrinthe stets auch ein Spiegel des Labyrinthes in Knossos auf Kreta, in dem der Minotaurus gefangen war. Irrgärten um 1800 sind entsprechend romantische Modelle mythologischen Denkens, sie gelten den Romantikern als »Landkarten des Mysteriums«.[6] Auch wird der Irrgarten um 1800 im Zuge der sich entwickelnden Disziplin der Psychologie als Abbild menschlicher Seelenabgründe verstanden: Ein innerliches Labyrinth gilt als verborgen, rätselhaft und schwierig, es muss erst ergründet werden. Und indem die persönliche Erfahrung des Menschen um 1800 zunehmend in den Blick gerät, verändert sich auch die Wahrnehmung der Labyrinthe: Sie sind nicht mehr naturbezwungene, in Ordnung und Form gebrachte objektive Gebilde, sondern subjektiv erfahrbare Orte des Suchens, Verirrens, Angsthabens: »Der Garten der Romantik ist eine poetische Idee, die wir in uns tragen, womöglich unerkannt oder unbewusst, die wir aber jederzeit entdecken, wiederfinden, träumen, manchmal sogar schaffen können. Der Garten der Romantik ist eine Option. Aber Vorsicht. Er ist auch eine Gefahr.«[7]

Die Gefahr hält sich bei dem kleinen Weimarer Irrgarten, den wir durchlaufen, freilich in Grenzen: Er hat lediglich fünf Heckenschichten, also vier Wege-Lagen, zwei Ein- und Ausgänge und nur zwei Sackgassen, eine davon allerdings recht lang (vgl. erneut Abbildung 11 auf Seite 158), das Innere ist schnell gefunden. Die Wege sind indes recht schmal und dunkel, die Buchenhecken je nach Jahreszeit zweieinhalb bis drei Meter hoch gewachsen, sodass – wer möchte – sich durchaus etwas gruseln darf, ganz im Sinne des *Phantasus* von Ludwig Tieck: »Bald genügten die Effekte der Natur und der sinnigen Bäume und Pflanzen nicht mehr, dem bizarren Streben waren diese Wirkungen zu gelinde, man baute Felsenmassen, Labyrinthe, hängende Brücken, chinesische Türmchen auf steilen Abhängen, gotische Burgen, Ruinen aller Art, und so waren diese verworrenen Räume am Ende mehr auf ein unangenehmes Erschrecken, oder unbehagliche Ängstlichkeit, als für einen stillen Genuß eingerichtet.«[8] Die hier angesprochene Verworrenheit ist indes positiv besetzt, wenn Tieck in demselben Text dem personifizierten »Menuetto con variazioni« in den Mund legt: »Je nun, eine gute Verwirrung ist mehr werth, als eine schlechte Ordnung.«[9] Nicht verwunderlich ist, dass die Literatur der Romantiker voller Labyrinth-Motive ist, viele Literaten lassen ihre Romanhelden durch Irrgärten streifen oder verwenden labyrinthische Erzählmuster als narrative Strategien. Sie ermöglichen im Sinne eines zum Irrgarten gewordenen Labyrinthes ein nicht-lineares Erzählen.

Um den Schritt in die Musik zu tun und zu fragen, ob es so etwas wie ein musikalisches Labyrinth der Romantik gibt, einen musikalischen Irrgarten, der Sackgassen, Nicht-Linearität, auch das Unheimliche, Rätselhafte und natürlich das Verirren einschließt, sollen im Folgenden die drei erwähnten Konzepte der Fantasie, der Arabeske und des Nachtstückes geprüft werden. Die zeitgenössischen ästhetischen und philosophischen Debatten um diese Konzepte, die musikästhetische Auf- und Umwertung des Fantastischen und Wunderbaren und nicht zuletzt die Musik selbst machen genügend Angebote zur Interpretation. Wichtig ist, sich klarzumachen – und das fällt der Musikwissenschaft nicht immer leicht –, dass es keinen Werktitel »Arabeske« braucht, um dennoch im neuen arabesken Sinne zu komponieren, dass das Fantastische ebenso gut eine Gattungs- wie Stilbezeichnung oder auch nur Abschnitte einer Komposition meinen kann[10] und dass ein Nachtstück, ein Stück also, das die Nacht zum Thema hat, dieses ebenso gut in Vokal- wie Instrumentalmusik umsetzen kann. Letzteres wäre wohl noch am ehesten durch einen Titel angezeigt, zwingend nötig ist dies allerdings nicht.

Der Fantasie bzw. dem Fantastischen gilt zunächst unsere Aufmerksamkeit.[11] Wenn in den 1790er-Jahren Fantasien im Stil Carl Philipp Emanuel Bachs bereits als alt angesehen werden,[12] werden sie zu Prototypen eines spätbarocken Fantasie-Modells, das um 1800 in die Kritik gerät. Es sei zu äußerlich, aber auch zu subjektiv und somit kaum vermittelbar und gehöre damit einem älteren Fantasie-Typ an, der sich überlebt habe. Aber wie soll nun der neue Typ aussehen? Hier lohnt ein Blick in den Artikel »Fantasie« des *Musikalischen Lexikons* von Heinrich Christoph Koch, das 1802 erscheint. Dort finden wir drei Definitionen von Fantasie, die sowohl historisch als auch hierarchisch angeordnet scheinen: Die Fantasie sei erstens ein »hingeworfene[s] Spiel der sich ganz überlassenen Einbildungs- und Erfindungskraft des Tonkünstlers« (also ein formloses, rein selbstbezügliches Stück, wie wir es aus dem 17. und 18. Jahrhundert kennen). Sie sei zweitens ein »Tonstücke aus dem Stehgreife« (also eine Improvisation, wie sie in der jungen Praxis öffentlicher Konzerte, erst recht im Virtuosenumfeld, bekannt war). Drittens heißt es dann, zu der modernsten Form: »Man giebt aber auch den Namen Fantasie wirklich ausgesetzten Tonstücken, in welchen sich der Komponist weder an eine bestimmte Form, noch an eine ganz genau zusammenhängende Ordnung der Gedankenfolge u. d. gl. bindet, und die daher, weil das durch Genie hervorgebrachte Ideal, durch die weitere Bearbeitung zu einem strenger geordneten Ganzen, nicht das geringste von seiner ersten Lebhaftigkeit verliert, sehr oft weit hervorstechendere und treffendere Züge enthalten, als ein nach Formen und andern nothwendigen Eigenschaften eines vollendeten Ganzen gearbeitetes Tonstück. Es verhält sich dabey wie mit den Zeichnungen in der Malerey, wo ebenfalls durch die Ausführung und vollendete Darstellung des Gemäldes nicht selten manche feinere Züge des in der Zeichnung noch vorhandenen Ideals verlorengehen.«[13] Eine Fantasie, nach der zeitgenössischen Lesart Kochs, meint also das Ideal eines ebenso geordneten wie freien Stückes, das keinen klaren Regeln unterliegt – wie andere Musikformen – und daher vom Komponisten erst eine individuelle Ordnung erhalten muss, im Ergebnis eher der Andeutung einer Zeichnung als der endgültigen Fixierung eines Gemäldes vergleichbar. Dieses Changieren zwischen Freiheit und Gebundenheit macht den Reiz der modernen Fantasie um 1800 aus.

Die frühromantischen Literaten sehen das ähnlich. Ihnen ist die Fantasie zunächst einmal als philosophisches Mittel willkommen, um aus den Vernunftgrenzen auszubrechen, was jede gute und moderne Kunst tun sollte. Friedrich Schlegel formuliert dies in den *Gesprächen über die Poesie* im Jahre 1800 folgendermaßen: »Denn das ist der Anfang aller Poesie, den Gang und die Gesetze der vernünftig denkenden Vernunft aufzuheben und uns wieder in die schöne Verwirrung der Fantasie, in das ursprüngliche Chaos der menschlichen Natur zu versetzen.«[14] Nun wissen wir aber bereits, dass das Ausbrechen allein auch nicht genügt, denn ganz ohne Regeln und Vermittlung geht es nicht.

Hierzu formuliert Friedrich Schlegel die romantisch programmatische Konsequenz: »Es ist gleich tödlich für den Geist, ein System zu haben, und keins zu haben. Er wird sich also wohl entschließen müssen, beides zu verbinden.«[15] Auf die Frage, wie das nun geschehen solle, hatte Novalis eine Antwort: »Indem ich dem Gemeinen einen hohen Sinn, dem Gewöhnlichen ein geheimnisvolles Ansehn, dem Bekannten die Würde des Unbekannten, dem Endlichen einen unendlichen Sinn gebe, so romantisire ich es.«[16] Die Fantasie funktioniert demnach als Aushebeln der Vernunft, aber sie ist immer kontrolliert rückgebunden an Systeme, denn nur dann ist sie genuin romantisch. Das ist mit dem bei Koch gemeinten Ideal vermittelter Subjektivität identisch, die Form andeutet, aber nicht bis ins Detail ausarbeitet. Fritz von Dalberg erklärte sich das Fantasieren dementsprechend als ein stets zwischen Form und Inhalt changierendes Spannungsfeld: Beim Fantasieren, so schreibt er 1791, »stirbt man sich selbst [...], um in dem Objekt seiner Fantasie ganz und allein zu seyn, aber dieses nur um in ihm stärker und heftiger wieder aufzuleben, und sich gleichsam doppelt zu fühlen.«[17] Michaelis betont 1795 auch bei »freien Fantasien« ihre »scheinbare Planlosigkeit«.[18] Eine bloß äußerlich expressive und unvermittelte Ausstellung von Empfindsamkeit, wie sie die Fantasien des Spätbarock ausprägen, ist damit nicht mehr gemeint.

Dieser Wertewandel lässt sich gut an Beispielen vergegenwärtigen. Zu einer Klavier-Fantasia C-Dur Wq. 59/6 von Carl Philipp Emanuel Bach, die der 1714 in Weimar geborene Komponist 1785, wenige Jahre vor seinem Tod, vorlegte, lohnt ein vergleichender Blick auf die beinahe zeitgleich (1784) komponierte c-Moll-Klavierfantasie Mozarts KV 475, das Werk eines gerade einmal 28-Jährigen. Mozart hatte die Fantasie wahrscheinlich als eine Art Präludium der c-Moll-Klaviersonate KV 457 gedacht und beide 1785 zusammen publiziert. Während die Fantasie Bachs in expressiver Geste anhebt und wie ein musikalisches Perlencollier daherkommt (vgl. Notenbeispiel 13 auf Seite 164), kann man dem mehr als in einer Hinsicht bemerkenswerten Stück Mozarts durchaus die »schöne Verwirrung« Friedrich Schlegels als Motto an die Seite stellen. Das beginnt schon bei der Tonart (vgl. Notenbeispiel 14 auf Seite 164). Mozart entschied sich, c-Moll nicht vorzuzeichnen.

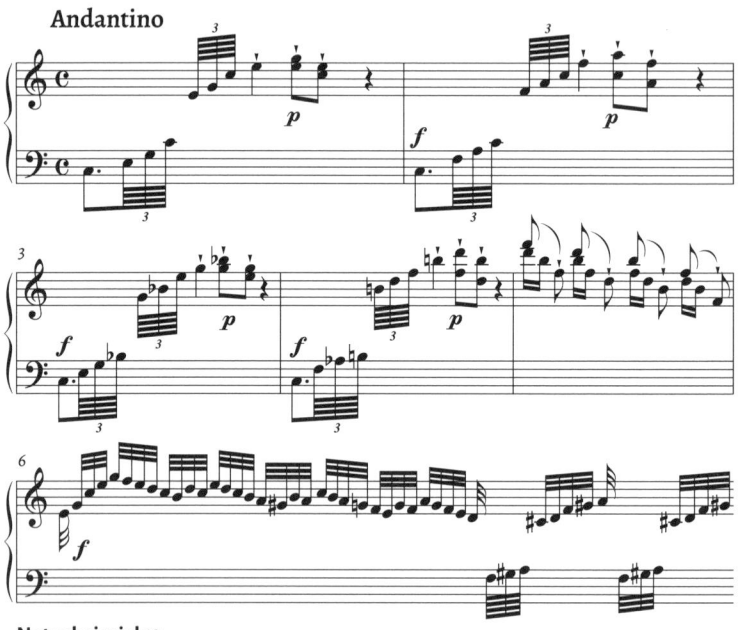

Notenbeispiel 13

Carl Philipp Emanuel Bach, Fantasia C-Dur
Wq. 59/6, 1785, T. 1–6

Notenbeispiel 14

Wolfgang Amadé Mozart, c-Moll-Klavierfantasie
KV 475, 1784, T. 1–5

Somit erleben Musiker wie Hörer diese Situation als harmonische Unbestimmtheit. Da durchweg klare Kadenzierungen vermieden und Tonarten gewechselt werden – das Stück beginnt in c-Moll, wechselt nach einer kurzen Passage in D-Dur über a-Moll, g-Moll und F-Dur nach f-Moll, setzt fort in B-Dur und g-Moll und kehrt nach c-Moll zurück –, braucht es erst einige Wiederholungen im Hauptthema am Schluss, um die Haupttonart zu bestätigen. Formal betrachtet, ist sie tatsächlich erst neun Takte vor Schluss endgültig erreicht.

Aber nicht nur tonale Unbestimmtheit prägt die Mozart'sche Fantasie im Gegensatz zu jener von Bach, die zwar kräftig moduliert, aber im irritationsfreien Rahmen bleibt, auch formal wird von Mozart »schöne Verwirrung« gestiftet. Wir sehen den Beginn als »Adagio« vorgezeichnet (vgl. erneut Notenbeispiel 14), Mozart täuscht also eine Sonatenform mit langsamer Einleitung an, Allegro, Andantino und Più Allegro folgen. Ganz so einfach ist es indes nicht: Zwischen die langsame Einleitung und das Allegro ist ein periodischer Arietten-Satz gestellt, und nach dem Più Allegro kehrt der Schluss (Primo Tempo) zur langsamen Einleitung zurück. So funktioniert kein Sonatensatz, aber er scheint zumindest latent durch, bezogen auf das langsame Satzende ähnlich experimentell wie der Haydn'sche Schlusssatz des Streichquartetts C-Dur Hob. III:57.[19] Dagegen pendelt in Bachs Fantasie der Satz zwischen Andantino und Allegretto – unterbrochen von zwei Prestissimo-Abschnitten – dreimal hin und her, um im Andantino gerundet zu schließen. Rhythmisch wird bei Mozart eine weitere verunklarende Ebene eingezogen, denn innerhalb der sechs Satzteile, die zwischen periodischer und nicht-periodischer Form changieren, schreibt er fünf Tempovorzeichnungen und drei wechselnde Metren vor. Nahe ist Mozart dem Bach'schen Modell in jenen Momenten, in denen seine Fantasie quasi-improvisiert wirkt, also wenn er kurze Fragefiguren, Pausen, ein Innehalten – man könnte es Reflektieren nennen – komponiert. Und auch seine Fantasie ist von Stimmungswechseln geprägt, die düstere, abgründige c-Moll-Stimmung des Beginns hellt sich gelegentlich auf, auch tänzerische Momente finden sich. Indes hat Mozarts Fantasie etwas Vorausweisendes, da sie – wie das Schwesterwerk der c-Moll-Sonate – die Motive und Themenpartikel rhythmisch und strukturell einander stärker annähert, sodass auch die zyklische Rückführung an ihren Anfang wieder Sinn ergibt, während bei Bach die Formteile und ihre Aufgaben klar und symmetrisch geordnet sind.

Subjektive Zutaten unterliegen einer Objektivierung der Form, so könnte man zusammenfassen. Erinnern wir uns noch einmal an den Ausspruch von Novalis: »Indem ich dem Gemeinen einen hohen Sinn, dem Gewöhnlichen ein geheimnisvolles Ansehn, dem Bekannten die Würde des Unbekannten, dem Endlichen einen unendlichen Sinn gebe, so romantisire ich es.«[20] Übertragen auf die Fantasie oder (historisch korrekt) von der Fantasie auf die Aussage übertragen, wird in der Form-Neujustierung durch Mozart zweifellos bekannten Konzepten Unbekanntes übergestülpt, weniger in der Kombination von Sonate und Fantasie (das gab es auch bei Carl Philipp Emanuel Bach), als vielmehr in der monothematischen Tendenz. Zugleich erfährt das Werk eine Deutung in Richtung Unendlichkeit: Nicht anders lässt sich die zyklische Rückkehr zum Beginn deuten, die für ältere Fantasien eher ungewöhnlich ist, in dem Bach-Beispiel aber schon stattfindet. Die Mozart-Fantasie könnte – freilich theoretisch – unendlich kreisend fortgespielt werden.

Wie sehr Mozart überhaupt für das neue Fantastische Pate steht, ist zahlreichen Texten um 1800 abzulesen. Ein bemerkenswertes Beispiel ist eine literarische Dialogkritik über *Così fan tutte* aus dem Jahr 1805: In zwei fiktiven, ironisch gebrochenen Briefen der Schreiber Arithmos und Phantasus an den Empfänger Humanus übernimmt Phantasus (als personifizierte Fantasie) die Rechtfertigung des ambivalent Romantischen bei Mozart, denn er schreibt an Humanus, dass Arithmos das Doppelbödige des Werkes nicht verstehe, nämlich »daß der Ernst nur die Form des Scherzes ist, und der Scherz eigentlich die Materie des Ernstes, und daß beide in ihrer innigsten Vereinigung erst das Leben im eigenen Sinne des Wortes bilden. [...] Die beiden Heroen dieser Welt, der romantischen, sind Shakespeare und Mozart. Deshalb finden sich in beiden jene Gegensätze auf das Innigste vereint.«[21] Die Fantasie ist formgewordene Vertonung dieser Spannung, zugleich weitet sich das Spektrum einer an die Grenzen getriebenen Sonatenform. So lädt der Verleger Nägeli im Mai 1803 Komponisten zur Mitwirkung am »Repertoires des Clavecinistes« ein, indem er um Einsendungen kreativer, freier Klaviersolomusik bittet: »Es ist mir zunächst um Klavier-Solos in großem Styl, von großem Umfang, in mannigfaltigen Abweichungen von der gewöhnlichen Sonaten-Form zu thun.«[22] E. T. A. Hoffmann reagiert auf die Ausschreibung und sendet – konsequent, möchte man sagen – eine c-Moll-Fantasie für Klavier ein, um in die Anthologie aufgenommen zu werden. Dies gelingt nicht, im November erhält er das Ablehnungsschreiben.[23]

Die Auseinandersetzung mit der Arabeske bzw. arabesken Formen in der Kunst bemüht ähnliche Beschreibungen wie jene mit der Fantasie, mit dem Unterschied, dass das Arabeske im Sinne des Ornamentalen als Konzept weit fasslicher ist als das Fantastische, das quasi alles zwischen Haltung, Stil und Gattung meinen kann. Tatsächlich lässt sich im späten 18. Jahrhundert eine intensive literarische und kunstwissenschaftliche Auseinandersetzung mit dem Ornament beobachten, deren Lektüre äußerst hilfreich für das Verständnis auch musikalischer Modelle des Arabesken ist. Zentral ist dabei mit Werner Busch, wie ein Ornament als »Bedeutungsträger« in der Romantik aufgewertet wird und damit seinen rein dekorativen Selbstzweck verliert.[24] Dies geschieht nicht über Nacht, sondern ereignet sich in vielen Referenztexten, in denen über die Arabeske nachgedacht wird, angefangen bei Johann Jakob Winckelmann, der 1755 die Allegorie als möglichen Ausweg aus der reinen Dekorhaftigkeit des Ornamentes versteht, und Andreas Riem, der 1788 das Rokoko als unzeitgemäß und zu äußerlich ad acta legt, über Johann Wolfgang von Goethes Aufsatz *Von Arabesken* von 1789, in dem er das Dekor zwar noch mit dienender, aber bereits vermittelnder, daher latent autonomer Funktion umdeutet, hin zu Karl Philipp Moritz' Neubewertung des Ornamentes, das nun »durch sich selbst bedeutend werden« soll; indem er die Arabeske als Synonym für das Labyrinth anführt und umgekehrt, schließen sich manche Kreise.[25] Erst aber mit Friedrich Schlegel tritt der Haupttheoretiker der romantischen Arabeske ab 1797 auf den Plan: Für ihn ist die »Arabeske die älteste und ursprünglichste Form der Fantasie«.[26] Busch betont, dass die »Arabeske [...] den Übergang vom Gestaltlosen zum Gestalteten, vom Formlosen zur Form [verkörpert]. Sie kann dies nur leisten, weil ihr, so frei die Phantasie sich in ihr auslebt, eine Ordnung inhärent ist. Der Gestalttrieb, ob er will oder nicht, folgt absoluten Gesetzen.«[27] Hier kommt der Ausspruch zur »schönen Verwirrung« wieder in den Sinn, wenn Schlegel nun von einer »künstlich geordnete[n] Verwirrung« spricht und eine »reizende Symmetrie von Widersprüchen« in der Arabeske sehen will.[28] Dass für ihn Arabeske und Sinfonie eng verwandt sind, dass Märchen ihm als literarische Gattung des Arabesken gelten, braucht wenig zu verwundern.[29] Mit dem Aufstieg der Arabeske zur »Reflexionsfigur«[30] findet sowohl eine Abgrenzung zur älteren Groteske als auch eine Annäherung an romantische Grundvorstellungen statt, denen ein stetes Changieren im Spannungsfeld von Form und Fantasie eigen ist. Nach Günter Oesterle greift die Arabeske nun diese »ornamentale Leistung der Verkettung auf« und konzentriert sich auf die »graziös schwingenden Bewegungen der Phantasie«.[31] Damit wird sie für die Romantiker eine »freie Schönheit«,[32] mit dem (schon immer) grundlegenden Paradox, frei zu sein, aber an Ordnung rückgebunden sein zu müssen, ebenso wie der Irrgarten eine freiere Form des Labyrinthes darstellt, aber zu seiner Erfahrbarkeit eine Ordnung benötigt. Nicht nur für Schlegel war die Sinfonie eine Arabeske, ein arabesker Erfahrungsraum; arabeske Bewegungen in der Literatur sind auch bei Arnim, Tieck oder Eichendorff häufig mit Musik verbunden, die freilich nicht deswegen Arabeske heißen muss.[33]

Auch die Musikkritik greift das Vokabular des Arabesken, Labyrinthischen früh auf, um moderne Musik zu beschreiben. So heißt es 1796 über Haydns Streichquartette: »In seinen Quartetten liegt bezaubernde Harmonie, und dabei haben sie in ihrem Gange das Besondere, daß sie gleich anfänglich die Aufmerksamkeit an sich ziehen, selbige fest halten, und sie alsdenn gleichsam wie in einem Labyrinthe bald über blumige Wiesen, bald an lispelnden Bächen, bald durch rauschende Ströme mit sich fortziehen.«[34] Und 1807, als ein Autor über den »Geiste des Romantischen« nachdenkt, definiert er Romantik als das »Räthselhafte von dem Kommen, Verschwinden und Wiedererscheinen der Gestalten, das Zauberhafte im Wechsel der buntesten Scenen, das geheimnißvolle der kleinsten wie der größten Begebenheit«, und fordert, es müsse »im traumähnlichen Spiel des Zufalls eine geheime

Kraft verhüllt liegen, die uns an das Willkürliche glauben läßt; nur eine, wenn auch dunkel geahndete Beziehung kann uns tiefer und tiefer in die verschlungenen Irrgänge der Dichtung hineinlocken, und immer muß die Hoffnung, den Ausgang aus dem Labyrinthe endlich zu finden, uns vorschimmern.«[35] Dies sei nicht weniger als eine anthropologische Konstante: »Unser Trachten ist im Grunde auf die endliche Entwirrung aller der verwickelten Erscheinungen gerichtet.«[36]

Wird Entwirrung, die der Hörer der Musik leisten soll und will, als Schlagwort aufgegriffen, so tritt in szenisch verorteter Musik eine weitere Tradition in Form fantastischer Chormusiken auf. Bekanntermaßen gehörte Reichardts Bühnenmusik zu Shakespeares *Macbeth* von 1787 zu den wegweisenden Kompositionen fantastischer Chöre,[37] indem sie das Verwirrspiel der Hexen in Musik setzte und damit auch die Romantiker, wie Wackenroder und Tieck,[38] zu begeistern wusste: schwirrende Linien ohne klares harmonisches Ziel, keine klare Entwicklung, keine Sangbarkeit, unheimliches Paukentremolo im zweiten Hexenchor usw. So wenig wie die Hexen als Märchenfiguren in ihren Absichten durchschaubar sind, so wenig ist es die Musik, ohne deshalb in einem Beliebigkeitstaumel zu verharren und formlos zu werden. Reichardts Chöre machten großen Eindruck und stehen im Trend fantastischer Chorsätze, die vor allem im Zusammenhang mit Geisteropern bzw. -singspielen des Jahres 1798 stehen, angefangen bei Friedrich Fleischmanns *Die Geisterinsel*, Reichardts gleichnamiger Vertonung desselben Librettos von Friedrich Gotter, gefolgt von Johann Rudolph Zumsteeg. Geisterszenen wurden zu romantischen Orten fantastischen Komponierens, Geisterfurcht – im Sinne des romantischen Schauderns, nicht echter Angst – zu erwecken, war das Ziel. Dramaturgisch konnte dies durch eine Platzierung des Chores unsichtbar hinter oder abseits der Bühne erreicht werden, musikalisch durch verschiedenste Mittel, angefangen bei überdehnter Monotonie, über melodische Fragmente – etwa rhetorische Fragefiguren im Sinne einer melodisch nach oben zeigenden Dubitatio, wie sie einem Rezensenten von Zumsteegs Fassung als besonders gelungen erschienen – hin zu Simplizität und einem auffälligen Changieren in der Harmonik.[39] Dass die Geisterszene aus Mozarts *Don Giovanni* hier im Hintergrund steht und Pate für so manche Geisteridee gewesen sein mag, leuchtet unmittelbar ein. Darauf zielt auch August Apel ab, der 1805 in einem Artikel über die »musikalische Behandlung der Geister« nachdenkt.[40] So reflektiert er zunächst darüber, wie Geister in Musik zu setzen sind: »Die Kunst soll nun also in der sinnlichen Darstellung des Geistes ein Widersprechendes aufstellen, dessen Widerspruch schlechterdings unauflösbar ist, und für welches kein Mittel der Vereinigung jemals in der Natur aufgefunden werden kann.«[41] Dazu gebe es zwei Wege, nämlich die erhabene Darstellung in der dramatischen Musik oder das Melodisch-Narrative in der lyrischen Musik: Ideal sei eine Musik »mit den Zeichen absoluter Affektlosigkeit« oder auch »eine schreckliche Monotonie«.[42]

Schauen wir als drittes auf einen in der Frühromantik wieder in das Zentrum künstlerischen Interesses rückenden Topos: das Nachtstück. Die Nacht ist ein romantisches Thema, denn sie ist ein Ort gebrochener, utopischer Idylle: Sie ist ebenso ruhig, naturnah und menschenleer wie gefährlich, dunkel und unheimlich. Damit ist sie eine romantische Kippfigur par excellence und wurde um 1800 zum beliebten Thema in der Kunst, Literatur und Musik. Es gäbe nun viele Möglichkeiten, die zunehmende Beliebtheit von Nachtthemen zu untersuchen – vor allem vor dem Hintergrund, dass gesungene nächtliche Ständchen eine jahrhundertealte Tradition haben und man sich zu Recht fragen kann, inwieweit sich romantische Notturnos um 1800 davon musikalisch absetzen (außer, dass sie nun romantische Gedichte vertonen).

Sicher ist es kein Zufall, dass in Liedern um 1800 und erst recht im 19. Jahrhundert die Nachtthematik Schule macht. Nocturnes finden wir etwa in der Liedersammlung *Troubadour* von Johann Friedrich Reichardt von 1805. Und auch Wilhelm Schneider, der in Halle Theologie studierte, als Pianist zum Giebichensteiner Kreis um Reichardt gehörte und 1811 früh verstarb, legte 1802 eine Vertonung der Mondszene aus Ludwig Tiecks *Leben und Tod der heiligen Genoveva* vor (vgl. Notenbeispiel 15 auf Seite 172).[43] Bezeichnenderweise für Singstimme und Gitarre und somit zum Singen im Freien komponiert, wird eine unheimliche Szenerie geschildert, zahlreiche Geräusche und Töne bestimmen die sprechende und singende Nacht, es rauscht, es »sumst«, es klingt, es rieselt, es singt, Töne »entzünden sich«. Das lyrische Subjekt steht

aber ganz unten, im Dunkeln, unter den hohen Sternen, die Winde
kommen die Berge herunter, von Verwirren und Irren ist die Rede.
Diese Nacht ist romantisch doppelbödig im besten Sinne:

Wie die Töne sich entzünden
In des Mondes goldnem Schweigen,
Zu den Wolken aufwärts steigen
Und die hohen Sterne finden.

Ist es nicht als wenn die Quellen
Leiser, lieblicher nun fließen,
Kleine stille Blumen sprießen
An dem Spiegel ihrer Wellen.

Winde bringen frohe Kunde
Aus den steilen Bergen nieder.
Und die Bäume sumsen Lieder,
Alles singt zu dieser Stunde.
In dem Herzen klingen Töne,
Die sich mit der Nacht verwirren,
Rieselnd durch einander irren
All' in Harmonie der Schöne.[44]

Schneider zeigt in seinen ca. 60 überlieferten Liedern ein besonderes
Gespür für den romantischen Tonfall.[45] So auch hier: die flirrenden,
die enorme Distanz zwischen dem schweigenden Mond und dem Dunkel auf der Erde in einem über zweioktavigen Ambitus durcheilenden
Zweiunddreißigstel in der Gitarre, das in der Gesangsstimme um
eine Oktave abkippende »Schweigen« (T. 6) und wieder zu den »Wolken aufwärts« Hinaufspringen (T. 7) oder auch das zu dieser Unruhe
quer stehende, unschuldige und vollkommen ungetrübte G-Dur zu
einem Text voller nächtlicher Zwischentöne.
    Ebenso interessant für unseren Zusammenhang ist die Frage nach
Nachtstücken in der Instrumentalmusik. Seit Joseph Haydns Diver-
timento für zwei Violinen, zwei Violen und Bass Hob. II:2, das 1754

Notenbeispiel 15
Wilhelm Schneider, *Leben und Tod der heiligen Genoveva*, 1802,
in: *Musikalisches Taschenbuch* 1803
Privatbesitz

»Quintetto (Notturno)« genannt wird, ist der Begriff in der Instrumentalmusik angekommen und wird zeitweise noch mit der Serenade parallel
verwendet. Ende des 18. Jahrhunderts setzt sich der Begriff »Nocturne«
in der Kammer- und Klaviermusik aber endgültig durch. Bezeichnet ist
damit oft eine genuin romantische Gattung, die dem Fantastischen mittels arabesker Strukturen nahe ist, zugleich aber Ansprüchen des Unheimlichen und damit auch dem Zurückgeworfensein auf das Innerliche genügt. Der Musikästhetiker Ferdinand Hand hat das 1841 in seiner
Ästhetik der Tonkunst folgendermaßen formuliert: »Die Nacht weckt eigenthümliche Gefühle und gibt Allem einen sentimentalen Ton, indem
die Außenwelt, im Dunkel geborgen oder vom Dämmerlicht erhellt, die
Phantasie nicht unmittelbar in Anspruch nimmt, sondern das Gemüth
vorwalten läßt, und so sich alle Bethätigung der Seele nach Innen wendet. Die Stürme des Lebens schweigen und Liebe, zarte Innigkeit erfüllen die Brust.«[46] Wenn Hand hier wohl eher die späteren Nocturnes von
Frédéric Chopin und Robert Schumann im Ohr gehabt haben wird, so

sind auch schon im späten 18. Jahrhundert Nocturnes komponiert und als neue und moderne Nachtstücke erkannt worden. Sie bieten keine schlichte Ständchenmusik im Freien mehr – im Sinne von Mozarts *Kleiner Nachtmusik* –, sondern sind romantische Musikformen eigenen Ranges, konzipiert nun als einsätzige Charakterstücke.

Die Literatur um 1800 bietet dementsprechend zahlreiche Nachtszenen. So beginnt Wilhelm Heinse seinen einflussreichen Roman *Hildegard von Hohenthal* von 1795/96 mit einer Nachthuldigung: »Die Sonne löscht alle Freuden der Nacht aus! wie die schönen Sterne, so die süßen Melodien und Harmonien der Phantasie, und die stärksten Gefühle der Vergangenheit und Zukunft. Die Nacht hat etwas Zauberisches, was kein Tag hat; so etwas Grenzenloses, Inniges, Seliges. Das Mechanische der Zeitlichkeit, das einen spannt und festhält, weicht so sanft zurück, und man schwimmt und schwebt, ohne Anstoß, auf Momente im ewigen Leben.«[47] Auch die *Hymnen an die Nacht* von Novalis (von 1800) bieten literarische Über- und Erkundungsgänge in etwas Geheimnisvolles, Träumerisches, Zauberhaftes. Man hat mehr als einmal versucht, ihnen musikalische Form zu attestieren. Sie sind in freien Rhythmen geschrieben, sind sprachlich bewegte Ausdrucksgebilde, haben Kraft der Bewegung.[48] Ihre Themen wählen häufig eine musikalische Bogenform und unterliegen Ableitungen und Varianten wie in einem Musikstück. Miteinander streitende »Thema-Worte« wie Licht und Nacht (in Hymne 3) gelten als besonders musikaffin, weil sie mit Helligkeit und Abschattierungen spielen (ähnlich wie Nachtstücke der zeitgenössischen Malerei). Dies führt uns analytisch zu weit von unseren Gegenständen fort – wichtig ist indes, dass um 1800 bereits eine Umwertung der Nachtstücke zu beobachten ist.

John Field gilt als erster Komponist genuin romantischer Nocturnes ab 1814, bevor Jahrzehnte später Schumann und Chopin für die Gattung stehen. Field erscheint indes nur aus der Perspektive herkömmlicher Romantikbilder als früh, für unsere Perspektive liegt er dagegen eher spät. Er schließt an Entwicklungen an, die weiter zurückliegen, wie etwas das 1807 veröffentlichte Notturno op. 21 für Flöte, Viola und Gitarre des böhmischen Komponisten Wenzeslaus Matiegka: Geboren 1773, gehört er zur Romantikgeneration.

Interessanterweise wurde dieses Nachtstück über einen Umweg bekannt: Franz Schubert fügte ihm später eine vierte (Cello-)Stimme hinzu, weswegen es lange als Schubert-Werk galt und man erst in den 1920er-Jahren entdeckte, dass Matiegka der Komponist war. Offensichtlich hatte das Werk etwas Romantisches an sich. Zunächst zeigt sich das Notturno als mehrsätziges Stück in fünfteiliger Form, abgerundet mit einem Ständchen »Mädchen, o schlummre noch nicht! (in 6 Variationen)«, das an die Vokalformen des Nachtstücks gemahnt, da hier ein Lied zugrunde liegt. Auch die anderen vier Sätze erscheinen als Spiegel ihrer Titel, so ist das Andantino zingara an vierter Stelle ein folkloristischer Tanz usw. Gut zu Modellen des Nocturnes im späteren Sinne Fields passt der langsame Satz Lento e patetico: eine weit ausschwingende lyrische Linie in der Flöte und Viola über einem triolisch durchlaufenden Fundament, melodisch indes mehr rhapsodisch denn ausformuliert, mehr andeutend als beantwortend. Weitgehend fehlt hier indes das Unheimliche, wie es den meisten späteren Nocturnes eigen ist, es sei denn, man möchte die stumpfen Triolen als Zeichen solcher eintönigen Klage gelten lassen.

Nicht als Nocturne bezeichnet, aber wohl eine der berühmtesten Nachtmusiken der Klaviermusik ist das Beethovens Klaviersonate op. 27 Nr. 2 einleitende Adagio sostenuto, das ihr den Beinamen *Mondscheinsonate* eintrug; tatsächlich wurde sie von Beethoven klar romantisch als *Sonata quasi una fantasia* betitelt. Das Adagio wurde 1802 komponiert, Carl Czerny bezeichnete es als »eine Nachtszene, wo aus weiter Ferne eine klagende Geisterstimme ertönt«.[49] Das Werk liegt zeitlich so dicht an den 1800 im *Athenaeum* publizierten *Hymnen an die Nacht* von Novalis, dass die Gleichzeitigkeit frappiert und (inzwischen) auch wieder nicht. Nachtstücke traten nach 1800 immer öfter auf, und Beethovens berühmte Sonateneinleitung, die harmonisch zwischen Helligkeit und Dunkelheit changiert, hat sicherlich entscheidenden Anteil daran, nicht zuletzt auch, weil sie – weit deutlicher als das wenige Jahre später komponierte Nocturne von Matiegka – damit auch die Sphäre des Unheimlichen bedient. Das Rhapsodisch-kantilenenhafte, in linearer Bewegung dennoch Herumirrende, bei triolisch-pochender Begleitung, haben beide wiederum mit den wenig später komponierten Nocturnes von Field gemeinsam: arabeske Nachtfantasien, sozusagen nächtliches, schön-schauerliches Wandeln durch einen Irrgarten.

Wenn wir zurückblicken auf die Romantikerfaszination am Irrgarten, sehen wir, dass labyrinthische Konzepte um 1800 auch in der Musik existieren: So war in der Fantasie mittels arabesker Verfahren – pendelnd zwischen Gebundenheit und Freiheit – der Weg zwar durch den Komponisten vorgezeichnet, doch er lag im Dunkeln, musste erst gefunden und erfahren werden, sodass der Hörer auch auf sein Innerstes und auf das Suchen reflexiv zurückgeworfen wird. Im Nachtstück soll diese »schöne Verwirrung« einsetzen, ebenfalls auf fantastische und arabeske Weise, allerdings eher im Changieren zwischen Licht und Dunkel. Aber auch hier ist die Innerlichkeit das Gebot der Stunde. Sie muss vermittelt werden, dann ist das romantische Projekt des Relaunch gelungen.

10. Neue Werkkonzepte: Offenheit und Fragmentarik

Um 1800 beobachten wir eine besondere Faszination für Ruinen oder Torsi. Standen diese zuvor für zerstörte Relikte ehemals intakter Kunstwerke, an denen die Geschichte als Degenerationsprozess studiert werden und mit deren Zerbrechlichkeit man sich als Betrachter identifizieren konnte, so entwickelt sich aus dieser Mangelempfindung im späten 18. Jahrhundert sukzessive ein ästhetisches Ideal. Einflussreich sind in diesem Zusammenhang die Forschungen Johann Joachim Winckelmanns, der sich in zahlreichen Aufsätzen und Notizen mit dem Torso vom Belvedere aus den Vatikanischen Museen beschäftigte, ein aus dem 1. Jahrhundert v. Chr. stammender Männertorso eines unbekannten Künstlers (vgl. Abbildung 12 auf Seite 177). Winckelmann starb 1768 und hat mit Romantik wahrlich nichts zu tun, indes wirkte seine neuartige Torso-Analyse auf das späte 18. Jahrhundert prägend: »Wenn ich den Torso von Belvedere besehe, so weiß ich nicht, ob ich mehr traurig über den Verlust der schönen Glieder oder frölich [sic] über den wunderschönen Körper, so uns übrig bleibt, seyn soll.«[1] Fragmente werden nun als »wunderschön« erkannt, nicht nur, weil man sich den Rest dazu imaginieren und damit ihre Unvollkommenheit zur Vollkommenheit ergänzen kann – in unserer romantischen Terminologie: sie sich in der Reflexion vervollkommnen kann –, sondern sie erhalten per se einen ästhetischen Eigenwert.

Dass diese Entwicklung im späten 18. Jahrhundert Fahrt aufnimmt, wird oft auch im Zusammenhang mit den mentalitätsgeschichtlichen Umwälzungen im Gefolge der Französischen Revolution gesehen: Eine ganzheitliche Weltwahrnehmung und -deutung

Abbildung 12
Fragment-Begeisterung. Torso vom Belvedere, Vatikanische Museen, 1. Jahrhundert v. Chr.,
Fotographie: G. Brogi, Florenz
Privatbesitz

ist kaum mehr möglich, ständig verschieben sich die Perspektiven,
es gelingt allenfalls, einen Teil der Wirklichkeit zu erfassen.[2] Johann
Friedrich Reichardts Briefe von seiner Paris-Reise mitten in den Revo-
lutionswirren 1792, die ihn nicht selten in heikle Situationen brachte,
legen von dieser fragmentarischen Wahrnehmung der Pariser Zu-
stände ein beredtes Zeugnis ab; und dass er bereits 1779 ein autobiographisch gefärbtes Romanfragment *Leben des berühmten Tonkünstlers*

Hermann Wilhelm Gulden veröffentlichte, zeigt darüber hinaus, dass die Idee des Fragments in seinem Schaffen bereits literarisch verwirklicht worden war.[3] Überhaupt finden sich Fragmente zuerst in der Literatur in einer beispiellosen Vielseitigkeit. Schon Christoph Martin Wielands Versepos *Der neue Amadis* von 1771 endet mit dem bemerkenswerten Hinweis auf seinen Fragmentstatus, der Autor könne es, falls er denn wolle, unendlich (»ad infinitum«) weiterführen.[4] Der Übergang von der Empfindung eines Torsos als Defizit über die Wahrnehmung seiner doppelten Eigenschaft als zugleich angedeutete Ganzheit und Eigenwertigkeit hin zur romantischen Begeisterung am Fragment an sich, das bei der Betrachtung oder Lektüre im Inneren nachhallt und zugleich stets im Modus des Werdens und Wollens verharrt, ist allerorten zu beobachten. Nicht der Stoff an sich wird in dieser Kunst vermittelt, sondern die Kunst fordert zur Erkundung ihres Stoffes auf. Lothar Pikulik erkennt in diesem Angebot von Vorläufigkeit eine hohe frühromantische Attraktivität und vor allem ein kreatives Potenzial, und hat zu Recht darauf verwiesen, dass Fragmente auch auf die Zukunft gerichtete Entwürfe seien: »Im retrospektiven Sinne ist das Fragment Relikt, im prospektiven Sinne ist es Projekt«.[5] Klar ist dabei: Das Fragment ist kein Werk-Teil, es ist selbst Werk.

In der Literatur gilt Friedrich Schlegel als entscheidend für die Neudeutung des Fragments als werkhaft: Er selbst publizierte drei Sammlungen, betitelt *Kritische Fragmente* (1797), *Fragmente* (1798) und *Ideen* (1800). In der zweiten Sammlung wird die neue Perspektive deutlich: »Viele Werke der Alten sind Fragmente geworden. Viele Werke der Neuern sind es gleich bei der Entstehung.«[6] Die frühromantischen Literaten wissen einerseits um das Historische des Fragments, Resultat eines Prozesses zu sein, würdigen andererseits aber auch das Aktuelle jenes Fragments, das neu entsteht und zwar nun als eine von Beginn an moderne, werkhafte Entität. Zum romantischen Programm der Literaten passt diese Fragmentästhetik ideal, denn die Romantiker gehen – wie wir bereits wissen – davon aus, dass etwas dann romantisch sei, wenn dem Endlichen ein unendlicher Sinn gegeben, es also geöffnet wird. In den Worten Schlegels: »Die romantische Dichtart ist noch im Werden; ja das ist ihr eigentliches Wesen, daß sie ewig nur

werden, nie vollendet sein kann.«[7] Moderne Dichtung ist fragmentarisch, und gerade dadurch weist sie in die Zukunft auf ihre Vollendung
voraus. Dazu gehört ein ganz entscheidender Aspekt: Eben weil alles
stets im Werden ist und auf eine Vollendung und die Unendlichkeit hin
ausgerichtet ist, ist der romantischen Kunst ein Streben, eine Sehnsucht nach dieser Vollendung immer mitgegeben.

Diese dem Fragment eingeschriebene Spannung zog die Rezipienten unwillkürlich an, sie aktivierte in besonderem Maße die Rezeption.
So schrieb Carl Friedrich Zelter an Johann Wolfgang von Goethe nach
der Lektüre eines ihm aus Weimar zugesandten Textes: »Wie danke ich
Ihnen für den unendlich schönen Elpenor, und wie ward ich überrascht,
am Ende zu finden, was ich aus dem Titel schon wußte: daß es ein Fragment war! Aber, welch ein Fragment! Man ist durch diesen ersten Akt
vollkommen in alle 5 Akte des Stückes eingerichtet wie im eigenen
Hause; Man sieht, wie alles kommen muß, an der Gesundheit und Fülle
der ersten Gliedmaßen. Es sind würkliche Gedanken; Gedanken mit
Muskeln; keine Worte, und deswegen kein Wort zu viel. Das Stück pro-
duziert sich selber und da wo es plötzlich abbricht, bleibt die erfreuliche
Begierde: wie geschickt und gescheut [sic] der Dichter alles Folgende,
dessen historischen Teil wir so sicher ergriffen haben, würde auf seine
Weise vor uns ausgebreitet haben, um alles wieder neu und unerwartet
zu finden. [...] Und wie ich eben denke, was alles geschehn muß wenn
ein guter einzelner Teil eines guten Ganzen entstehn soll, fällt mir eine
Stelle aus einem Briefe ein, den Winkelmann [sic] aus Rom an Geß-
ner geschrieben: daß in einigen Jahrhunderten keine schöne Hand in
Marmor gearbeitet worden.«[8] Und etwa zwei Wochen später ergänzt
Zelter im nächsten Brief den entscheidenden Hinweis auf die Grund-
spannung, die dem Text zu eigen ist: »In der Zeit habe ich den Elpenor
noch einmal gelesen. [...] Was ich an diesem Fragmente loben möchte,
scheint mir eben in dem Fragmentarischen zu bestehn: daß es nämlich
nicht weniger ist und doch auch nur ein einziger Akt ist.«[9]

Die spannende Frage ist nun: Was bedeutet diese Entwicklung für
die Musik? Schließlich können wir nun wirklich nicht behaupten, dass
Komponisten um 1800 plötzlich begannen, Fragmente zu komponieren, also absichtsvoll unvollendete Werke. Wenn Kompositionen als

unvollendet bezeichnet worden sind, wie etwa die berühmte Sinfonie Franz Schuberts, dann vermutlich nicht, weil sie ein Torso bleiben sollten, sondern weil ihre Fertigstellung vom Schicksal oder Zufall verhindert wurde. Hier hilft erneut ein Blick in die Literatur, denn auch in der Dichtung heißt die romantische Vorliebe für Fragmente ja nicht, dass man ab sofort nur noch bruchstückhafte Gebilde produzierte. So ist wichtig, sich den Unterschied zwischen rezipierten Fragmenten als überlieferungsgeschichtlich unvollständigen Werken – wie dem Torso vom Belvedere – und dem romantischen »Fragment-Simulat« zu vergegenwärtigen, wie es Dieter Burdorf genannt hat: »Es gibt also fragmentarische Texte der Romantiker, aber diejenigen, die sie selbst ›Fragment‹ nannten, gehören nicht dazu.«[10] Fragment-Simulate sind nicht das Ergebnis einer Zerstörung oder eines Scheiterns, also Kunstwerke, die man – so auch in der Musik – mit späteren Vollendungsprojekten wieder aufgreifen kann, sondern Resultat einer bewussten Gestaltung, die, so Burdorf, »mit Effekten des Bruches, der Verkürzung und Dekontextualisierung spielt«.[11] Zerbrechlichkeit und Offenheit, Unabgeschlossenheit und Ahnung werden nicht nur simuliert, sie werden wesentlich, zum Charakteristikum des Stückes selbst.

Sofort wird klar, dass mit diesem Deutungsangebot Fragmentarisches sehr wohl in der Musik seinen Platz finden kann bzw. dass zerbrechlich, offen oder unabgeschlossen Wirkendes durchaus romantisch gemeint gewesen sein oder gedeutet werden kann – ähnlich wie dies in und mit den Schriften der Romantiker, die sich Fragmente nennen, aber deswegen noch lange kein Bruchstück oder Torso sind, möglich ist. In der Musik kann dieses Fragmentarische und das in ihr eingeschriebene romantische Sehnen nach Vollendung in vielerlei Hinsicht dargestellt und vermittelt werden. Allgemein gesagt geht es um das Brechen mit Hör-Erwartungen, sei es in harmonischer, motivischer, thematischer oder struktureller Art. Dabei hat freilich nicht jeder Erwartungsbruch, jede kompositorische Lizenz von etablierten Standards die Qualität romantischer Fragmentarik oder gar des romantischen Sehnens; das wäre banal und würde die generelle Tendenz künstlerischen Handelns, Normen und Regeln individuell zu deuten und bedarfsweise zu weiten, ignorieren. Zur Annäherung an diese Thematik lohnt daher

zunächst ein Blick in die zeitgenössischen Dokumente der Musikkritik, die sich um 1800 zunehmend für Fragmentarik im artifiziell
qualitativen Sinne interessieren.

1802 heißt es etwa in einer umfangreichen Rezension zu Haydns
Oratorium *Die Schöpfung*, dass der Komponist vor allem mit seinen
Instrumentalwerken, darunter zuerst den Sinfonien und Quartetten,
identifiziert werde. Dort sei Haydn in der Lage, »das Ohr unvermuthet
in Wildnisse und Tiefen« zu führen, »wohin es einer so sichern Leitung
gern folgt und immer dafür reichlich belohnt wird. Dieses Spiel der
leichten Fantasie, die sich alle Kunstmittel unterthan zu machen weis,
giebt dem kleinsten Fluge des Genius eine Keckheit und Dreistigkeit,
die von allen Seiten Abwärts geht und das Feld ästhetischer Kunst bis
in's Unendliche erweitert, ohne Schaden und Furcht zu bewürken.«[12]
Haydn spiele also mit dem Hörer und seinen Erwartungen – durchaus
im Sinne des Fantastischen, mit dem wir uns bereits befasst haben –,
und er weitet dieses Spiel »bis in's Unendliche«, aber mit einer »sichern
Leitung« des Hörers. Sodann wundert sich der Rezensent über ein in-
teressantes Detail: »Haydn's Stücke haben manchmal gar kein Thema
und scheinen in der Mitte anzufangen.«[13]

Man kann diesen zunächst kritisch klingenden, aber durchaus
positiv gemeinten Hinweis auf Unvollständigkeit bzw. thematisch-
formale Brüchigkeit oder Offenheit gut an Haydns Es-Dur-Sinfonie Nr. 103 – der vorletzten Sinfonie aus den sogenannten Londoner
Sinfonien von 1795 – veranschaulichen. Das Werk beginnt mit einer
langsamen Einleitung, die ihrerseits einen solistischen Paukenwirbel
voranschickt, während alle Instrumente schweigen: ein Auftakt, der
den Hörer aufhorchend, aber auch fragend zurücklässt, wohin die musikalische Reise denn gehen wird (vgl. Notenbeispiel 16 auf den Seiten 182–183). Das Adagio-Thema ist zudem recht ungewöhnlich:
Einerseits erinnert es klanglich an das »Dies Irae«-Motiv und bringt
in den Es-Dur-Beginn eine Moll-Färbung, offensichtlich kündigt der
Paukenwirbel ein verhängnisvolles Ereignis an; andererseits macht es
überhaupt keine motivische Entwicklung durch, sondern wird nach
dreimaliger, geradezu bedrückend dumpfer Durchführung mit Frage-
geste und anschließender Pause nur kurz polyphon aufgefaltet, um

Adagio

Notenbeispiel 16

Joseph Haydn, Sinfonie Es-Dur Hob. I:103, Adagio (Beginn), 1795

dann ohne klares Ziel motivisch fortgesponnen zu werden. E. T. A. Hoffmann, der 15 Jahre später über einen ähnlich irritierenden Sinfoniebeginn mit Fragmentthematik und dem Spiel mit Erwartungen in Bezug auf auf thematische Ganzheit bei Beethoven romantisch erschaudern wird, hätte auch an diesem Satz seine helle Freude gehabt, war indes 1795 als 19-Jähriger gerade mit seinem juristischen Staatsexamen und noch nicht journalistisch beschäftigt. Haydn jedenfalls lässt nach dem Adagio seine Hörer schlagartig in den Dur-Klang fallen und in einem tänzelnden »Allegro con spirito«-Thema ankommen, das in der Tat klingt, als würde es »in der Mitte« anfangen, denn wenn nach nur zwei thematischen Sequenzen der Tutti-Satz folgt, wird der Hörer abrupt in einen Akzentwechsel geworfen: Der Schwerpunkt liegt nun auf der Eins des Taktes. Es folgt eine eilige Steigerung nach der nächsten, sodann ein neues Thema, in der Verdichtung klingt sodann alles mehr nach einem Ende denn nach einem Anfang einer Sinfonie. In der Durchführung des Allegro beginnt zwar alles normal, dann aber wird eine diminuierte Variante der langsamen Einleitung entwickelt, die weggewischt wird. Es folgt die Reprise und sodann die eigentliche Überraschung: die notengetreue Wiederholung des Adagio-Beginns inklusive Paukenwirbel. Reset und Neustart. Das hat es in der Musikgeschichte bis dahin noch nicht gegeben. Das Allegro bricht die vollständige Wiederholung der Einleitung allerdings ab und rumpelt eilig in das Ende. Überraschungsmomente, Ausbrüche, angedeutete Zyklizität – all dies steht bereits fantastischen Konzepten nahe, wie wir sie bereits kennengelernt haben. Aber: Das Rhapsodische, Angedeutete, trotz Beginn gleichsam Finalisierende der Thematik sagt viel aus, lässt zugleich aber auch viel offen. Die Forschung hat dieser Sinfonie eine Vorausschau auf die Romantik attestiert[14] – aus unserer Sicht ist es keine Vorausschau, sondern eine von vielen musikalischen Ausformulierungen der Anfänge der Romantik in der Musik, hier zumal in enorm facettenreicher Gestalt.

Neben der Haydn-Rezension erscheint 1802 ein weiterer bemerkenswerter Text in der *Allgemeinen musikalischen Zeitung* mit dem Titel »Musikalische Fragmente«.[15] Er stammt von dem 1781 geborenen Dichter und Literaten Franz Horn, der in einem großen Fortsetzungsartikel über acht Hefte hinweg über das Romantische im Allgemeinen und speziell darüber nachdenkt, was romantische Musik sei. Der Text steht in einer reflektierenden Tradition romantischer Ästhetik, indem er sich selbst als Fragment bezeichnet, aber im Sinne der eingangs getroffenen Unterscheidung ein Fragment-Simulat ist, denn der Text ist weder kurz noch unabgeschlossen, sondern insgesamt 39 Druckseiten lang. Der Autor kommentiert seinen Titel in einer Fußnote, in der er betont, dass »ein jedes [Fragment] nur für sich selbst spricht, ohne die Beziehung, in der es mit den andern und der gesammten Ansicht der Kunst steht, jedesmal zur Sprache zu bringen.«[16] Er verspricht zudem, dass die Fragmente zueinander als Prologe zu lesen sind und in Gänze dann auch einen »innern Zusammenhang«[17] haben werden. Inhaltlich bietet der Text zahlreiche Anknüpfungspunkte an romantische Ästhetik. Kunst strebe danach, so Horn, »das Unendliche im Endlichen darzustellen«,[18] sie »ist die reine Unbegreiflichkeit«,[19] die sie nicht aufgeben darf. Horn kritisiert Wenzel Müller und Ferdinand Kauer als zwei Wiener Modekomponisten, die für populäre Singspiele stehen, und konzentriert sich sodann auf seinen Lieblingskomponisten Mozart, den er mit Shakespeare vergleicht, weil beide das Komische mit dem Tragischen zu verbinden wussten. Ebenso hätten beide in ihrer Kunst Geister erscheinen lassen, Shakespeare im *Hamlet*, Mozart im *Don Giovanni*. »Die wahre Oper ist durchaus romantisch«,[20] erklärt er wenig später, verschmelze Musik und Poesie, habe Schönheit und Ironie. Und er plädiert dafür, die eigene Sprachfähigkeit der Musik anzuerkennen: »Man könnte sagen, hier im Gebiet der Romantik sey das Spiel des Spiels, das Leben, das sich im Leben ergözt, dessen tiefste Geheimnisse nur die Tonkunst auszusprechen imstande ist – (welches sie aber nicht können wird, sobald sie nur Begleiterinn der Poesie ist, in welchem Falle sie eigentlich nicht Musik, sondern nur musikalische Uebersetzungskunst genannt werden sollte.)«[21] In einem weiteren Abschnitt analysiert er eine Passage aus Goethes *Wilhelm Meister*, in der es um Musik geht, kommt auf Nationalcharaktere der Musik zu sprechen und landet wieder bei einer Hymne auf Mozarts Musik, dieses Mal zur *Zauberflöte*, die er als »blühendste Romantik« bezeichnet, weil in ihr »manche poetische Ahnung« zu finden sei.[22]

Es ist unnötig, alle Details der 39 Seiten auszubreiten. Für unseren Zusammenhang von Bedeutung ist ein Passus, den Horn angeblich aus einem anonymen Brief zitiert: »Das Anschauen Entgegengesetzter in ihrer Tendenz zur Einheit während der Entgegensetzung aber ist Harmonie, das Anschauen derselben als zu der Einheit verschmolzen (durcheinander neutralisiert) ist Indifferenz (Identität durch Synthesis). Schönheit ist eine solche Indentität [sic], daher vergleiche ich sie mit dem identischen Licht in der Natur. In der ganzen Musik finden sich in den Tönen die Harmonie nach der angegebenen Erklärung, als eine zur Indifferenz strebende Differenz, daher ist die Tonwelt die wahre äussere Geisterwelt, eine unkörperliche Realität.«[23] Was zunächst recht verworren klingt, beschreibt die romantische Ahnung von und Sehnsucht nach einer Einheit »als eine zur Indifferenz strebende Differenz«. Musik funktioniert in diesem Modus als »Geisterwelt«, als »unkörperliche Realität«, ja geradezu als Medium, in dem diese Sehnsucht ausgetragen und erfahrbar wird. Der Umstand, diese zentralen Argumente aus einem Brief von außen an den Text heranzutragen, ist ebenfalls romantisches Programm, ein Vexierspiel: Denn Horn führt hier tatsächlich – was der Leser nicht wissen kann – einen Dialog mit sich selbst, denn eben diesen Briefpassus publiziert er ein Jahr später, 1803, in einer Sammlung selbst verfasster Briefe über die Opern Carlo Gozzis.[24] Der Text schließt ebenso strukturell an zahlreiche romantische Praktiken an wie er inhaltlich ein intensives Nachdenken zeigt, was an der Musik romantisch ist. Es bietet sich an, Horns Hinweis auf Mozart zu folgen und seine Musik auch noch einmal unter dem Aspekt des Fragmentarischen und Offenen in den Blick zu nehmen. Erneut wollen wir nach Rhapsodischem, nach Angedeutetem, nach Ahnungen fragen, nach musikalisch offenen Modellen romantischen Strebens nach Vollendung.

Mozart komponierte 1785 seine beiden Klavierkonzerte d-Moll KV 466 und C-Dur KV 467 (Nr. 20 und 21). Das erste der beiden Konzerte im d-Moll-Tonfall des *Don Giovanni* war im 19. Jahrhundert sehr beliebt, es gehörte zum pianistischen Repertoire von Ludwig van Beethoven, Johannes Brahms und Clara Schumann; die ersten beiden schrieben dazu jeweils eigene Kadenzen. Musikwissenschaftlich etabliert hat sich die Überzeugung, dass mit diesem d-Moll-Konzert der sinfonische Typus des Klavierkonzerts eingeläutet und sodann mit dem C-Dur-Konzert und den Folgewerken fortgesetzt wurde. Oft ist in dem Zusammenhang auch von einem Vordenken in die Romantik, von einer Vorausschau auf etwas, was zukünftig passiert, die Rede – weniger davon, dass sich in der Musik bereits selbst schon etwas ausprägt, was an den Anfängen der Romantik in der Musik teilhaben könnte.

Für die beiden Klavierkonzerte lassen sich mehrere Aspekte benennen, die auf eine Öffnung, eine Unabgeschlossenheit der Form, Thematik und Harmonik hindeuten. Bereits die Ansicht der ersten Partiturseite beider Konzerte ist aufschlussreich (vgl. Notenbeispiel 17 auf den Seiten 188–189): In beiden Fällen beginnt die Streichergruppe mit einer homophon (d-Moll) bzw. unison (C-Dur) vorgetragenen, vergleichsweise unprofilierten Thematik, die durch synkopische Figuration aufgefüllt ist. Im d-Moll-Konzert ist von einer klassischen Themenbildung in harmonisch-formaler Symmetrie, Periodik oder gar Achttaktigkeit keine Spur zu sehen, von melodischer Profilierung eines Themas gar nicht erst zu reden. Es wirkt dabei extrem unruhig und beklommen. In beiden Fällen setzt das Soloinstrument – wie gewohnt bei Mozart – spät ein: in Takt 77 im d-Moll-Konzert, in Takt 74 im C-Dur-Konzert (vgl. Notenbeispiel 18 auf den Seiten 190–191). Während das d-Moll-Konzert in den ersten 76 Takten auf einen thematischen Einsatz im Klavier hinleitet und damit eine Erwartung aufbaut, die auch eingelöst wird, weiß der Hörer des C-Dur-Konzerts lange gar nicht, dass er oder sie sich in einem Klavierkonzert und nicht in einer Sinfonie befindet. Das Hauptthema wird im Orchester entfaltet und verarbeitet, das Klavier schweigt, und wenn es dann endlich nach 73 Takten einsetzt, beginnt es in beispielloser Beiläufigkeit: mit einer Sechzehntel-Akkordbrechung, die in eine Fermate und Generalpause (T. 79) mündet und mit einem viertaktigen Triller in ein musikalisches Nichts verdämmert, während das Orchester (im Streichersatz) an den Anfang des Satzes zurückkehrt. In beiden Werken bekommt das Orchester mehr musikalisches Gewicht, die Besetzung ist größer, Trompeten und Pauken kommen zum Einsatz; im C-Dur-Konzert liegt das

188

Notenbeispiel 17

Wolfgang Amadé Mozart, Klavierkonzerte d-Moll KV 466 und C-Dur KV 467, 1785,
Beginn T. 1–13 (li.) bzw. T. 1–7 (re.)

Breitkopf & Härtel

Notenbeispiel 18

Wolfgang Amadé Mozart, Klavierkonzerte d-Moll KV 466 und C-Dur KV 467, 1785, Klaviereinsatz T. 77 (li.) bzw. T. 74 (re.)

Breitkopf & Härtel

majestätische Hauptthema gar allein beim Orchester, während das Soloklavier als lyrisch-nachdenkliches, eher rhapsodisches Gegengewicht auftritt. Das Fragmentarische ist vor allem für die Themengewinnung und Einsatzgestaltung konstitutiv und nicht nur akzidentielles Beiwerk, und noch mehr als das: Es ist sogar höchst bemerkenswert, dass die Andeutung von Thematik nun selbst thematischen Rang erhält. Mozart spielt mit diesen Ahnungen ganz bewusst – und dies nicht nur in den beiden erwähnten Konzerten, sondern überall dort, wo Satzanfänge oder Themeneinsätze bewusst beiläufig bzw. rhapsodisch sind –, und er öffnet damit jenen Empfindungsraum, in dem das Fragmentarische wirken kann.[25]

Nicht zufällig liegen in den 1790er-Jahren auch erste Werke vor, die den Titel »Rhapsodie« tragen und damit zugleich auf ihre fragmentarische Kennung verweisen.[26] Nicht alle »Rhapsodie« genannten Werke um 1800 – und vor der Mitte des 18. Jahrhunderts gibt es kaum welche – sind freilich romantisch gedacht, ebenso wenig wie alle Nachtstücke doppelbödig, alle Fantasien unendlich sein müssen. Dass aber ausgerechnet der romantisch wache Johann Friedrich Reichardt 1794 ein Lied über Goethes selbstreflexive *Harzreise im Winter* »Rhapsodie« nennt, ein Lied, das in jeglicher Hinsicht quer steht zum herkömmlichen Bild seines Liedkomponierens, lässt aufhorchen: Reichardt vertont nur zwei Strophen (Nr. 6 und 7) aus dem Textfragment der *Harzreise* und vermeidet damit bewusst jene Sinneinheit aus den Strophen 5 bis 7, die Johannes Brahms später für seine *Alt-Rhapsodie* op. 53 auswählt, zugunsten einer antithetischen Spannung.[27] Diese wird in zwei verschiedene musikalische Abschnitte gebracht (vgl. Notenbeispiel 19 auf den Seiten 193–195), die jeweils mit einem drei- bzw. viertaktigen Klaviernachspiel abgeschlossen werden, Strophe 1 ist geradtaktig im 4/4-Takt, Strophe 2 im 6/4-Takt komponiert. Bis auf die beiden jeweils ersten Takte der Strophen, die zueinander beinahe wie eine augmentierte Spiegelung wirken und den charakteristischen Quintsprung beibehalten, wird der c-Moll-Satz immer chromatischer, linearer, repetitiver und akkordisch dünnhäutiger, bis am Ende im Klavier nurmehr ein leerer *c-es-c*-Klang stehen bleibt. Man muss nicht die ihrerseits sehr romantische Interpretation Dietrich

Ach wer hei - let die Schmer - zen dess, dem Bal - sam zu Gift ward? der sich Men - schen-hass aus der Fül - le _ der Lie - be trank! Erst ver - ach-tet, nun ein Ver - äch - ter, zehrt er heim - lich auf sei - nen eig - nen Werth in un - g'nü - gen-der

Notenbeispiel 19
Johann Friedrich Reichardt, *Rhapsodie*, 1794

Fischer-Dieskaus heranziehen, um zu hören, dass hier der Titel auch Programm ist, dass Strophenwahl, Harmonik, Form und Melodik offen und ahnungsvoll durchformt sind.

Eine außergewöhnliche Quelle um 1800 für die Wirkmacht, mit der die Fragmentidee auch die Musikästhetik erfasst, ist das *Musikalische Taschenbuch auf das Jahr 1803*, erschienen 1802.[28] Die beiden Herausgeber agieren unter Pseudonym, hinter »Julius Werden« verbirgt sich der spätere Jurist Johann Gottlieb Winzer, »Adolph Werden« hieß im richtigen Leben Carl Friedrich Theodor Mann und war im Hauptberuf Theologe. Aus der Generation der um 1780 Geborenen stammend, standen beide mit den Frühromantikern in Berlin und Jena in Kontakt. Nur Wilhelm Schneider, der für das Taschenbuch Liedeinlagen über romantische Gedichte unter anderem von Tieck und Friedrich Schlegel lieferte, trat unter seinem richtigen Namen auf. Mit dem brüderlichen Pseudonym verbindet sich vielleicht eine Parodie auf die Gebrüder Schlegel, ebenso ist denkbar, dass der Nachname »Werden« als Anspielung auf das romantische Zukunftsprojekt insgesamt gemeint war.[29] Am Ende des Taschenbuches kündigen die Herausgeber für 1803 zudem eine gemeinsame Zeitschrift *Apollon* an, die sich vor allem der Musikästhetik und -kritik im Gefolge neuer Philosophie widmen soll und aus der wir schon gelegentlich zitiert haben. Sie wurde indes nach zwölf Heften im selben Jahr wieder eingestellt. Das Taschenbuch ist eher eine fragmentarische Enzyklopädie: Es enthält eine knapp 70-seitige Geschichte der Musik (Teil I), gefolgt von einer »Uebersicht des jetzigen Zustandes der Musik« (Teil II), worin Gattungs- und Instrumentencharakteristika ebenso besprochen werden wie der Zusammenhang der Musik mit anderen Künsten. Ab Seite 135 folgen kommentierte Verzeichnisse von Sängern und Musikern, und ab Seite 185 werden Musikorte vorgestellt, auch außerhalb Deutschlands (zum Beispiel Paris oder Moskau). Einer knappen »Philosophie der Tonkunst«, in der das Fehlen einer ausformulierten Abhandlung über Musikästhetik ebenso bemängelt wie eine kommentierte Bibliographie guter Texte geliefert wird – darunter Ludwig Tiecks und Wilhelm Heinrich Wackenroders 1799 publizierte *Phantasien über die Kunst* –, in denen man sich zur Musik informieren kann, folgen in Teil drei »Notizen und Charakteristiken von einigen der berühmtesten Tonkünstler«. Die Reihe der Porträts beginnt wohl nicht zufällig bei Reichardt, es folgt Haydn. Ein kurzer vierter Teil ist der »Guitarre« gewidmet, Teil fünf – warum auch immer – der Musik »einiger asiatischer Völker«, in Teil sechs folgen »Poesieen«.[30] Ist somit das gesamte Taschenbuch fragmentarisch gestaltet, da es inhaltlich und argumentativ mehr andeutet als ausformuliert, so mündet es mit den letzten beiden Abschnitten »Miscellen«

(Teil VII) und »Notizen« (Teil VIII) selbst in die Form des literarischen Fragments. Hier versammeln sich ironische und fragmentarische Gedankensplitter: »Tonstücke mit Begleitungen ad libitum sind immer widersinnig. Formiren sie ohne Begleitung ein Ganzes, so darf diese nicht hinzukommen, – kein Ganzes, so darf sie nicht fehlen.«[31] Das Taschenbuch bleibt in dieser Form kein Einzelfall, 1805 folgt ein zweiter und letzter Band, nun allein herausgegeben von Carl Friedrich Theodor Mann und wieder mit Liedern Wilhelm Schneiders. Vielleicht gehört auch das Abreißen dieser Reihe zur Idee, Vollständigkeit zu vermeiden, man muss den Gedanken indes auch nicht überstrapazieren.

Wenn wir den Bogen an den Beginn zurückschlagen und uns vergegenwärtigen, dass Fragment-Simulate in der Literatur als Konzepte gelten, die mit Brüchen, Abbrüchen und einem Herausreißen aus ihren Kontexten spielen und damit Unvollständigkeit simulieren, die den Betrachter oder Hörer zu Vervollständigung auffordern, so können wir in den beobachteten Kompositionen manches finden, was auf solche Handhabungen hinweist. Das bedeutet nicht, und auch das sei nochmals betont, dass es sich bei den angeschauten Werken um »ächte« romantische Fragment-Simulate im Stil eines Schlegel oder Novalis handelt, die – bezogen auf Mozart – erst zehn bis fünfzehn Jahre später publiziert werden. Es geht vielmehr um das exemplarische Aufzeigen konkreter musikalischer Mechanismen, mit denen in Kompositionen seit etwa den mittleren 1780er-Jahren neue Modelle des Fragmentarischen erprobt werden. Dazu gehören thematische, harmonische und formale Suchbewegungen wie in Haydns Sinfoniebeginn, das Ausdehnen und Aushalten von Unbestimmtheiten, wie in KV 467 etwa in der Frage, ob eine Sinfonie oder ein Klavierkonzert erklingt, oder auch das bewusste Offenhalten bzw. je nach Deutungsperspektive auch Verweigern von Schlusswirkungen: Der Kopfsatz des d-Moll-Konzertes endet mit pochenden Akkorden im Pianissimo, eine für die Zeit ungewöhnliche Schlusswendung, der es an finalisierender Bestätigung mangelt. Diese Offenheiten sind jedoch nur aus der Perspektive einer Regelpoetik als ein Mangel zu deuten, aus der Perspektive der Frühromantik setzen sie nichts weniger frei als die Ahnung von bzw. die Sehnsucht nach ihrem Ausgleich bzw. ihrer Vollendung.

11. Romantische Kippfiguren: Ironie und Ambiguität

Nachdem wir das Historisierend-Produktive und Lyrisch-Idyllische in der Musik diskutiert und uns den Konzepten des Fantastischen und Fragmentarischen frühromantischen Komponierens um 1800 zugewandt haben, wollen wir in einem weiteren Schritt das Ironische als maßgebliche romantische Ausdrucksform in den Blick nehmen. Auch hier schließen die Frühromantiker an philosophische und ästhetische Ausdifferenzierungen des Humor- bzw. Ironie-Begriffs im 18. Jahrhundert an und deuten diesen für ihre eigenen Bedürfnisse neu. Es sind zwei Literaten, die diese Umdeutung vornehmen und damit produktive Impulse für die Kunst ihrer Zeit geben: Friedrich Schlegel und Jean Paul. Schlegel befasst sich seit 1794 mit dem Ironie-Begriff, wendet ihn in seiner berühmten Rezension des Goethe'schen *Wilhelm Meister* kurze Zeit später selbst an, indem er diesem Roman – wie jeder großen, auch antiken Literatur – Selbstironisierung attestiert und anschließend bekräftigt, dass Ironie für moderne Literatur geradezu eine Pflicht sei. Diese Idee der Selbstreflexion mittels der Ironie zieht sich wie ein roter Faden durch Schlegels Aufsätze und Fragmente. Zentral ist, dass er darin zunächst den rein rhetorischen Gebrauch der Ironie (ironia verbis) ad acta legt und die Ironie zur philosophisch-existenziellen Grundfigur in jedem Menschen und sogar ontologisch als absolut erklärt (ironia vitae bzw. entis): Sie ist eine Welthaltung, nicht nur ein ästhetisches oder abstrakt philosophisches Phänomen.[1] In der Anwendung – sei es in der Kunst oder im Leben – bezeichnet die Ironie eine Aussage, in der der Ausdruck des eigentlich Gemeinten durch einen semantisch entgegengesetzten Ausdruck substituiert ist. Ich sage etwas, meine aber das genaue Gegenteil.[2] Das ironische Sprechen der Romantik hält zwar an der Vorstellung einer Wahrheit fest, weiß aber um die »Unmöglichkeit und Notwendigkeit einer vollständigen Mitteilung«.[3]

Diese ironische Figur funktioniert – wie bei den Romantikern kaum anders zu erwarten – im Modus der Unendlichkeit, als fortwährend reflexives, beinahe schwebendes Widerspiel entgegengesetzter Momente, deren Zweideutigkeit sich nicht mehr in Eindeutigkeit überführen lässt. Dies erzeugt »ein Gefühl von dem unauflöslichen Widerstreit des Unbedingten und des Bedingten«, wie Schlegel formuliert, und entzieht sich jeder Art von Identität und endgültiger Vermittlung.[4] In seinem Essay *Ueber die Unverständlichkeit* aus dem Jahre 1800, publiziert zum Abschluss des *Athenaeums*, hat Schlegel diesen ironischen Darstellungsmodus literarisch auf die Spitze getrieben und zugleich zahlreiche Möglichkeiten aufgezeigt, wie sich die Ironie in der Literatur realisieren kann: etwa durch scheinbare Formlosigkeit, Abschweifungs- und Unterbrechungsstrukturen sowie Formen, die sich selbst parodieren. So behauptet dieser ironische Text auf der siebten Druckseite plötzlich von sich: »Bis hierher ist nun alles ohne Ironie«.[5] Sodann springt er von einer Thematik – Etymologie, Kant, Fragment, Goethe usw. – und von einer Form – Lyrik folgt auf Prosa und umgekehrt – in die nächste, ist von Zitaten eigener, fremder und fremdsprachiger Werke durchzogen usw. Diesem scheinbaren Durcheinander, das ja nun nicht weniger sein will als der wichtige Schlusstext eines mehrjährigen Zeitschriftenprojektes, liegt jedoch eine Systematik zugrunde, deren Ernsthaftigkeit zwar durchaus infrage gestellt werden kann, doch durch ihre Ironie den Kern vielleicht besser trifft als jede »solide« ästhetische Abhandlung: Nach Schlegel gebe es »grobe Ironie«, die der »wirklichen Natur der Dinge« am nächsten sei, die »feine oder delikate Ironie« gehe der »extrafeine[n]« voraus; letztere meint – erklärt am Beispiel der Commedia-dell'Arte-Figur des Skaramuz – das Vortäuschen von Ernsthaftigkeit, obwohl doch das Gegenteil (»einen Tritt in den Hintern« geben) geplant ist. Die »redliche Ironie« (im Sinne der didaktischen Abhärtung von Rezipienten), die »dramatische Ironie« (im Sinne eines Wandels des Autors selbst beim Schreiben) und die »doppelte Ironie« (in der sich zwei ironische Stränge befinden) münden in die »Ironie der Ironie«, die den Bogen überspannt, wodurch das ironische System »Manier wird«.[6] Das Paradoxe und Unvereinbare hat neben allem Reiz also auch seine Grenzen.

Jean Paul sodann versteht in seiner berühmten *Vorschule der Ästhetik* des Jahres 1804 Humor als das romantisch Komische: Der in der neueren »humour«-Debatte vor allem in England zentrale Kontrast allein genügt ihm nicht mehr, um komisch zu sein: Das romantisch Komische sei nun vielmehr unentschieden, ambig, unlogisch – und nur deshalb komisch. Dieses schon bei Schlegel auftretende Oszillieren zwischen Subjekt und Objekt, Realität und Idealität, zwischen Aussage und Widerspruch, wird in der jüngeren Romantikforschung als Kippfigur bezeichnet und lässt sich (nicht nur) für das Ironische entsprechend sinnhaft anwenden.[7] Jean Paul formuliert: »Wenn das Komische im verwechselnden Kontraste der subjektiven und objektiven Maxime besteht; so kann ich, da [...] die objektive eine verlangte Unendlichkeit sein soll, diese nicht *außer* mir gedenken und setzen, sondern nur in mir, wo ich ihr die subjektive unterlege. Folglich setz' ich mich selber in diesen Zwiespalt [...] und zerteile mein Ich in den endlichen und unendlichen Faktor und lasse aus jenem diesen kommen. Da lacht der Mensch, denn er sagt: ›Unmöglich! Es ist viel zu toll!‹ [Ich sage:] Gewiß!«[8]

Es gibt zahlreiche Interpretationen des Humor- und Ironie-Begriffs in der Musik zum 19. Jahrhundert – etwa am Beispiel der Liedvertonungen der Gedichte Heinrich Heines, der als Ironiker par excellence gilt. Ebenso findet man zu Jean Paul und Beethoven ertragreiche Analysen, wie Beethoven vor allem in seinem Spätwerk mit Konzepten des Ironischen im Sinne der romantischen Selbstironie arbeitet. Auch Manfred Frank spricht in seiner lesenswerten Darstellung der frühromantischen Ästhetik der Musik Webers, Wagners und Brahms' ironische Formbildung zu und macht viele treffende Beobachtungen.[9] Man muss indes nicht so weit in der Geschichte vorausgehen, um fündig zu werden. Wir wollen daher einen bisher gut erprobten Zweischritt fortsetzen, indem wir zunächst einen Blick in die zeitgenössischen Musikdokumente um 1800 werfen und diese nach ihrem Bild musikalischer Ironie oder musikalischem Humor befragen. Sodann sind die dort behandelten Werke auf musikalische Realisierungen der romantischen Kippfigur der Ironie zu untersuchen.

Im dritten Jahrgang der *Allgemeinen musikalischen Zeitung* erscheint 1800 ein erster grundlegender Text zu unserem Thema mit dem Titel *Ueber komische Charakteristik und Karrikatur in praktischen Musikwerken*.[10] Der Autor Friedrich August Weber, Arzt, Schriftsteller und Komponist, hat den Text laut einer Vorbemerkung schon 1792 verfasst und 1800 um wesentliche Punkte ergänzt, sodass die vorliegende Fassung zugleich von einer längeren Auseinandersetzung mit einem Thema zeugt, das in der Publizistik des späten 18. Jahrhunderts – vor allem im englischen Raum – Konjunktur hatte. Weber stellt sich eingangs die Frage, die uns auch interessiert: »Worin besteht der komische Styl in praktischen Musikwerken?«[11] Sodann gibt er selbst die Auskunft: »Er besteht, antworte ich, in einer speciellen Anwendung der Regeln der Harmonik und Melodik, wo durch bey dem Zuhörer, dessen Gehör dazu gestimmt ist, ein Gefühl des Lächerlichen erweckt wird.«[12] Das »Lächerliche« begreift er weniger als »musikalische Laune« oder »musikalischen Unsinn«, sondern im »ästhetischen Sinne des Wortes«, also auf einer »Stufe des edlern Komischen oder sittsamen Lächerlichen«.[13] Musik kann also durch bestimmte Verwendung ihrer Mittel wie Harmonik oder Melodik komisch sein, darf aber nicht in Plattitüden und Flachheiten absinken. Dem Autor geht es offensichtlich nicht um eine Ästhetik musikalischer Komik, sondern um praktische Fragen der Angemessenheit der Mittel. Denn um nicht zur Karikatur abzusinken, darf der Komponist »nur mässige Abweichungen von der allgemeinen Regel« zulassen.[14] Scharfe Kontraste, Übertreibungen in jeglicher Form – eine Ironie der Ironie, wie Friedrich Schlegel sagen würde – sind nicht erwünscht.

Mag man diesen Text zunächst als einer älteren Humor-Begrifflichkeit nahe empfinden[15] – selbst wenn modernen Komponisten wie Mozart und Haydn die »Gabe des musikalischen Witzes«[16] zugesprochen wird und diese sich damit positiv gegenüber älteren Komponisten absetzen –, so vollzieht der Text doch in einem kurzem Passus eine Annäherung an die eingangs dargestellten romantischen Perspektiven: Denn der »musikalische Witz«, zu dem Haydn und Mozart fähig sind, andere aber nicht (zumindest werden sie nicht genannt), beruhe in der »Erfindung nicht erwarteter Ähnlichkeit zwischen zwey musikalischen Gedanken und ihrer durch das Ueberraschende sich als geschickt und zwekmäßig ankündigenden Verbindung.«[17] Was ein wenig umständlich formuliert klingt, meint im Grunde nichts anderes als die Schlegel'sche Kippfigur: Ich erzeuge Ironie, indem ich musikalisch zwischen Eindeutigkeit (hier die thematisch-motivische Verbindung) und Zweideutigkeit (hier die nicht erwartete thematisch-motivische Ähnlichkeit, also die Differenz) überraschend oszilliere, also hin- und herkippe und dadurch den »komischen Styl« erzeuge.

Während bei Weber noch kein ästhetisches Programm formuliert wird, sieht das 1807 in den Texten von Christian Friedrich Michaelis schon anders aus, vor allem in seinem Beitrag *Ueber das Humoristische oder Launige in der musikalischen Komposition*.[18] Im Sinne Jean Pauls stellt er dafür zunächst das Subjekt des Künstlers in den Vordergrund: Der Komponist drücke schließlich seine »subjektive Individualität« aus.[19] Auch für ihn ist Haydn der erste humoristische Komponist, vor allem in den Sinfonien und Quartetten, aber auch dem »Genie Mozart« sei das »Humoristische nicht fremd« gewesen, er tendiere aber mehr zum Ernsthaften und Erhabenen.[20] Diese Argumentation könnte man nun im Sinne eines vorromantischen Gegensatzes »lustig versus ernst« auffassen, aber genau hierin liegt das Besondere an Michaelis' Text: Er selbst ist mindestens ebenso romantisch. Für ihn nämlich schließen sich das Humoristische und Erhabene keineswegs aus, denn: »Die humoristische Musik ist bald komisch und naiv, bald ernsthaft und erhaben« – sie oszilliert also zwischen den Kontrastfeldern »komisch«, »ernsthaft«, »naiv« und »erhaben« und erzeugt erst dadurch ihren humoristischen Effekt.[21] Der Begriff »Ironie« taucht in diesen Texten nicht auf, Michaelis operiert hier (wie Jean Paul) mit den Begriffen des Komischen und des Humors. Abschließend bringt er einige Komponisten ins Spiel, die vor allem in der Kammermusik Humorvolles komponiert hätten: Haydn, Pleyel, Viotti, Rode, Clementi und Beethoven. Damit endet der gerade einmal dreiseitige Text.

Während musikästhetische Abhandlungen um 1800 eine Ausnahme bleiben, nehmen viele Rezensionen seit der Mitte der 1790er-Jahre den durch die Ironie-Diskurse neu angefachten Trend zum

Sprechen über Ambiguitäten im Sinne einer Kippfigur auf. Sie diskutieren Relativierungen von Eindeutigkeiten in Form, Harmonik, Motivik, werten Doppeldeutigkeiten und immer wieder das Ironische, Humorvolle daran ästhetisch auf, das in vielen Fällen der romantischen Idee der Ironie als Wesensform guter Kunst nahekommt. 1796 etwa wird Haydns Themengestaltung in seinen Quartetten als ambig und genau darum als attraktiv und charakteristisch beschrieben: »Oft zerfällt sein Thema in zwei entgegengesetzt Scheinende, welche in ihrem Widerspruche selbst, eine bewunderungswürdige Uebereinstimmung beobachten, und unvermerkt sich wieder in den vollkommensten Einklang verflechten.«[22] Noch 1802 wird Haydn dieses Spielen mit Ambiguitäten als charakteristisch zugeschrieben, wenn ein Rezensent seine Musik bewundernd umschreibt: »Jeder Schein von Ernsthaftigkeit ist nur da, um uns die Leichtfertigkeit des angenehmen Tonspiels unerwartet zu machen und uns von allen Seiten zu necken, bis wir müde, zu errathen, was kommen wird, und zu begehren, was wir wünschen, und zu fordern, was billig ist, uns auf Diskretion ergeben und dafür von dem Meister in eine geistreiche Stimmung des Wohlwollens und einer heitern wohltätigen Laune versezt werden, die nicht beglückender seyn kann.«[23] Konsequent sind für ihn »alle Haydnschen Instrumentalkompositionen eine ganz neue, von ihm allein erschaffene Art romantischer Gemählde für das Ohr.«[24] An Haydns Musik als Hort romantischer Deutungsangebote hat, so ergänzt Christian Friedrich Michaelis, das Humoristische entscheidenden Anteil, erst recht, wenn Haydn dies in einer Instrumentierung – etwa mit der Verwendung des Horns – geschickt umsetzt: »Haydns Sinfonieen beweisen, wie es [das Horn], wohl angebracht, zum romantischen und humoristischen Effekt beytragen kann.«[25] Wenn Friedrich Rochlitz sodann Mozarts Sinfonik als eine »aus dem Chaos sich selbst gebährende [...] Schöpfung«[26] beschreibt, so hat er seinen Friedrich Schlegel gelesen: »Ironie ist klares Bewußtsein, der ewigen Agilität, des unendlich vollen Chaos.«[27] Und überhaupt, so Rochlitz an anderer Stelle im selben Jahr 1800, seien Mozarts Kompositionen »überfüllt, seine Ausweichungen nicht selten bizarr, seine Uebergänge oftmals rauh, selten schreibt er wehmütig, ohne einzelne durchscheinende Züge geheimen Ingrimms

– was sich durch Worte nicht wohl beschreiben, aber sogleich empfinden lässt; selten schreibt er zärtlich, ohne schmerzendes Erseufzen
unter gepresster Spannung«.[28] Klarer kann man kippfigurhaftes Komponieren kaum umschreiben.[29]

Es wäre zu viel zu behaupten, dass diese musikästhetischen Texte
eine gute Hilfestellung für die Analysen bilden. Es lohnt sich daher,
einen Umweg über die bei Haydn recht gut erforschte Vielfalt des
Humors in seiner Musik zu gehen, also sich zu fragen, welche Mittel
Haydn – der auch von Weber und Michaelis genannt wurde – humoristisch einsetzt und ob sich in der Verwendung der Mittel bereits Wege
hin zu einem romantisch interpretierbaren Humor-Begriff abzeichnen. Schon in den 1760er-Jahren verarbeitet Haydn in seiner F-Dur-
Sinfonie Hob. I:58 ein »Menuett alla zoppa« (Menuett auf hinkende
Art). Dort wird der typische punktierte Menuett-Rhythmus mit unpunktierten Vierteln so kontrastiert, dass die Taktschwerpunkte sich
ständig verschieben, es also im Pendeln zwischen 2/4- und 3/4-Rhythmus so klingt, als würde jemand hinken. Zwar handelt es sich ganz
klar um eine rhythmische Dopplung: Der Hörer wird zwischen dem
Zweier- und Dreiertakt hin- und hergerissen und mag diese Doppeldeutigkeit auch als Augenzwinkern verstanden haben. Mit romantischer Ironie, also einem in dieser Kippfigur verkörperten unendlichen
Sehnen nach Vollkommenheit hat dies indes nichts zu tun. Der noch
durchaus tanzgewohnte Hörer wird sich allenfalls wünschen, die Irritation des scharfen Kontrastes möge bald enden, einen tieferen Sinn
hat das Experiment über den Spaß hinaus nicht.

Anfang der 1780er-Jahre legt Haydn sodann seinen berühmten
Streichquartettzyklus op. 33 mit sechs Quartetten vor, 1781 entstanden
und 1782 bei Artaria gedruckt. Brieflich spricht Haydn davon, er habe sie
»auf eine gantz neue besondere art«[30] komponiert und nennt die Werke
nun auch nicht mehr Divertimenti, sondern Quartette. Die Stücke verbreiten sich wie auch schon seine frühen Quartette rasend schnell, und
Mozart reagiert auf op. 33, indem er Haydn daraufhin sechs seiner
Quartette widmet – hier war etwas offenbar Neues entstanden, auf das
zu antworten war. Die Musik von op. 33 ist ausgewogen, aber vielschichtig, sie verbindet das Expressive mit dem Empfindsamen, das Galante

im Stil mit dem Gelehrten, sie ist geistreich, bindet stilisierte Volks-
musik ein, bietet Konzertantes und Homophones, ohne diese Extreme
bruchlos aufeinanderprallen zu lassen (wie noch zum Teil in op. 20).
Als besonderes Exemplum für Humor gilt der Finalsatz des Es-Dur-
Quartetts Nr. 2, ein 172 Takte langes (oder kurzes) Rondo. Der Refrain
erklingt dreimal, es gibt zwei Couplets, nur das erste liegt auf der Subdominante, alles andere verharrt auf Es-Dur. Der Beiname »The Joke«
bezieht sich im Wesentlichen auf den Schluss des Satzes, denn Haydn
durchsetzt diesen mit mehreren Pausen (vgl. Notenbeispiel 20 auf
den Seiten 206–207), die letzte ist gar drei Takte lang. Noch heute
fallen Zuhörer darauf herein und klatschen zu früh, weil sie denken,
das Quartett sei vorbei.

Verwiesen werden soll hingegen noch auf einen anderen Aspekt
dieses Satzes, den ich – im Gegensatz zu dem (wieder) äußerlich-über-
raschenden und kaum nachhaltigen Schlussspaß – als eher oszillierend
im Sinne späterer Ironie-Konzepte verstehe: das Vexierspiel mit der
Rondoform. Auf den ersten Blick sieht das Modell recht klar aus:

T. 1–36	Teil A	Refrain
T. 36–70	Teil B	1. Couplet
T. 71–107	Teil A	Refrain
T. 107–140	Teil C	2. Couplet
T. 141–172	Teil A	Refrain

Haydn aber unterläuft die Anforderungen an ein Rondo – jener Form,
der die Gestaltung von Gegensätzen quasi konstitutiv ist – in mehr-
facher Hinsicht. Die Couplets B und C, die kontrastieren sollten, beginnen in den Violinen fast identisch: Der Hörer weiß nicht sofort, in
welchem Formteil er ist. Der dritte Refrain schließt ein pathetisches
Adagio ein (vgl. erneut Notenbeispiel 20 ab T. 148), das völlig fehl am
Platze wirkt, ganz so, als beginne etwas Neues. Es wird aber sogleich
niedergezwungen. Jeder Teil des Rondos endet mit einem unaufgelös-
ten Dominantseptakkord, also harmonisch verbindend und offen zugleich. Alle Teile – bis auf Teil B in der Subdominante As – liegen auf
der Tonika Es-Dur und sind monothematisch gearbeitet, beinahe alles

Notenbeispiel 20

Joseph Haydn, Streichquartett op. 33 Nr. 2 Hob. III:38, Finale, 1781, T. 141–172 (Schluss) lässt sich auf die ersten zehn erklingenden Töne, die man bedarfsweise in drei Motive gliedern kann, zurückführen. Der Satz oszilliert also formal, harmonisch und motivisch in mehr als einer Hinsicht. Wenn man das nun mit dem seltsam spaßigen Schluss zusammendenkt, ist alle Verwirrung aufgehoben, der Satz schließt endlich, nach mehreren Anläufen, brav in der Tonika, der letzte Akkord verklingt. Auch dies ist nicht mit frühromantischer Vorstellung von Sehnsucht und Unendlichkeit überein zu bringen, denn der Hörer geht ja befriedigt aus dem Konzert, der Spaß löst alles auf. Immerhin aber lotet Haydn das Moment des Ambigen bis hierhin auf einem neuen Niveau aus.

Das berühmteste Beispiel des Haydn-Humors ist wohl die Fagottstelle aus dem langsamen Satz Largo cantabile der Londoner Sinfonie Hob. I:93 von 1791. Hier platzen die Fagotte in den Pianissimo-Satz zwar mit dem richtigen Ton, aber zu früh und zu tief im Fortissimo herein bevor der Satz im Tutti ausklingt. Auch dies ist eher ein Überraschungs- und Scherzeffekt, der sich rasch wieder auflöst, als eine romantische Ironie. Bei aller Bandbreite der Modelle in Haydns Komponieren (die Liste ließe sich leicht um viele weitere Beispiele ergänzen, man denke nur an die berühmte Sinfonie mit dem Paukenschlag): Klar wird rasch, dass unterschieden werden muss zwischen Modellen spaßigen oder auch überraschenden Komponierens, die auf vorübergehende, einmalige Effekte berechnet sind, die sich in Wohlgefallen auflösen, und genuin romantischen Vexierspielen, die das Oszillieren, das Widerspiel selbst zum Gegenstand haben und sich damit der Interpretation zum Unendlichen öffnen. Letztere sind bei Haydn in formalen, motivischen oder harmonischen Umwertungstendenzen, die man partiell als ambig deuten kann – wie in der Rondoform des Streichquartett-Finales, – bereits deutlich zu beobachten. Allerdings – und das ist entscheidend – sind dies noch keine Konzepte, die den Hörer auf Dauer im Ungewissen lassen. Selbst »The Joke« kommt am Ende, wenn auch über Umwege und mit zu vielen Pausen, »richtig« an, spätestens hier bleibt nichts von jener als existenziell begriffenen Sehnsucht und Unendlichkeit übrig, die der Romantik eigen ist.

Haydns humorige Sonderrolle wurde früh erkannt. Schon 1782 stellen die Autoren Carl Ludwig Junker und Johann Friedrich Reichardt im Artikel zu Haydn im *Musikalischen Almanach* fest: »Haydn (in Salzburg). Musikalischer Spaßmacher, aber [...] nicht fürs Bathos [sic], sondern fürs hohe Komische; und dies ist in der Musik verzweifelst schwer. Deswegen fühlen auch so wenig Leute – daß Haydn Spaß mache, und wenn er ihn mache. [...] Wir bemerken zwei Style oder zwei Epochen der Haydenschen Compositionen. In den erstern lachte Hayden oft aus vollem Halse; in den Compositionen der zweyten Epoche verzieht er bloß die Miene zum Lächeln. Dies ist sehr erklärlich; das Alter macht ernsthafter. Selbst seine Adagios, wo der Mensch eigentlich weinen sollte, haben oft das Gepräg des hohen Komischen.«[31] Freilich ist der *Almanach* selbst ein satirisches Dokument und dementsprechend als Quelle mit Vorsicht zu genießen. Bemerkenswert ist indes, dass schon hier eine zunehmende Qualität des Komischen konstatiert wird, der Komponist also eine künstlerische Entwicklung hin zum »hohen Komischen«, von Offensichtlichkeit hin zur Subtilität durchläuft. Daniel Chua hat 1998 darüber nachgedacht, ob man »Haydn as Romantic« fassen und seine Musik womöglich als eine Quelle benennen kann, aus der die Literaten um 1800 ihre Vorstellungen von romantischer Ironie schöpften.[32] Dies lässt sich freilich nicht beweisen, ist aber ein spannender Gedanke, erst recht, wenn wir die Weiterentwicklung dieser bei Haydn zu beobachtenden Tendenzen in der Musik etwa bei Mozart und Beethoven verfolgen, die scheinbare Formlosigkeit, Abschweifungs- und Unterbrechungsstrukturen sowie selbstironische Formen im besten Sinne Schlegels ausprägen.

Haydns Musik wurde immerhin von den Romantikern und darin von dem Ironie-Vertreter schlechthin selbst erwähnt. Jean Paul beschreibt 1804/05 den massiven Eindruck, den Haydns Musik auf seine Figur Walt im Roman *Flegeljahre* machte: »Haydn [ließ] die Streitrosse seiner unbändigen Töne losfahren [...] in die enharmonische Schlacht seiner Kräfte. Ein Sturm wehte in den andern, dann fuhren warme nasse Sonnenblicke dazwischen, dann schleppte er wieder hinter sich einen schweren Wolken-Himmel nach und riß ihn plötzlich hinweg wie einen Schleier, und ein einziger Ton weinte in einem Frühling, wie eine schöne Gestalt. [...] / Walt [...] wurde durch das ihm neue Wechselspiel von Fortissimo und Pianissimo, gleichsam wie von Menschenlust und Weh, von

Gebeten und Flüchen in unserer Brust, in einen Strom gestürzt und davon gezogen, gehoben, untergetaucht, überhüllt, übertäubt, umschlungen und doch – frei mit allen Gliedern.«[33] Der Text umschreibt mehr als nur die Wirkung einer Musik auf den Hörer, er drückt das gesamte Spektrum existenzieller Wirkungsmacht der Musik in wenigen Sätzen aus. Dabei ist die Kippfigur in dieser Musik von Haydn (was immer es war) für den Hörer omnipräsent: Weinen und Frühlingsgefühle, Gebet und Fluch, Lust und Schmerz, laut und leise, gefangen und frei: ein unendliches Widerspiel entgegengesetzter Momente – und damit wiederum zutiefst ironisch. Man kann nur darüber spekulieren, aber denkbar ist durchaus, dass Jean Paul auf die Frage, ob manche Musik Haydns ironisch in seinem Sinne sei, mit »Ja!« geantwortet haben würde.

Inwieweit Mozart selbst schon als Romantiker gelten kann bzw. welchen Einfluss man seiner Musik auf die Formierung des Romantischen zuschreiben sollte, wird in einem eigenen Kapitel zu besprechen sein. Es lohnt aber abschließend der Blick auf ein bemerkenswertes humoristisches Phänomen in Beethovens Frühwerk, um die Frage nach einer möglichen Durchformung ironischen Komponierens im romantischen Sinne erneut an die Musik selbst zu richten. Beethovens Humor braucht in toto nicht besprochen zu werden, denn dass romantische Ironie in mehr als einer Zurichtung seine Musik durchzieht, ist schon bei Zeitgenossen Konsens und prägt die Forschungsliteratur zum Thema »Beethoven und der Humor« entscheidend mit. August Wilhelm Ambros war gar davon überzeugt, dass man ein »ganzes ästhetisches Lehrbuch über den Humor in der Musik« an einigen Werken wie der 8. Sinfonie entwickeln könne.[34] Und noch Franz Schubert irritierte das Wechselbad ironischer Brechungen in Beethovens Komponieren, wenn er 1816 festhält, dieser habe »das Tragische mit dem Komischen, das Angenehme mit dem Widrigen, das Heroische mit der Heuchlerei, das Heiligste mit dem Harlekin vereint«, er versetze »den Menschen in Raserey [...] statt in Liebe« und reize »zum Lachen [...], anstatt zum Gott« zu erheben.[35]

Aber schon die Anfänge von Beethovens Schaffen sind ironisch durchwoben, und hier ist analytisch durchaus noch einiges zu entdecken: Mehrere einstellige Opera der 1790er-Jahre enthalten Anklänge an Volkslieder oder Gassenhauer, die an exponierten Orten »versteckt« sind.

Man denke an das Coda-Thema im Schlusssatz der g-Moll-Cellosonate op. 5 Nr. 2 von 1796 (T. 279ff.), das durch die auftaktig gesetzte Quarte (*d-g*), den Rückfall in den Tonikaleitton (*fis*), den hüpfenden Aufwärtsrhythmus und die dreimalige Schlussrepetition an das weihnachtliche Kinderlied von Johann Friedrich Reichardt »Morgen, morgen wird's was geben« erinnert.[36] Schon im Presto-Finale des Es-Dur-Klaviertrios op. 1 Nr. 1 – und damit im ersten veröffentlichten Werk von 1795 äußerst prominent platziert – vermutete Alexander L. Ringer romantische Ironie, wenn chromatisch verminderte absteigende Dreiklänge ab Takt 298 der Reprise einen harschen Stimmungsumschlag und eine Destabilisierung bringen; auch der Beginn des Finales mit seinen auftaktigen Oktavsprüngen gilt ihm als »Rausschmeißer«, der gar die *Tritsch-Tratsch*-Polka von Johann Strauß vorwegnehme.[37] Setzt so ein ernsthaftes Finale eines Sonatenzyklus ein? Ja und nein, möchte man antworten und befindet sich damit bereits in ironischer Sprechweise. Kaum weniger ironisch funktioniert das Finale des G-Dur-Klaviertrios op. 1 Nr. 2, wenn dort das schenkelklopfende Seitenthema in flotten Staccato-Achteln ausgerechnet pianissimo und dolce vorgetragen werden soll.[38] Noch in den G-Dur-Variationen für Klaviertrio op. 121a, die wohl zwischen 1801 und 1803 erstmals notiert wurden, aber erst viel später 1824 im Druck erschienen, spielt Beethoven mit der Konfrontation einer dramatisch-elegischen g-Moll-Einleitung, die nach 46 Takten unvermittelt in ein plumpes Singspiel-Lied »Ich bin der Schneider Kakadu« aus den *Schwestern von Prag* von Wenzel Müller fällt. Die Liste ließe sich leichterhand fortsetzen: Ironische Konzepte sind Beethovens Musik als Denkform von Beginn an eingeschrieben, was umgekehrt freilich nicht heißt, dass alle seine Werke ironisch sind. Zu reich ist das Angebot an romantischen Modellen, zu perspektivenreich das, was sich daraus gestalten lässt.

Selbst wenn die bisherigen Beispiele deutlich gemacht haben, dass ein Katalog ironischen Komponierens aufgrund der Variabilität und Individualität der Anwendung ambiger Modelle um 1800 unmöglich zu erstellen wäre: Eine Figur wird ab den 1780er-Jahren immer wichtiger und in der Musiklehre von William Crotch von 1812 auch erstmals namentlich erwähnt: der Neapolitanische Sextakkord, ein Sextakkord der zweiten Stufe mit tiefalteriertem Grundton.[39] Zugleich ist er

Stellvertreter der (Moll-)Subdominante, wo nun statt der Quinte eine verminderte Sexte gesetzt wird. Tritt er in Dur-Kontexten auf, wird die Terz tiefalteriert. Crotch machte den Akkord in neapolitanischer Musik im Kontext der gleichnamigen Schule des 17. und 18. Jahrhunderts aus.

Weniger die dem Akkord ehedem zugeschriebenen barocken Affekte von Klage, Leid und Schmerz sind hier interessant, als vielmehr seine ambigen Qualitäten, die erst im späten 18. Jahrhundert ins Blickfeld rücken, ihn für die Romantik interessant machen und die Ernst Kurth treffend in den romantischen Begriff des »Spannungsakkordes« fasst.[40] Denn wenn der Neapolitaner im vierstimmigen Satz nicht in Sextakkord-Form, sondern grundständig auftritt, kann er auch eigenständig(er) gehört werden: In dem Fall wirkt er als individueller Akkord, in breiterer Ausformulierung gar als unabhängige Klangfläche, die durch die Lage auf der tiefalterierten zweiten Stufe zahlreiche weitere Tonräume – nicht nur, aber auch im chromatischen Umfeld, für das die Romantik eine große Neigung hat, man denke nur an das a-Moll-Rondo KV 511 – eröffnen kann. Zugleich weitet und lockert sich der tonale Zusammenhang merklich. Dies ist etwa in Beethovens *Appassionata*-Klaviersonate von 1806 der Fall, wenn zu Beginn gleich die erste Taktgruppe aus der Grundtonart f-Moll in die Tonart des Neapolitaners Ges-Dur gerückt wird und die harmonische Ambiguität zwischen subdominantischer Bezugnahme auf die Grundtonart und tonaler Autonomie die gesamte Komposition durchformt. Mozart gehört zu den ersten Komponisten, die den Neapolitaner nicht mehr nur als exponiertes Affektmittel für Schmerz oder als Variante für eine abwechslungsreichere Schlussgestaltung als harmonische Färbung einsetzen, sondern auch mitten im Satz für gezielte ironische Wirkungen. So etwa in seinem 1787 komponierten Lied *Als Luise die Briefe ihres ungetreuen Liebhabers verbrannte* KV 520, wo passenderweise zum Textabschnitt »er sang nicht mir allein« unter den zwei Worten »sang nicht« (T. 11) der Neapolitaner (*c-es-as*) mit einem Sprung in das hohe *es* pointiert auftritt (vgl. Notenbeispiel 21 auf Seite 213). Diese Wendung steht noch mit einem Bein in barocker Schmerzensgestik, mit dem anderen schon in der romantisch subtilen Wahl eines zweideutigen Akkordes für die Vertonung des Singens und zugleich Nicht-Singens

Notenbeispiel 21
Wolfgang Amadé Mozart, *Als Luise die Briefe ihres ungetreuen Liebhabers verbrannte* KV 520, 1787, T. 10–12

zu den beiden Worten »sang nicht«. Noch klarer wird Mozarts Handhabung des Neapolitaners in seinem A-Dur-Klavierkonzert KV 488 im Adagio: Über zwei Takte (9 und 10) und eine ganze Oktave dehnt er den Neapolitaner genüsslich aus, motivisch als thematische Wiederholung getarnt, die im Oktavenverlauf ohne Konsequenzen bleibt und kurz darauf das Klavier nach elf Takten auslaufen lässt (T. 12, vgl. Notenbeispiel 22 auf Seite 214). Der Neapolitaner wird somit zum ambigen Zielpunkt der thematischen Passage.

Der wohl bekannteste Neapolitaner in der Klaviermusik vor 1810 findet sich am Beginn vom Beethovens *Mondscheinsonate* cis-Moll op. 27 Nr. 2. An ihrer nächtlich romantischen Atmosphäre hat der neapolitanische Akkord (*fis-a-d*) zu Beginn maßgeblichen Anteil, klanglich schwebt er zwischen fis-Moll und D-Dur (T. 3, zweite Zählzeit, vgl. Notenbeispiel 23 auf Seite 215). Dabei wird die Eigenständigkeit von D-Dur durch den vorausgehenden Tonikagegenklang (A-Dur) betont, der dominantisch gehört werden kann, während die subdominantische Farbe fis-Moll im folgenden Kadenzzusammenhang dominiert (es folgen ein Dominantseptakkord und die Tonika cis-Moll). Der Akkord schaut also im Notentext in zwei Richtungen, wie ein Januskopf, in der zeitlichen Abfolge kippt er von einer Bedeutung in die andere. In diesen vielseitigen Modellierungen harmonischer Kippfiguren liegen die Wurzeln für die romantische Karriere, die der Neapolitaner von den Klavierwerken Frédéric Chopins über Wagners *Tristan* und Gustav Mahler bis hin zu John Williams' Filmmusik machen wird.

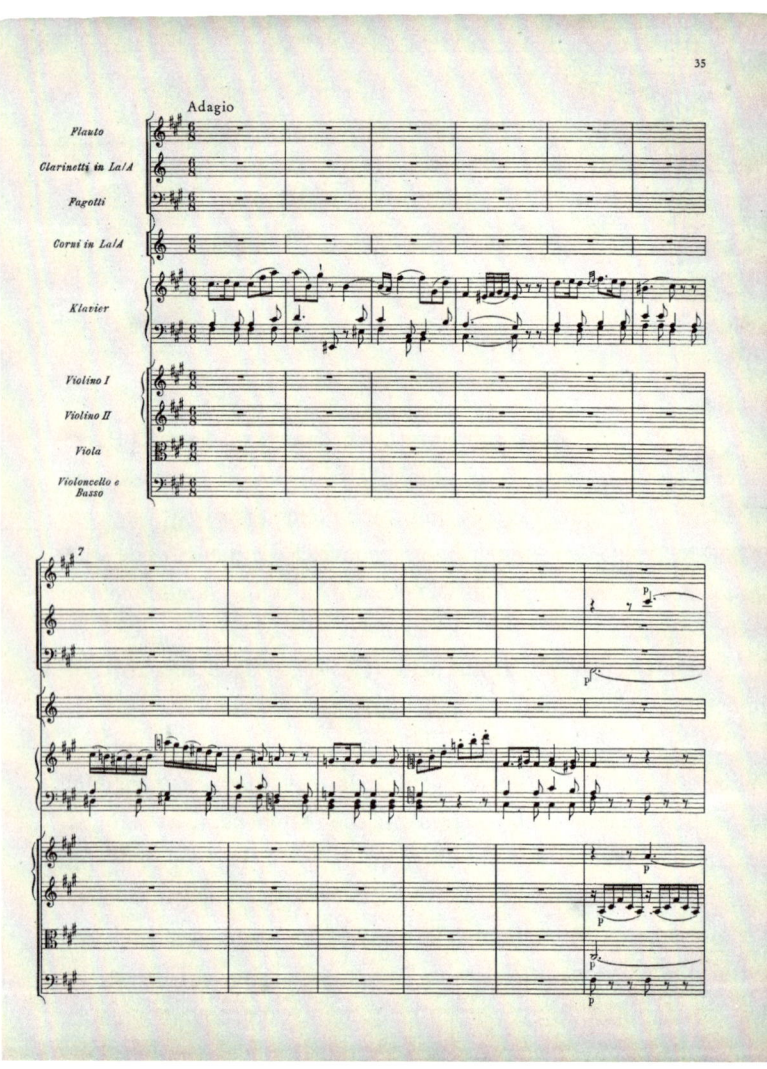

Notenbeispiel 22

Wolfgang Amadé Mozart, Klavierkonzert A-Dur KV 488, Adagio, 1786, T. 1–12

Bärenreiter-Verlag

Adagio sostenuto

Notenbeispiel 23

Ludwig van Beethoven, Klaviersonate cis-Moll op. 27 Nr. 2, 1801, T. 1–7

12. Mozart – ein Romantiker?

Mehrfach ist in den bisher untersuchten Textdokumenten Mozart als Zentralfigur sichtbar geworden, die aus ganz unterschiedlichen Gründen für die Zeit um 1800 prägend wurde. Nicht selten fiel dabei der Begriff des Romantischen, und nur wenige Jahre später wird E. T. A. Hoffmann in seiner berühmten Beethoven-Rezension vom Juli 1810 Mozart erneut als Frühromantiker und somit als Vorläufer der Romantik Beethovens bezeichnen – ein Text, der uns im letzten Kapitel noch beschäftigen wird und als terminus ante quem unsere Betrachtungen chronologisch beschließt. Es erscheint insofern konsequent, nochmals darauf aufmerksam zu machen, wie sich in dieser Figur brennspiegelartig zahlreiche Aspekte des Romantischen bündeln lassen, wie wichtig dieser Komponist für die literarische Romantik war, aber auch und vor allem, wie sehr seine Werke und ihre bemerkenswerten Neuerungen Angebote machten, in ihnen etwas Neues, eine neue Art des Komponierens jenseits regelpoetischer Normen und Modelle zu erkennen und bestätigt zu finden. In einem ersten Schritt sind daher noch einmal zeitgenössische Mozart-Deutungen um 1800 in den Blick zu nehmen und auf ihre Aspekte zuzuspitzen, und in einem zweiten Schritt wollen wir näher auf einige Werke eingehen.

Wenige Jahre nach Mozarts Tod veröffentlichte Christian Friedrich Michaelis 1795 seine Abhandlung *Ueber den Geist der Tonkunst*, ein Kapitel darin befasst sich mit der *Unbestimmtheit des musikalischen Ausdrucks*.[1] Er bezieht sich auf eine fünf Jahre alte Ästhetik Karl Heinrich Heydenreichs, aus der er zustimmend zitiert, dass Unbestimmtheit in der Kunst zentral und unverzichtbar sei, und verwehrt sich gegen eine rein vernünftig argumentierende Kritik an dieser Unbestimmtheit.[2]

Diesen Texten ist die Umbruchszeit, also das Eindringen Fichte'scher Subjektphilosophie in die Kant'sche Vernunftphilosophie (bei aller unzulässigen Verkürzung dieser Aussage) anzumerken, ja, es wird sogar argumentiert, dass »Vernunft und Sittlichkeit« eben diese »unnennbaren Gefühle« bräuchten, um Wirkung zu entfalten.[3] Vernunft braucht Gefühl und umgekehrt, sagt Michaelis und mündet am Ende des Kapitels in die Erklärung, ideal habe Mozart dieses Grundbedürfnis künstlerisch umgesetzt: »Sehr glücklich verband der unsterbliche A. W. Mozart den innigsten Gefühlsausdruck mit der kunstvollsten Symmetrie in den sogenannten Nachahmungen, harmonischen Umkehrungen und dgl. Aeußerungen seines musikalischen Tiefsinns.«[4] Mozart als Poet des Unbestimmten in der Musik, freilich noch an Regeln gebunden: eine Perspektive, die Michaelis in seinen ästhetischen Schriften und Rezensionen immer wieder einnimmt und damit Mozart als prägende Figur des vorausweisend Neuen in der Musik herausstellt. Dass Michaelis dieses Unbestimmte nicht konkret musikalisch exemplifiziert, ist ihm kaum vorzuwerfen. Er bewegt sich damit einerseits in den argumentativen, eben begriffslosen Grenzen des Romantischen ebenso, wie es ihm (in diesem Text) primär um die ästhetische und weniger die analytische Validierung seiner Ideen zu tun ist.

Zwei Jahre später, 1797, entwirft Ernst Ludwig Gerber einen Artikel »Mozart«, der für sein *Neues Lexikon der Tonkünstler* gedacht war, aber aus verschiedenen Gründen, vor allem der Verzögerung des Lexikonprojektes wegen, nicht sofort publiziert wurde. Gerber hatte bereits 1790 bis 1792 ein zweibändiges Tonkünstler-Lexikon herausgegeben, in dem Mozart mit einem kurzen Artikel gewürdigt wurde. Dort konnte man immerhin schon lesen, »daß es einem ungeübten Ohre schwer fällt, ihm in seinen Werken nachzufolgen. Selbst geübtere müssen seine Sachen mehrmals hören.«[5] Das Irritationspotenzial Mozart'scher Musik war offenbar schon den späten 1780er-Jahren bemerkt worden. Nach Mozarts Tod machte sich Gerber 1797 an eine grundlegende Überarbeitung seines Mozart-Artikels und schrieb große Teile neu. Er veröffentlichte den Text erst in der Neuauflage seines Lexikons 1814, aber 1805 wurden Auszüge des Artikels in der *Allgemeinen musikalischen Zeitung* veröffentlicht.[6] Darin kommentiert der Autor seine Intention, den Artikel zu publizieren, weil sich das Lexikon-Projekt noch verzögere, es aber eile, weil man zu Mozart dringend etwas zu sagen habe. Der Text ist aufschlussreich, weil er Mozarts Irritationspotenzial noch weiter und tiefer reflektiert. Gerber ist dabei kein Mozart-Anhänger, ganz im Gegenteil bezeichnet er Mozarts Komponieren als nicht unproblematisch, erkennt indes auch seine Genialität. Das beginnt mit der Bemerkung, Mozart sei »zu früh auf dem Schauplatze und zu früh wieder« abgetreten, und das, »was er uns bei seinem kurzen Verweylen auf der Erde gab, [war] groß und erhaben genug, um öfters an das Unbegreifliche zu gränzen.«[7] Und während man vor Mozarts Wirken noch Grundsätze im Komponieren geachtet habe, habe Mozart diese durch seinen Freiheitssinn verdrängt. Ja, mehr noch – Mozart erschien vielmehr wie ein Wirbelsturm auf dem Parkett des Komponierens, ja geradezu wie der Komtur auf seiner eigenen Bühne: »Und noch schritten die Künstler mit Fleiß und Thätigkeit ruhig auf diesem sichern und geraden Wege der Kunst fort und näherten sich ihrer Vollkommenheit, nach den Gesetzen der Natur, zwar langsam, aber auch umso sicherer und wirksamer, als plötzlich Mozart erschien, und die die Sprünge seines Genies eine so allgemeine Revolution in dem Kunstgeschmacke bewirkte.«[8]

Mozart als Kunstrevolutionär, als Freiheitsdenker, als Neuerer und Umstürzler – ein beinahe napoleonisch klingendes Vokabular, das wir aus unserer heutigen Perspektive, die Beethovens Schaffen und Wirken notwendig einschließt, als mindestens ungewöhnlich empfinden. Aus der Perspektive der Zeitgenossen um 1800 jedoch, und dies kann nicht oft genug betont werden, war Beethovens revolutionärer Gehalt noch nicht aktuell, seine Ablösung Mozarts als Neuerer und Umstürzler noch nicht erkannt, seine Werke, die dies am greifbarsten versinnbildlichten, wie etwa die 3. oder die 5. Sinfonie, noch nicht geschrieben. Interessant ist zudem, dass Gerber (Jahrgang 1746) Mozarts Komponieren als Zuviel, als Überforderung versteht, er spricht wörtlich sogar (1805) von einer »Uebersättigung«[9] seiner Zeit mit mozartisch inspirierter Musik. Er sehnt sich nach der wahren, verstandesgeleiteten Musik – vielleicht seiner Jugend – zurück und distanziert sich damit deutlich von Michaelis, der wie Beethoven 1770 geboren wurde und damit die Generation der (literarischen) Romantiker repräsentiert. Gerber bleibt stattdessen skeptisch: »Nach diesen Bemerkungen kann man meines Erachtens beurtheilen, ob uns Mozarts dramatische Werke wirklich völligen Ersatz für alle das Gute erstatten, was durch seine bewirkte Revolution in Deutschlands musikalischem Geschmacke auf einmal fade und ungeniessbar wurde.«[10] Gerber hat seine Meinung später auch nicht mehr geändert – der Zeitungsartikel ist beinahe eins zu eins in den Lexikonband von 1814 übernommen worden, nun immerhin zu einer Zeit, wo man sich bereits über Beethovens Komponieren im selben Maße zu ärgern begann und E. T. A. Hoffmanns einflussreiche Beethoven-Deutung, die ihn als romantischen Überbieter Mozarts installierte, längst erschienen war.

Aufschlussreich ist ebenfalls ein Text von Friedrich Rochlitz, der 1800 – also drei Jahre nach Gerbers Artikel – einen kunstübergreifenden Vergleich *Rafael und Mozart* vorlegt.[11] Der Text hat mit seiner komparatistischen Methodik und romantischen Interpretation eine weitreichende Wirkungsgeschichte entfaltet, die uns hier aber weniger interessiert als Rochlitz' Inszenierung beider Künstler als freie Geister, die sich in ihrer Kunst aus Normen und Zwängen befreit hätten. Mag dieses Narrativ von zwei genialischen, nach Aussage Rochlitz' zudem optisch höchst attraktiven Wunderkindern, die sich gegen widrige äußere Umstände wehren müssen, noch genieästhetischen Konzepten der Spätaufklärung folgen, so ist ein anderer Akzent des Textes, der an unsere obigen Bemerkungen anschließt, umso bemerkenswerter: Mozart habe zwar die Auseinandersetzung mit der Geschichte – konkret: in Form der Werke Johann Sebastian Bachs – gesucht, doch habe das »Düstre« der Werke Bachs eher einen negativen Effekt auf Mozarts Komponieren gehabt, somit wurde der frühe Mozart »rauh, abentheuerlich, bizarr verworren«.[12] Sodann habe er sich davon befreit und ganz eigene »theils poetische, theils artistische [...] Ideen« entwickelt und erfunden, die ihn aber umso mehr als Ausnahmeerscheinung, die quer zu ihrer Zeit steht, wirken lassen.[13] Rochlitz formuliert bekanntermaßen (das Zitat sei hier nochmals wiederholt): »Gar manche seiner vollen Kompositionen sind überfüllt, seine Ausweichungen nicht selten bizarr, seine Uebergänge oftmals rauh, selten schreibt er wehmütig, ohne einzelne durchscheinende Züge geheimen Ingrimms – was sich durch Worte nicht wohl beschreiben, aber sogleich empfinden lässt; selten schreibt er zärtlich, ohne schmerzendes Erseufzen unter gepresster Spannung.«[14] Hier wird eine romantische Kippfigur ausformuliert. Erneut wird Mozarts Musik ein Zuviel, eine Überforderung, Bizarrerie und Unmittelbarkeit attestiert – sie wird als Überwältigungsmusik im besten romantischen Sinne verstanden, changierend zwischen Wehmut und Zorn, Zärtlichkeit und Schmerz. Dieses Verständnis ist bei Rochlitz an der Musik selbst, in der Begegnung und Auseinandersetzung mit ihr entstanden und kein Ergebnis philosophischer Abstraktion und Deutung. Seine etwa zeitgleich über Mozart publizierten Anekdoten, die für die frühe Mozart-Rezeption bedeutend wurden, erklären sich entweder aus dieser Überforderung in der ungeschützten Begegnung mit der Mozart'schen Musik oder doch aus einem romantisch gestimmten Verständnis für diese Musik, das das Ironische in eine literarische, eben anekdotische Form bringt, um sich dem Komponisten dadurch intensiver zu nähern, als es eine klassische Biographie vermocht hätte.[15] Rochlitz, Jahrgang 1769, gehörte zur Romantikergeneration.

Johann Carl Friedrich Triest ist nur wenige Jahre älter, und als er 1801 auf das 18. Jahrhundert resümierend zurückschaut, kann er feststellen, dass sich die Musik »in Deutschland« enorm entwickelt habe, so sehr, dass er sich angeregt fühlt, Personen, aber auch »Umstände« zu thematisieren, die dazu geführt haben: »Wenn man das letzte Fünftheil oder Zehntheil des vergangenen Jahrhunderts mit Einem Worte charakterisieren wollte, so ließe sich dazu vielleicht kein besseres finden, als das Wort ›Gährung‹«.[16] Antrieb dieser Gärung ist Mozart, auf den die Argumentation als »größter Theaterkomponist«[17] zuläuft, und diese mündet wiederum in eine Eloge auf den *Don Giovanni*. Das Werk sei in jeglicher Hinsicht ein Paradebeispiel für ideale Charaktervermischung (vgl. Abbildung 13 auf Seite 221), dabei aber »unverkennbar und mit immer währender Haltung« von Mozart komponiert worden.[18] Abschließend heißt es, Mozart sei »einer der größten *poetischen* (oder *musikalisch-poetisierenden*) Tonkünstler, den Deutschland im Vorigen Jahrhundert sah.«[19] Triest reiht sich mit Michaelis und Gerber damit in eine Gruppe von Autoren ein, für die Mozart fraglos romantisch

Don Juan.

Abbildung 13
Eine Figur, viele Gesichter. Kostümskizzen zum *Don Giovanni / Don Juan*,
kolorierte Lithographie, 19. Jahrhundert
Privatbesitz

komponierte: Johann Friedrich Reichardt rühmt 1803 Mozarts »romantische Kunst«,[20] nennt seine Musik 1805 »genialisch romantisch«[21] und bedauert, dass sich die Romantik in Berlin – wo Mozarts Opern Erfolge feiern – noch nicht vollends durchgesetzt habe. E. T. A. Hoffmann bezeichnet Mozart – nicht in der Beethoven-Rezension, sondern andernorts – als den »unnachahmliche[n] Schöpfer der romantischen Oper«,[22] eine Formulierung, die sich auch schon 1803 in einer anonymen Rezension[23] finden lässt. Und selbst der Beethoven-Apologet Adolf Bernhard Marx erinnert sich in seiner Autobiographie an seine frühen Begegnungen mit Mozart in Weimar vor allem an »unmittelbares Empfinden«.[24] Wollte man die Bezüge der literarischen Romantik auf Mozart noch ergänzen – wie sie etwa Jean Pauls *Titan* von 1800 durchziehen, wo »sich hinten in den zugelaubten Abend-Ländern der Insel die ewige Ouvertüre aus Mozarts Don Juan wie ein unsichtbares Geisterreich langsam und groß in die Lüfte«[25] erhob – weitet sich die Liste der Romantik-Zuweisungen quantitativ, nicht aber qualitativ. Mozart war für Musikkenner und Musikfreunde jener Komponist, auf den die Bezeichnung »romantisch« in ihrer neuen poetisierenden, unmittelbaren, ironischen, fantastischen und kippfigurartigen Form am häufigsten und vielseitigsten angewendet wurden. Es mag genügen, hier erneut an die vielen, in vorangegangenen Kapiteln zitierten Dokumente der Zeitgenossen um 1800 zu erinnern.

Wie schon bei Gerber, ist auch bei anderen Autoren ein Reagieren auf eine zeitgenössische Mozart-Kritik spürbar, die Gerber selbst mitträgt, der andere Autoren indes mit Unverständnis begegnen. Dies zeigt die Dynamik des zeitgenössischen Mozart-Bildes, ebenso die im Folgenden zu diskutierenden Kritikpunkte an seiner Musik, die die jüngere Generation der um 1770 Geborenen als inspirierend und produktiv empfand, an der die ältere Generation jedoch manches als irritierend und fehlgeleitet auszusetzen hatte. Dieter Demuth hat 1997 die verschiedenen Felder des kritischen Mozart-Bildes zwischen 1785 und 1860 untersucht.[26] In der frühen Phase um 1800 sind dies: erstens mangelnde Einheit und unzulässige Vermischung des Stils, vor allem in den Opern, zweitens zu große Mannigfaltigkeit in den Mitteln und drittens zu intensiver Gebrauch der Blasinstrumente. Die ersten beiden Punkte sind bereits des Öfteren in diesem Buch Thema gewesen. Neu und überraschend mutet der dritte Punkt an. Tatsächlich aber zieht sich die Kritik an Mozarts Verwendung der Blasinstrumente von frühen Beobachtungen des Jahres 1788 bis weit in das 19. Jahrhundert als Konstante eines Mozart-Bildes durch die Dokumente. Doch was war es genau, das daran so irritierte?

Zunächst einmal ist der zweite Punkt damit verwandt, denn die Kritiker betonen stets, Mozart habe die Blasinstrumente zu »mannigfaltig« eingesetzt. So schreibt Adolph von Knigge 1788 zur *Entführung aus dem Serail*: »[S]odann ist der Tonsetzer zu geschwätzig mit den Blas-Instrumenten gewesen. Statt daß diese nur den stärkern Nachdruck, da so es nöthig ist, der Melodie geben, und die ganze Harmonik unterstützen sollten; so verdunkeln sie [bei Mozart] oft jene, und verwirren diese, unterdrücken den schönen einfachen Gesang, und stöhren den Sänger im Vortrage.«[27] Bläserstimmen werden also nicht mehr als harmonisches Fundament oder melodische Stütze, sondern so eigenständig geführt, dass sie dem Gesang Konkurrenz machen und die hierarchischen Strukturen und Eindeutigkeiten des musikalischen Satzes verunklaren. Michaelis schlägt 1805 in dieselbe Kerbe, indem er einen ganzen Artikel dem »Missbrauch der Blasinstrumente der neuern Musik« widmet.[28] Darin beklagt er in der Weiterentwicklung Haydns und Mozarts in der neuen Musik seiner Tage eine geradezu »verschwenderisch[e] und oft ganz zweckwidrig[e]« Nutzung der Blasinstrumente, vor allem in ihrer orchestralen Aufwertung gegenüber den Streichinstrumenten. »Die Saiteninstrumente haben, je weniger sie sich den Blasinstrumenten nähern, um so mehr Fähigkeit, uns die reine Form der Musik, mithin den reinern ästhetischen Genuss zu geben, bey welchem wir nicht leicht ermüden. Die Blasinstrumente haben hingegen in ihren Tönen zu viel Reiz, zu viel die blos sinnliche Empfindung Aufregendes und Ausfüllendes; sie mischen mehr Materielles in unser Vergnügen, dessen wir auch leichter überdrüssig werden.«[29] Erneut ist die Überreizung, Verwirrung, Überforderung Thema, das Orchester wird zu groß, die Bläser werden zu stark besetzt, sie wirken zu unmittelbar auf den Hörer. Hier werden Mozart und Haydn als Initiatoren einer unguten Entwicklung gesehen.

Es hat bis weit in das 19. Jahrhundert gedauert, bis sich diese Perspektive auf Mozarts Bläserbehandlung in eine tendenziell positive wandelte, ohne dass das Irritationspotenzial ganz verschwand.[30] Man kann sich diesen Wandel gut an der Rezeptionsgeschichte von Mozarts Klarinettenquintett KV 581 vergegenwärtigen, einem Kammermusiktypus, der von Mozart begründet wurde, indes aufgrund seiner ungewöhnlichen Besetzung lange keine Nachahmer fand. Erst als mit den Klarinettenquintetten Carl Maria von Webers und schließlich Johannes Brahms' einflussreiche Nachfolgewerke vorlagen und die Klarinette als Orchester- und Soloinstrument fest etabliert war, begriff man rückwirkend das unerhört Moderne an Mozarts Erstlingswerk. Schauen wir uns einige auffällige Aspekte des 1789 komponierten Kopfsatzes bezogen auf das Verhältnis von Streichern und Klarinette genauer an.

Die ungewöhnliche Kombination, man könnte auch kritisch sagen: die Distanz der beiden Instrumentengattungen schlägt sich bereits in der Gestalt des ersten Themas nieder (vgl. Notenbeispiel 24 auf Seite 226). Hier werden heterogene klangliche Charaktere in eine thematische Einheit bei unterschiedlicher Phrasenlänge von sechs zu zwei Takten gesetzt: einem homophonen (!) Beginn des polyphonen Idealtyps des Streichquartetts folgt eine solistische und räumlich ausgreifende Akkordbrechung der Klarinette als gestischer Gegenentwurf; beides wiederholt sich. Die Klangsphären beider Instrumente bleiben bewusst getrennt, die Konzepte von Vorder- und Nachsatz und ihrer Kadenzierung ungleich verteilt, indem die Streicher den Hauptteil (sechs Takte) übernehmen, die Klarinette nur die zweite Kadenz (zwei Takte) zugewiesen bekommt. Der Beginn wirkt vielmehr wie ein Frage- und Antwort-Spiel, wie ein ironisches Echo. Die anschließende Überleitung faltet das Streichquartett zwar sukzessive polyphon auf, von einem engen kammermusikalischen Wechselspiel mit der Klarinette kann indes noch immer keine Rede sein, sie bleibt separat geführt. Erst das Cello greift ab Takt 26 die Melodie der Klarinette (T. 19ff.) auf, ab Takt 35 pendelt zumindest das Kopfmotiv zwischen Klarinette und erster Geige. Die Überleitung mäandert zwischen den Instrumenten hin und her, in der Klarinette werden schließlich nur noch Tonleitern gespielt, und der Satz gerät in Takt 41 mit einer Generalpause dann ganz ins Stocken. Auch die Formulierung des gemeinsam zu entwickelnden Seitenthemas ab Takt 42 benötigt in der Violine mehrere melodische Anläufe (T. 42, 44 und 46), während zweite Violine und Viola in monotonen Haltetönen steckenbleiben. Erst wenn die Klarinette ab Takt 49 das Seitenthema aufgreift, erhält es Kontur, steht allerdings überraschenderweise in e-Moll statt E-Dur, schert also wiederum aus. Guido Adler fand diesen Moll-Einsatz des lyrischen Seitenthemas derart bemerkenswert, dass er ihn als »Heroldsruf der Romantik«[31] bezeichnete. Irritationen sind auch im weiteren Satzverlauf zahlreich. Genannt seien die Durchführung, die mit einer stockenden Figur beginnt und endet, oder auch die stark veränderte Reprise, die immer wieder Ungewissheitsmomente bereithält, spätestens, wenn ganz am Schluss der homophone Satzbeginn zu einer akkordisch flirrenden Klarinette wieder aufgerufen wird. Dieses rekursive Moment verweist ebenso auf das distanzierte Beginnen zwischen den Instrumenten zurück wie es im romantischen Sinne als unendlich zu denken ist; das Stück könnte also einfach wieder von vorn beginnen. Die Irritation der Zeitgenossen lässt sich heute, da dieses Werk zum etablierten Konzertrepertoire gehört, kaum mehr nachvollziehen. Die Klarinette ist uns durch unser von Musik des 19. Jahrhunderts geschultes Ohr so vertraut, dass die Behauptung, hier würde sie mit den Streichern kollidieren, geradezu befremdlich anmutet. Dass die neuen Wege, die Mozart mit diesem Werk 1789 beschreitet, nicht nur einfach thematischer und formaler Natur sind, sondern dass das Stück seine Neuerungsenergie genau aus jener klanglichen Reibung bezieht, der es seine neue Struktur überhaupt erst verdankt, liegt indes offen zutage.

Kontrastreichtum und Vielfältigkeit – also Elemente, an denen sich ebenso Kritik entzündete – kennzeichnen jenes Stück, mit dem Mozart wohl am meisten Einfluss auf die romantischen Literaten genommen hat, in dem er am deutlichsten das junge frühromantische Empfinden beeinflusst hat: *Don Giovanni*. Das unmittelbare, geradezu existenzielle Berührtsein von dieser Musik lässt sich in zahlreichen Quellen belegen, von denen schon mehrere, etwa von E. T. A. Hoffmann, zitiert wurden, der die Musik 1795 als »allumfassend«[32] beschrieb. Vor allem die berühmte Komturszene taucht in zahlreichen Dokumenten als Ausweis

Notenbeispiel 24

Wolfgang Amadé Mozart, Klarinettenquintett KV 581, 1789, T. 1–15

des romantisch Schauerlichen, Unheimlichen und Sinnlichen auf, als erschütternde Verklanglichung von Welt und Gegenwelt, Fremd- und Selbstbestimmtheit, Menschheit und Schicksal. Das Reale und das Imaginäre sind nicht mehr zu entwirren, man möchte dieses Stück als Parallele zu mancher frühromantischen Literatur lesen, die später mit dem Begriff der »Schwarzen Romantik« bezeichnet worden ist, eine Literatur, in der Figuren mit Gegenwelten ringen, wo äußerliche Schicksale und innere Bestrebungen kollidieren, wo geheime Mächte am Wirken sind. Hier, im *Don Giovanni*, bricht auch am Ende etwas von außen in die Innenwelt und zugleich in die Realität ein, erwartet, aber doch überraschend, und eingekleidet in einen großen aufgefalteten, spannungsreichen Orchesterklang wurde dieses Werk mit diesem Schluss von nicht wenigen Zeitgenossen als Gründungsdokument der romantischen Oper überhaupt verstanden.

In den Berichten zum *Don Giovanni* ist wiederholt von Poetik, von »Sprache, die er [Mozart] musikalisch behandelt«, die Rede.[33] Musikrezensenten wie Bernhard Anselm Weber sahen sich der Musik geradezu romantisch schaudernd ausgeliefert, wenn er schon 1792 schreibt: »Unaufhörlich wird man ohne Ruhe und Rast von einem Gedanken zum andern gleichsam fortgerissen, so daß die Bewunderung des letzten beständig die Bewunderung aller vorhergehenden in sich verschlingt, und man mit Anstrengung aller seiner Kräfte kaum die Schönheiten alle fassen kann, die sich der Seele darbieten.«[34] Ihm sträuben sich die Haare, er ist erschüttert und bezaubert zugleich. Und Karl Ditters von Dittersdorf berichtet von einem Gespräch mit dem Kaiser, der ihn gefragt habe: »Was sagen Sie zu Mozarts Komposition? Ich [Dittersdorf]: Er ist unstreitig eins der größten Originalgenies und ich habe bisher noch keinen Komponisten gekannt, der so einen erstaunlichen Reichtum von Gedanken besitzt. Ich wünschte, er wäre nicht so verschwenderisch damit. Er läßt den Zuhörer nicht zu Atem kommen; denn kaum will man einem schönen Gedanken nachsinnen, so steht schon wieder ein anderer herrlicherer da, der den vorigen verdrängt, und das geht immer in einem so fort, so daß man am Ende keine dieser Schönheiten im Gedächtnis aufbewahren kann.«[35] Und als der *Don Giovanni* in Paris 1805 erstmals aufgeführt

Notenbeispiel 25

Wolfgang Amadé Mozart, *Don Giovanni*, Finale des ersten Aktes, 1787, T. 456f.

wird und durchfällt, führt der Berichterstatter dies auf den »Pariser Theaterfreund« und dessen seltsamen Geschmack zurück, denn das »eigentlich Romantische« sei in Paris nicht so gut angesehen.[36] Gleichzeitig lässt er sich – bei aller ironischen Prägung des Textes – selbst auch gern einmal überwältigen: »Als in dem Final[e] die Allgewalt der Musik und alle der magische Apparat auf mich eindrang, versagten mir die Kräfte, meine Kniee wollten sinken, ich war mir meiner nicht mehr bewusst, mir war als sollt' ich sterben.«[37] Noch romantischer formulierte es E. T. A. Hoffmann in einer halbfiktiven Erzählung, in der die Hauptfigur den *Don Giovanni* geradezu als Erweckungserlebnis erfährt: »Es war, als ginge eine lang verheissene Erfüllung der schönsten Träume aus einer anderen Welt wirklich in das Leben ein; als würden die geheimsten Ahnungen in Töne fest gebannt und müssten zur wunderbarsten Erkenntnis seltsamlich gestalten.«[38]

Das dauernde Changieren zwischen lyrischer Sehnsucht, fantastischen und dunklen Passagen, ernster und komischer Oper, Traditionsverbundenheit und Innovationen lässt sich – über das Finale hinaus – an vielen Passagen der Oper zeigen, etwa am Schluss des ersten Aktes. Beginnend mit dem feierlichen Ausruf Don Giovannis »Viva la libertà!« erklingen hier drei Tänze gleichzeitig: ein Menuetto im 3/4-Takt (aristokratisch, im in der Partitur unten liegenden Orchester 1), eine Contradanza im 2/4-Takt (halb aristokratisch, halb bürgerlich, im Orchester 2 in der Mitte) und ein »Teitsch« im 3/8-Takt (ländlich, bäuerisch, im Orchester 3 ganz oben). Die Stilmischung impliziert eine soziale Mischung, an der man sich freilich stoßen konnte. Weit wichtiger ist indes, dass Mozart alle drei Tänze gleichzeitig ablaufen lässt und dadurch eine bemerkenswerte Konfliktmetrik entsteht (vgl. Notenbeispiel 25 auf Seite 228).[39] Nachdem Don Giovanni verkündet hat, dass die Freiheit hochleben solle, beginnen die drei Tänze in Takt 456, zu kollidieren. So klar sie einzeln auch ausformuliert sein und soziale Zuordnungen zeigen mögen, so wenig funktionieren sie im Zusammenklang. Zu dieser proklamierten »libertà« kann niemand mehr tanzen, das Tanz-Quodlibet ist vielmehr eine romantische Kippfigur par excellence und womöglich als solches ein Symbol neuen, freien Komponierens.

Weniger auf der Ebene der Überblendung, Überforderung oder Überwältigung, denn auf der lyrischen Ebene der Verinnerlichung kann ein letztes Musikbeispiel Mozarts zum Nachdenken über romantische Prägungen und Potenziale anregen, sein 1787 komponiertes Lied *Abendempfindung* KV 523. Wohl kaum wird ein uninformierter Hörer bei einer ersten Begegnung mit diesem Lied Mozart als Urheber vermuten, eher vielleicht Schubert oder Schumann. Dazu trägt nicht nur der Text des zeitgenössischen Dichters Joachim Heinrich Campe bei, der mit den Topoi »Mond«, »Abendstimmung« oder auch »stille Ahnung« durchaus romantische Angebote macht, wobei der Grundklang der Todessehnsucht noch eher aufgeklärt empfindsam und nicht gebrochen ist. Die 112-taktige, durchkomponierte Vertonung zeichnet sich durch höchste dynamische Zurückhaltung aus, es gibt keine Fermate, kein Ritardando, Vorzeichnungen wie Piano, Forte, Crescendo und Decrescendo sind selten. Harsche Modulationen fehlen ebenso wie tonmalerische Aspekte: Immerhin könnte man das »Entflieh'n des Lebens« (T. 13f., vgl. Notenbeispiel 26 auf Seite 231) in den absteigenden Dreitonsequenzen erkennen oder die »Thräne« in der Abwärtsbewegung fließen sehen (T. 29), das ist wohl Ansichtssache. Das Lied zeichnet sich vielmehr durch eine zunehmende Intimität aus, einen sukzessiven Rückzug von der Ansprache im Plural (»o Freunde«, »Ihr«) in der ersten Hälfte hin zum geliebten »Du« in der zweiten Hälfte. Hans Georg Nägeli hat darin später einen »höhere[n] Liedstyl« vermutet, eine »Polyrhythmie aus Sprach-, Sang- und Spielrhythmus« sehen wollen.[40] Was immer das genau meint – richtig ist, dass Mozart hier in eine verhaltene, abschattierte musikalische Sprechweise und in leise (nicht laut) voranschreitende Chromatik abtaucht. Schmerz wird inwendig, nicht expressiv vertont, es wird nicht gestorben, es wird geahnt. Bemerkenswert ist, dass das lyrische Subjekt aller Wahrscheinlichkeit nach eine Frau ist – sie spricht dem Mann Mut zu, er solle sich nicht schämen, zu weinen, wenn es so weit sei, und möchte die Träne als Perle in ihrem Diadem tragen. Das Lied ist also keineswegs ein autobiographisches Trauerbekenntnis oder ein vorausschauendes Todesgefühl, sondern ein weiblicher, lyrischer Trauerakt in romantischem Gestus.

Notenbcispiel 26

Wolfgang Amadé Mozart, *Abendempfindung* KV 523, 1787, T. 1–26

Bärenreiter-Verlag

Ist Mozart nun ein Romantiker? Man wird ihm schwerlich Romantisches in den Mund legen können, auch wenn dies bisweilen versucht worden ist.[41] Mozart ist kompositorisch, wie vor ihm Haydn und nach ihm Beethoven, noch vielfach im »klassischen Stil«, wie Charles Rosen sagen würde, in einem satztechnischen Fundus gefestigter kompositorischer Mittel und Modelle verwurzelt, der sich vor allem regional in Wien und historisch in der Aufklärung verorten lässt. Das ist nicht wegzudiskutieren, sei es in thematisch-motivischer, formaler oder harmonischer Hinsicht, wo selbst in Lizenzen noch im Hintergrund die Regel als konstitutiv durchscheint. Diese Mittel und Modelle bilden die regelpoetische Matrix, in der sich das Komponieren um 1800 in Wien ereignet, sie bleiben aber auch wirksam, wenn Brahms sich 70 Jahre später daranmacht, eine Sinfonie zu schreiben, und dass Gustav Mahler um 1900 so ganz ohne Formenstrenge und Regelwerk seine Sinfonien komponierte, wird man auch nicht sagen wollen. Sind diese also auch Klassiker? Man muss sich fragen, ob eine diachrone Matrix, die derart dehnbar ist, als Deutungsrahmen überhaupt noch greift, oder ob nicht vielmehr das, was das Regelwerk ausmacht, an dem man sich noch lange festhalten wird, eine musikalische Basisgrammatik ist, die das Funktionieren von Musik in dieser Zeit garantiert – wie eine literarische Grammatik die Kommunikation regelt, also ihren Form- und Sinnzusammenhang stiftet – und dafür sorgt, dass die Musik an mehr als nur an einem Ort auf der Welt auf gefällige Ohren trifft. Da hilft es auch wenig, von einem klassisch-romantischen Zeitalter[42] als einem Behelfskonstrukt zu sprechen, das als (zu) langer Übergang (von was zu was eigentlich?) und Emanzipationsnarrativ mindestens ebenso unscharf bleibt, wenn man vor der Musik steht und sich fragt, wie sie eigentlich gemacht ist und warum das so ist. Daraus folgt: Wenn Klassik sich über kompositorische Mittel definiert, die Konsens sind, taugt der Begriff nicht mehr als Epochenkategorie, weil die Epoche dann von ca. 1770 bis mindestens 1900 gelten würde, bevor Arnold Schönberg die Systeme zum Einsturz bringt (was aber auch wiederum nicht alle interessiert). Als Stilkategorie taugt sie auch nur bedingt, am ehesten als regionale stilistische Kategorie für manche Werke, aber längst nicht alle, die in Wien um 1800 komponiert wurden. Da andernorts und auch in Wien um 1800 mindestens ebenso viele Werke komponiert wurden, die durch romantische Mittel, Ideen, Konzepte und Formen charakterisiert sind – und dies gilt für Haydn, aber im Besonderen für Mozart –, so bietet es sich an, den Begriff der Klassik als Epoche und Stil ad acta zu legen und stattdessen auf die qualifizierende Kategorie des »Klassikers« zurückzugreifen, der – historisch nicht fixiert – ebenso Johann Sebastian Bach, Ludwig van Beethoven oder Bob Dylan heißen kann. In diesem Sinne haben auch die Romantiker den Begriff verwendet. Beschränkt sich die Nutzung des Begriffs »Klassik« auf diese Qualifizierung überzeitlicher Gültigkeit und Bedeutung, können die Jahre um 1800 – wie auch in der Literaturgeschichte[43] – als Übergangszeit von der Aufklärung zur Romantik und die darin komponierten Werke als gleichermaßen von beiden Einflüssen geformt verstanden werden. Man hat ihnen mit der epochalen und stilistischen Kategorisierung als Klassik einen Bärendienst erwiesen. Ähnlich einseitig scheint aber auch Nikolaus Harnoncourts Polemik von 1981, der ganz im Gegenteil meinte, mit Mozart sei der »größte romantische Komponist überhaupt [...] entromantisiert (worden) bis zum Skelett«.[44] So ist es nun auch wieder nicht. Indes ist nicht von der Hand zu weisen, dass viele Mozart-Interpretationen abgezirkelt daherkommen wie ein klassizistisches, aus lauter geraden Linien und rechten Winkeln bestehendes Gebäude. Sich auf eine romantische Mozart-Deutung einzulassen bedeutet nämlich auch, Tiefen, Dunkelheiten, Abgründe und Doppeldeutigkeiten in seiner Musik interpretatorisch nicht zu glätten und zu straffen, sondern zuzulassen, ja genießerisch zu betonen. Sie gehören ebenso zum Mozart-Bild – und nicht nur im *Don Giovanni* – wie das achttaktige Thema in beinahe puritanischer Anmutung und absichtsvoll argloser Diktion.

13. Das Ende vom Anfang: Hoffmann rezensiert Beethoven

E. T. A. Hoffmanns Rezension der 5. Sinfonie Beethovens, die im Juli 1810 in der *Allgemeinen musikalischen Zeitung* erschien, hat es ihren musikforschenden Interpreten nicht leicht gemacht.[1] Während Carl Dahlhaus 1978 darin bekanntermaßen ein erstes Anzeichen einer Theorie der Instrumentalmusik im Sinne einer »absoluten« Musik um 1800 sehen wollte, deren endgültige Ausformulierung er erst in Eduard Hanslicks Ästhetik mehr als 40 Jahre später verwirklicht sah, irritiert die meisten Autoren bis heute an dem Text, dass in ihm zwei Dinge ineinanderlaufen: eine romantische Literarisierung und eine faktenbasierte Analyse von Musik. Je nach Perspektive stört daran das eine mehr als das andere: Entweder wird die Intention einer Werkanalyse mit ästhetischem Prolog vermutet, oder es wird von einer romantischen Ästhetik mit Analyse-Epilog gesprochen, wie Dahlhaus es tut, der den analytischen Teil sogar konsequent ignoriert. Durch diese Separierung der Abschnitte indes und die Perspektive, der eine sei wichtiger oder gar richtiger als der andere, wird der ursprünglichen Intention Hoffmanns, beides zusammen in einen Text zu bringen – und dies genau in der Reihenfolge, wie er es letztlich entschieden hat – nicht gerecht.[2]

Selbst das auf den ersten Blick überraschend große, ganzseitige Notenbeispiel, das aus Layoutgründen des Zeitschriftensatzes nicht exakt als Zäsur zwischen beiden Teilen fungiert – die Analyse beginnt nach einem Gedankenstrich in Spalte 634 mit einem kurzen Absatz, unterbrochen durch eine gewiss redaktionell ergänzte Anmerkung zur Platzierung und das ganzseitige Beispiel auf der Folgeseite (vgl. Abbildung 14 auf den Seiten 236–237) –, lässt sich doppelt anschauen: einerseits als technische Visualisierung der Analyse, die auch im Folgenden von mehreren Notenbeispielen begleitet wird und den Leser zum Nachvollzug der Argumentation und Verlaufsbeschreibung anregt, andererseits als ästhetisches Bildobjekt einer romantischen Verunsicherung, die der Autor beim Hören der ersten Takte der Sinfonie bis zur zweiten Fermate verspürte, Takte, die in der Tat mehr als ungewöhnlich sind, weil sie mehr Pausen als Noten, mehr Statik als Bewegung bildhaft erfahrbar machen. Die janusköpfige Funktion des Notenbeispiels reflektiert also die janusköpfige Textanlage, und umgekehrt. Der erste Schritt in der Betrachtung des Textes sollte also sein, beide Teile als gleich bedeutend anzuerkennen. Nicht zuletzt sind, und das werden wir noch genauer anschauen, die Analysen mehr als einmal auf den ästhetischen Teil bezogen, dessen Frontstellung sich also auch in der argumentativen Logik begründen lässt, da Hoffmann für seine Analyse so auf bereits eingeführte ästhetische Begriffe und Konzepte des ersten Teils zurückgreifen kann. Schon deshalb lassen sich die beiden Teile nicht trennen, sie bilden zwei Akte eines romantisch-dramaturgischen Narrativs.

Bevor wir in die Analyse des Textes einsteigen, seien weitere verbreitete Vorannahmen beiseite geräumt. So wird gelegentlich behauptet, die Rezension sei eine der ersten Musikkritiken überhaupt, in der ein ganzseitiges Notenbeispiel abdruckt wurde, um damit der Besonderheit dieses Sinfoniebeginns gerecht zu werden. Dies trifft indes nicht zu, ganzseitige Notenbeispiele begegnen in der seit den 1780er-Jahren blühenden Landschaft musikrezensierender Journale zuhauf, nicht nur als Beilagen, sondern durchaus auch in textintegrierter Form.[3] Nicht zuletzt war das Implementieren der Beispiele in der *Allgemeinen musikalischen Zeitung*, die Zeitschrift des Musikverlages Breitkopf & Härtel, die seit 1798 wöchentlich erschien, wahrlich keine Besonderheit mehr. Zudem ist der redaktionspraktische Hintergrund der Rezension nicht unwichtig. Selbst wenn nicht von der Hand zu weisen ist, dass Hoffmann mit dem Text – und weiteren Beethoven-Rezensionen, die er verfasste – dem Bizarrerie- und Unverständnis-Vorwurf der Musikjournalistik gegenüber Beethoven aktiv und produktiv begegnen wollte, so ist es doch zunächst einmal nicht er gewesen, der diesen Text initiierte. Die Geschichte beginnt genau umgekehrt: Der Herausgeber

auch Beethovens Instrumental-Musik das Reich des Ungeheueren und Unermesslichen. Glühende Strahlen schiessen durch dieses Reiches tiefe Nacht, und wir werden Riesenschatten gewahr, die auf- und abwogen, enger und enger uns einschliessen, und alles in uns vernichten, nur nicht den Schmerz der unendlichen Sehnsucht, in welcher jede Lust, die, schnell in jauchzenden Tönen emporgestiegen, hinsinkt und untergeht, und nur in diesem Schmerz, der, Liebe, Hoffnung, Freude in sich verzehrend, aber nicht zerstörend, unsre Brust mit einem vollstimmigen Zusammenklange aller Leidenschaften zersprengen will, leben wir fort und sind entzückte Geisterseher. — Der romantische Geschmack ist selten, noch seltner das romantische Talent: daher giebt es wol so wenige, die jene Lyra, welche das wundervolle Reich des Unendlichen aufschliesst, anzuschlagen vermögen. Haydn fasst das Menschliche im menschlichen Leben romantisch auf; er ist commensurabler für die Mehrzahl. Mozart nimmt das Uebermenschliche, das Wunderbare, welches im innern Geiste wohnt, in Anspruch. Beethovens Musik bewegt die Hebel des Schauers, der Furcht, des Entsetzens, des Schmerzes, und erweckt jene unendliche Sehnsucht, die das Wesen der Romantik ist. Beethoven ist ein rein romantischer (eben deshalb ein wahrhaft musikalischer) Componist, und daher mag es kommen, dass ihm Vocal-Musik, die unbestimmtes Sehnen nicht zulässt, sondern nur die durch Worte bezeichneten Affecte, als in dem Reich des Unendlichen empfunden, darstellt, weniger gelingt und seine Instrumental-Musik selten die Menge anspricht. Eben diese in Beethovens Tiefe nicht eingehende Menge spricht ihm einen hohen Grad von Phantasie nicht ab; dagegen sieht man gewöhnlich in seinen Werken nur Producte eines Genie's, das, um Form und Auswahl der Gedanken unbesorgt, sich seinem Feuer und den augenblicklichen Eingebungen seiner Einbildungskraft überliess. Nichts desto weniger ist er, Rücksichts der Besonnenheit, Haydn und Mozart ganz an die Seite zu stellen. Er trennt sein Ich von dem innern Reich der

Töne und gebietet darüber als unumschränkter Herr. Wie ästhetische Messkünstler im Shakspeare oft über gänzlichen Mangel wahrer Einheit und inneren Zusammenhanges geklagt haben, und nur dem tiefern Blick ein schöner Baum, Knospen und Blätter, Blüthen und Früchte aus einem Keim treibend, erwächst: so entfaltet auch nur ein sehr tiefes Eingehen in die innere Structur Beethovenscher Musik die hohe Besonnenheit des Meisters, welche von dem wahren Genie unzertrennlich ist und von dem anhaltenden Studium der Kunst genährt wird. Tief im Gemüthe trägt Beethoven die Romantik der Musik, die er mit hoher Genialität und Besonnenheit in seinen Werken ausspricht. Lebhafter hat Rec. dies nie gefühlt, als bey der vorliegenden Symphonie, die in einem bis zum Ende fortsteigenden Climax jene Romantik Beethovens mehr, als irgend ein anderes seiner Werke entfaltet, und den Zuhörer unwiderstehlich fortreisst in das wundervolle Geisterreich des Unendlichen.— Das erste Allegro, ²/₄ Takt C moll, fängt mit dem nur aus zwey Takten bestehenden Hauptgedanken, der in der Folge, mannigfach gestaltet, immer wieder durchblickt, an. Im zweyten Takt eine Fermate; dann eine Wiederholung jenes Gedankens einen Ton tiefer, und wieder eine Fermate; beyde Male nur Saiteninstrumente und Clarinetten. Noch ist nicht einmal die Tonart entschieden; der Zuhörer vermuthet Es dur. Die zweyte Violine fängt wieder den Haupt-Gedanken an, im zweyten Takt entscheidet nun der Grundton C, den Violoncelle und Fagotte anschlagen, die Tonart C moll, indem Bratsche und erste Violine in Nachahmungen eintreten, bis diese endlich dem Haupt-Gedanken zwey Takte anreihet, die dreymal wiederholt (zum letztenmal mit einfallendem ganzen Orchester) und in eine Fermate auf der Dominante ausgehend, des Zuhörers Gemüthe das Unbekannte, Geheimnissvolle ahnen lassen. Der Anfang des Allegros bis zu diesem Ruhepunkt entscheidet den Charakter des ganzen Stücks und eben deshalb rückt ihn Rec. hier zur Ansicht des Lesers ein:

Abbildung 14
Dokumentation der Analyse und ästhetisches Bildobjekt zugleich. E. T. A. Hoffmann,
[Rezension der 5. Symphonie von Ludwig van Beethoven], in: Allgemeine musikalische
Zeitung 12 (1810), Heft 40, Sp. 633–636

der *Allgemeinen musikalischen Zeitung*, Friedrich Rochlitz, schreibt an Hoffmann, er wolle sich in seiner Zeitschrift künftig für Beethovens Kompositionen einsetzen,[4] und fügt am 19. Januar 1809 in einem weiteren Brief an Hoffmann an, er möchte diesen als Rezensenten der *Allgemeinen musikalischen Zeitung* engagieren, und er, Hoffmann, bekomme danach von der Zeitung die Materialien zur Rezension direkt zugeschickt.[5] Als Erstes bekommt Hoffmann eine Sinfonie von Friedrich Witt, die er rezensieren möge, zugeschickt. Mitte Juni 1809 erreicht Hoffmann sodann die Anfrage von Rochlitz, ob er die 5. und 6. Sinfonie Beethovens rezensieren möchte; beide Sinfonien waren im April bzw. Mai 1809 bei Breitkopf & Härtel erschienen.[6] Hoffmann antwortet am 1. Juli 1809 mit einer Zusage und dem Hinweis: »Erlaubt wird es mir gewiß seyn in diesem Fall den Umfang einer gewöhnlichen Rezension in so fern zu überschreiten, als es das tiefere Eingehen in den Geist der Compos[itionen] und ihres individuellen Charakters nöthig macht.«[7] Mit der Zusage seitens des Verlages, dass er genügend Platz bekommen könne, erhält er am 14. Juli 1809 beide Sinfonien.[8] Es vergeht fast ein ganzes Jahr, bis Hoffmann den Text zur 5. Sinfonie ohne näheren Kommentar am 6. Mai 1810 an die Redaktion übersendet.[9] Er erscheint zwei Monate später in der uns bekannten Form. Die Intention, die Sinfonien zu rezensieren, so viel können wir an dieser Stelle festhalten, stammt also nicht von Hoffmann, die inhaltliche Kontur, die Entscheidung für den großen Umfang – mit 4.500 Wörtern ist sie mehr als doppelt so lang wie eine übliche Rezension – und der Wunsch nach Einbindung des ganzseitigen Notenbeispiels aber durchaus. Hoffmann beteiligt sich in den Folgejahren auch weiterhin an Rochlitz' Beethoven-Projekt, indem er unter anderem noch Klaviertrios, die C-Dur-Messe oder auch die *Coriolan*-Ouvertüre Beethovens für ihn bespricht.

Interessanterweise hat Hoffmann zuerst die Sechste rezensiert. Der Text erschien bereits ein halbes Jahr vor jenem zur Fünften, am 17. Januar 1810.[10] Das Werk war möglicherweise leichter zu handhaben, da der Rezensent – der hier noch als N. N. agiert – sich von dem Titel »Pastorale« leiten lässt und seine Interpretation über ein »Gemälde des Landlebens« gestaltet.[11] Die Rezension kann als weiterer romantischer Text gelesen werden, denkt Hoffmann doch hier über das Verhältnis von Bild und Musik nach und trägt damit zu einer zentralen interdisziplinären Debatte der Romantik bei. So beobachtet er in der 6. Sinfonie, dass selbst Musik, die Landschaftsgemälde sei, »keine Darstellung räumlicher Gegenstände des Landes, vielmehr eine Darstellung der Empfindungen ist, welche wir bey dem Anblick ländlicher Gegenstände haben.«[12] Die Empfindungen werden durch verschiedene musikalische Stilmittel in der Musik zum Ausdruck gebracht, die Hoffmann in romantischer Diktion ausformuliert – nicht so pointiert, wie er es zur 5. Sinfonie tun wird, aber differenziert genug, um ein ganzes Panorama an romantischen Modellen auch in dieser, man könnte sagen, bildromantischen Sinfonie offenzulegen: die Versinnlichung einer Landpartie im Kopfsatz, eine »Scene am Bach«[13] mit Vogelgezwitscher (dazu gibt es zwei große Notenbeispiele), aber auch getäuschte harmonische Erwartungen im Sinne einer latent gebrochenen Idylle im zweiten Satz.[14] Vor allem begeistert und überwältigt ihn aber der »Gewittersturm« im vierten Satz, der »Gefühle des Grauens und Entsetzens« auslöst.[15]

Man kann sich des Eindrucks nicht erwehren, dass dieser Text eine Ouvertüre, ein Warmschreiben hin zum großen romantischen Wurf der Rezension der Fünften gewesen ist. Dort kommt Hoffmann wieder auf die »Gegenstände« zurück, die ihn an der Sechsten so fesselten, indem er deutlich macht, dass Instrumentalmusik diese Gegenstände »rein« ausspricht, also ohne Zuhilfenahme anderer Mittel wie Bilder, Texte oder Ähnlichem, und damit sei sie die »romantischste aller Künste«,[16] wie es heißt. Entscheidend ist indes der unmittelbar folgende Nebensatz dieser Passage, der oft überlesen wird: »Sie [die Instrumentalmusik] ist die romantischste aller Künste, – fast möchte man sagen, allein *rein* romantisch.«[17] Der Vorbehalt, der sich hier zeigt, bezieht sich nicht darauf, dass er sich nicht sicher ist, ob Instrumentalmusik eine »rein romantisch[e]« Kunst sei, sondern darauf, dass er »fast« gesagt hätte, sie sei die »einzige«, nämlich »allein rein romantisch[e]« Kunst. So ist es dann nämlich doch nicht, weil freilich auch Vokalmusik romantisch sein kann, wie Hoffmann mehrfach und andernorts auch immer wieder beschreibt.

Man fragt sich, ob sich Hoffmann mit dieser argumentativen Kurve des Vorbehaltes einen Gefallen getan hat. Denn hier liegen die Wurzeln des Missverständnisses von Dahlhaus, Hoffmann gehe es zuallererst um eine Theorie der absoluten Musik, während die Vokalmusik angeblich in die zweite Reihe zurücktritt. Zwar ist richtig, dass Hoffmann auch schreibt, Beethovens Vokalmusik lasse ein »unbestimmtes Sehnen« nicht zu.[18] Sprache und Text sind jedoch auch für Hoffmann kein Hinderungsgrund, romantisch zu komponieren, wenn auch in stärker determinierten, weil sprachlich beeinflussten Bahnen des Sehnens. Dass freilich auch hier die Musik, die den Text umgibt, das Bedürfnis nach unbestimmtem Sehnen enthalten kann, ist keineswegs ausgeschlossen, wie wir an der ästhetischen Aufwertung der instrumentalen Begleitung in Vokalmusik um 1800 gesehen haben.[19] Entsprechend beschreibt Hoffmann in seiner Rezension der C-Dur-Messe Beethovens, beim Anhören des Agnus Dei »ein Gefühl der inneren Wehmut, die aber das Herz nicht zerreisst, sondern ihm wohlthut, und sich, wie der Schmerz, der aus einer andern Welt gekommen ist, in überirdische Wonne auflöst«.[20] Diesen kippfigurhaften Inhalt gibt der knappe lateinische Text des Agnus Dei wohl kaum wieder, hier spricht erneut die Musik die innere Wehmut aus.

Vor dem Hintergrund der hier beschriebenen Missverständnisse lohnt eine erneute Analyse des berühmten Textes, mit Blick auf seine Denkmodelle, Merkmale und Ideen. Eine erste betrifft das ihm eigene Grundmotiv der Dichotomie: Der Text kombiniert eine romantische Einleitung mit einer Werkanalyse, die ästhetische Motive der Einleitung wieder aufnimmt. Beide Teile sind durch das Notenbeispiel getrennt, das für den Betrachter zugleich als Visualisierung des musikalischen Textes und als ästhetisches Bildobjekt fungiert. Diese Spannung zwischen Ästhetik und Analyse zieht sich durch den gesamten Text, die Dichotomie ist Programm und entsprechend ernst zu nehmen. Schaut man nämlich genauer hin, so findet sich das dichotomische Grundmotiv auf beinahe allen Argumentationsebenen des Textes. Eine wichtige Achse ist das Verhältnis von »innen« und »außen«: Hoffmann betont dazu die kulturelle Relevanz subjektiver Erfahrung als »inner[es] Reich der Töne«, er spricht von einem »unbekannten Reich« in uns selbst, das uns die Musik »aufschließt«.[21] Diesem Inneren steht die »äußere Sinnenwelt« zur Seite, Inneres und Äußeres, Subjekt und Welt, Privatheit und Öffentlichkeit stehen sich in der Rezension immer wieder gegenüber.[22]

Beethovens und überhaupt gute Musik sei »tief im Gemüthe« empfunden, demgegenüber gäbe es »plastische«, äußerliche Kunst, die »mit gänzlichem Vergessen zu bestrafen« sei, so Hoffmann.[23] Dies ist nicht – mit Hans Heinrich Eggebrecht – als »Zwei-Welten-Modell«[24] misszuverstehen, in dem Sinne, dass Außen und Innen, Realität und Kunst einander ausschließen oder gar aneinander emphatisch scheitern und »krank« werden (was Alfred Einstein umtrieb), denn Transzendenz bedeutet nicht zwangsläufig Jenseits, worauf bereits Max Becker aufmerksam machte.[25] Erst wenn sich das Innen zum Außen in ein produktives Verhältnis setzt, ist Romantik möglich: Das »im Leben Empfundene führt uns hinaus aus dem Leben in das Reich des Unendlichen«, schreibt Hoffmann.[26] Das Unendliche, die so oft erwähnte Geisterwelt, steht also zum Leben im Gegensatz, zugleich aber spielt es sich ebenso im Ausdruck der Musik selbst (in der Musik) wie im Inneren des Komponisten (der es »tief im Gemüthe« trägt) und damit nicht zuletzt auch im Inneren des Rezipienten ab, der das innere Reich der Töne entdeckt.

Eine zweite Dichotomie, die den Text inhaltlich prägt, ist jene von Einzelnem und Ganzem: Teil und Ganzes. Das betrifft sowohl den ästhetischen Abschnitt vorn – in dem Beethovens Instrumentalmusik als »vollstimmiger Zusammenklang aller Leidenschaften«[27] bezeichnet wird, also »Schmerz, Liebe, Hoffnung, Freude«[28] sowohl einzeln, als auch gemeinsam wirken –, als auch in der Analyse, wo einzelne Charaktere der Sätze der Sinfonie, aber auch immer wieder der »Charakter des Ganzen«[29] Thema ist. Der junge Arthur Schopenhauer hat Beethovens Komponieren wenig später als »rerum concordia discors« bezeichnet, eine Sache, in der Uneinträchtiges Eintracht findet: Die »größte Verwirrung, welcher doch die vollkommenste Ordnung zum Grunde liegt, den heftigsten Kampf, der sich im nächsten Augenblick zur schönsten Eintracht gestaltet, [...] ein treues und vollkommenes Abbild des Wesens der Welt, welche dahin rollt, im unübersehbaren Gewirre zahlloser Gestalten und durch stete Zerstörung sich selbst erhält.«[30] E. T. A. Hoffmann spricht in seiner Rezension von »Schmerz und Lust in Tönen [...] in einer Stimmung«.[31] Im Oszillieren zwischen Einzelnem und Ganzem ereignet sich das romantische Hören als Folge romantischen Empfindens und Komponierens.

Drittens werden die Elemente Spannung und Lösung argumentativ stets kombiniert. Die Spannung drückt sich aus in Begriffen wie »Sehnsucht«, »Ahnung«, »unentschieden«, »geheimnisvoll«, und dies sowohl (erneut) im ästhetischen wie analytischen Abschnitt, wenn es um den romantischen Eindruck der Musik im Allgemeinen oder auch in konkreten Beispielen der 5. Sinfonie geht. So beschreibt der Rezensent den langsamen Satz kontrastierend zum ersten als »lieblich«, »schmeichelnd«, »melodiös«, als »Trost und Hoffnung« und damit als Lösung der Spannung im ersten Satz, macht zugleich aber deutlich, dass die Tonrückungen und Chromatik seines Hauptthemas so erscheinen, »als träte der furchtbare Geist, der im Allegro das Gemüth ergriff und ängstigte, jeden Augenblick drohend aus der Wetterwolke, in die er verschwand, hervor, und entflöhen dann vor seinem Anblick schnell die freundlichen Gestalten, welche tröstend uns umgaben.«[32] Hoffmann verbleibt bewusst im Konjunktiv (»träte«, »entflöhen«), um die Spannung hin zur erlebten Lösung aufrechtzuerhalten und seinerseits wieder Spannung zu erzeugen.

Der Text arbeitet also mit drei dichotomen Grundmotiven, deren argumentative Engführung sowohl in der Ästhetik als auch in der Analyse eine zutiefst romantische Prägung zeigt. Die romantischen Kriterien, die hier an Beethovens Musik angelegt werden, werden dann in eine geradezu enzyklopädische Gesamtschau geweitet. Die Breite der Konzepte, die Hoffmann einarbeitet, ist in der Tat bemerkenswert. Es ist wohl müßig, darüber zu spekulieren, ob eben dieser hohe Anspruch letztlich zu der zeitintensiven Arbeit an dem Text, seiner Länge und Intensität geführt hat. Hoffmann benennt als erstes Kriterium die Sprachfähigkeit der Musik und bezieht damit in einer romantischen intermedialen Debatte Stellung, wie er es auch in der Rezension zur 6. Sinfonie getan hat. Schon dort hatte er angemerkt, dass Tonmalerei passé sei, denn man sei nun, 1810, »so ziemlich damit im Reinen, dass die Darstellung äusserer Gegenstände durch die Musik höchst geschmacklos« sei.[33] Die Debatte um Instrumentalmusik, die Johann Friedrich Reichardt im ersten Band seines *Musikalischen Kunstmagazins* von 1782 angestoßen hatte, ist spätestens hier an ihrem konsensfähigen Ende angekommen.

Ebenso ist für Hoffmann die Autorperspektive wichtig, wenn er über die romantische Gemütstiefe des Komponisten Beethoven spekuliert, die damit als maßgeblich für das Verständnis des Werkes beschrieben wird. Zugleich rückt so auch der Kritiker in den Fokus, wenn er die Wirkung der Musik auf sich selbst und dies zudem in der dritten Person (»der Rec[ensent].«) beschreibt. Dass Hoffmann seinen Text selbst mit ziemlicher Sicherheit als Kunst bzw. kunstvolle Kritik mit literarischem Anspruch verstand, dürfen wir wohl voraussetzen – auch diese Autor- und Kritikerperspektiven romantischer Prägung sind dem Text eingeschrieben. Dass der Hörer einerseits mitgeführt wird, wenn Hoffmann von »uns« und »wir« spricht, aber auch direkt als »der Zuhörer« adressiert wird, war angesichts der bekannten romantischen Debatten ebenfalls zu erwarten.[34] Die in der Romantik zunehmend Bedeutung erlangende Hörerperspektive, die wir kennengelernt haben, ist Hoffmanns Text bereits selbstverständlich.

Dass Hoffmann die Komponistentrias Haydn, Mozart und Beethoven nicht als einander qualitativ überwindende Meister versteht, ist ein wichtiger Punkt, wenn es um die Einschätzung der historischen Perspektive des Textes geht. Gerade dieser Abschnitt ist oft missverstanden worden, so als habe Hoffmann vor allem sagen wollen, Romantik habe sich bei Haydn »schon ein wenig«, bei Mozart »umso mehr« und »endgültig dann aber« bei Beethoven entfaltet. Hoffmann argumentiert ohne Hierarchien, wenn man den Passus genau liest: »Die Instrumental-Compositionen aller drey Meister athmen einen gleichen romantischen Geist, welches eben in dem gleichen innigen Ergreifen des eigenthümlichen Wesens der Kunst liegt.«[35] Alle drei sind also gleichermaßen Romantiker, aber, und dies ist eine inhaltliche, nicht chronologische oder gar teleologische Differenz: »[D]er Character ihrer Compositionen unterscheidet sich jedoch merklich.«[36] Alle drei sind romantische Individualpoeten, auf verschiedene, keineswegs deswegen hierarchisierbare Art und Weise. Bei Haydn werden literarische Begriffe wie »grüne Haine«, »Kinderlachen«, »Liebe«, »Seligkeit«, aber auch »Wehmut« und »Abenddämmerung«, bei Mozart ebenfalls »Liebe« und »Wehmut«, aber auch »Furcht«, »Ahnung«, »Sehnsucht« benannt. Beethovens Musik schließlich bietet »Liebe«, »Hoffnung«, »Freude«, aber auch

»Schmerz«, »Ungeheures« und »Riesenschatten«. Die Dichotomie ist bei allen dreien gegeben, die Kontrastintensität indes bei Beethoven wohl am stärksten ausgeprägt. Der Blick auf diese drei Komponisten, unter denen Beethoven als Einziger im Jahr 1810 noch am Leben ist – Haydn ist im Vorjahr gestorben, Mozart bereits 1791 –, ist insofern von romantischer Perspektive auf Geschichte geprägt, als Hoffmann Haydns und Mozarts Musik eben nicht als distanzierte, überholte historische Artefakte, sondern produktiv zu machende, im besten Sinne bewegende, moderne romantische Kunst anregende Musik beschreibt.

Auch die Aspekte von Offenheit, Fragmentarik, Fantastik sowie das motivische Interesse an der Nachtmotivik, schließlich sogar das Betonen ambivalenter Momente in ewigem Widerspiel, wie es die romantische Ironie in Formlosigkeit, Abschweifungs- und Unterbrechungsstrukturen umsetzt, werden von Hoffmann am konkreten musikalischen Text der 5. Sinfonie als romantischer Erfahrungsraum verhandelt. Dies wollen wir uns in einem letzten Schritt an drei musikalischen Beispielen anschauen. Dass Hoffmanns Analyse nur auf den ersten Blick sprödes technisches Vokabular versammelt, aber den Leser immer wieder mit ästhetischen Rückblenden versöhnt, ist bereits gesagt worden. Man hat dem analytischen Teil unrecht getan, ihn als formale Lizenz an musikjournalistische Gepflogenheiten abzuwerten, ganz so, als habe Hoffmann nicht selbst um mehr Platz gebeten, um alle seine Gedanken unterzubringen. Bei genauem Lesen tun sich ganz im Gegenteil zahlreiche Fenster zum ästhetischen Teil auf, ja Hoffmann greift immer wieder in der Analyse auf die romantischen Deutungen zurück.

Geradezu paradigmatisch wird der Beginn des ersten Satzes zunächst einmal technisch beschrieben: »Das erste Allegro, 3/4-Takt C moll, fängt mit dem nur aus zwey Takten bestehenden Hauptgedanken, der in der Folge, mannigfach gestaltet, immer wieder durchblickt an.«[37] Man fühlt sich beinahe in eine Hausarbeit versetzt: »Im zweyten Takt eine Fermate; dann eine Wiederholung jenes Gedankens einen Ton tiefer, und wieder eine Fermate; beyde Male nur Saiteninstrumente und Clarinetten.«[38] Hier beginnt es langweilig zu werden, und man darf – ohne böse Unterstellung – vermuten, dass an dieser Stelle bereits viele spätere Leser ausgestiegen sind. Nach weiteren, ähnlich formalisierten Beobachtungen zu Einsätzen und Tonarten wird jedoch noch im selben Absatz, kurz vor dem Notenbeispiel, der erste Passus eingeflochten, der in eine andere Richtung weist; der Übergang ist höchst subtil: Denn nachdem »dem Hauptgedanken zwey Takte angereihet« werden, »die dreimal wiederholt [werden] (zum letztenmal mit einfallendem ganzen Orchester) und in eine Fermate« münden, lassen diese drei Zutaten (Hauptmotiv, zwei Takte Nachschlag und Fermate) – so Hoffmann – »des Zuhörers Gemüthe das Unbekannte, Geheimnissvolle ahnen«.[39] Die Fermate auf der Dominante G-Dur am Seitenende des Notenbeispiels wird zum Auslöser romantischer Erfahrung, sie ist der Moment, in dem die zuvor beschriebene Unentschiedenheit der Tonart und der Themenformung, ja überhaupt die merkwürdige formale Struktur, kulminiert. Diese Erfahrung resultiert aus dem ungewöhnlichen Satzbeginn, dessen Notenbild Hoffmann abgebildet haben wollte: Der Satz hat kein Hauptthema, er beginnt im Unisono-Auftakt mit einem Motiv, das man getrost als Schlusswendung bezeichnen kann. Die eigentliche Tonart c-Moll ist erst (zu) spät in Takt 6 erreicht, und der Satz wird dauernd angehalten – alles Momente individualpoetischer Entscheidungen, die Irritation und somit romantische Erfahrung ermöglichen (vgl. erneut Abbildung 14 auf den Seiten 236–237).

Das Andante als langsamer zweiter Satz hat zunächst nach Hoffmann einen »lieblichen« Effekt, es erscheint ihm »wie eine holde Geisterstimme, die unsre Brust mit Trost und Hoffnung« und damit auch die regelpoetischen Bedingungen eines lyrischen Gegenpols zum Kopfsatz erfüllt.[40] Aber ganz so eindeutig ist der Satz dann eben doch nicht, was Hoffmann wieder erst einmal mit Blick auf Rückungen und Chromatik technisch umschreibt, um dann in jenem, oben bereits zitierten Passus zur Dichotomie von Spannung und Lösung zu resümieren: »Es ist, als träte der furchtbare Geist, der im Allegro das Gemüth ergriff und ängstigte, jeden Augenblick drohend aus der Wetterwolke, in die er verschwand, hervor, und entflöhen dann vor seinem Anblick schnell die freundlichen Gestalten, welche tröstend uns umgaben.«[41] Auch das Andante ist also ein romantischer Ort der Uneindeutigkeit, der Verunsicherung und gebrochenen Idylle.

Als drittes und letztes Beispiel kann der Übergang vom dritten zum vierten Satz dienen. Insbesondere die technische Beschreibung des

dritten Satzes zieht sich über fast vier Spalten dichten Text hin, der die
Tonarten, Themen und Modulationen mit kleineren Notenbeispielen
diskutiert. Aber auch hier finden sich romantische Deutungen. So bereitet Hoffmann der Umstand, dass – wie schon im ersten Satz – hier
Themen angefangen und dann wieder abgebrochen werden, Unbehagen: »Im zweyten Teil [des Trios] fangen die Bässe das Thema zweymal
an und halten wieder ein, zum dritten Mal geht es weiter fort.«[42] Hoffmann kommentiert diese formale Beobachtung: »Manchem mag das
scherzhaft vorkommen, dem Rec.[ensenten] erweckte es ein unheimliches Gefühl.«[43] Später bezeichnet er dieses Thema als Träger einer »un-
ruhvolle[n] Sehnsucht«, die sich sogar kurz vor Schluss des Satzes »bis
zur Angst« steigern kann.[44] Wie das funktioniert, wird wiederum zwei-
schrittig, zuerst formal beschrieben: »Der Accord G scheint zum Schluss
zu führen; der Bass hält aber nun pianissimo fünfzehn Takte hindurch
den Grundton As, und Violinen und Bratschen halten ebenso C aus,
während die Pauke das C erst im Rhythmus jenes oft erwähnten Tutti,
dann vier Takte hindurch in jedem Takt einmal, dann vier Takte hindurch zweymal, dann in Vierteln anschlägt.«[45] Sodann folgt die genuin
romantische Erfahrung, die diese ungewöhnliche musikalische Faktur
auslöst: »Diese dumpfen Schläge ihres Dissonierens, wie eine fremde
furchtbare Stimme wirkend, erregen die Schauer des Ausserordentli-
chen – der Geisterfurcht.«[46] Spätestens hier ist Hoffmann so von seinen
eigenen romantischen Wirkungsbeschreibungen eingefangen, dass der
fließende Übergang in das Finale ausnahmsweise einmal nicht mit den
technischen Fakten der Analyse, sondern mit der romantischen Erfahrung beschrieben wird: »Mit dem prächtigen, jauchzenden Thema des
Schlusssatzes, C dur, fällt das ganze Orchester, dem jetzt noch kleine
Flöten, Posaunen und Contrafagott hinzutreten, ein – wie ein strahlen-
des, blendendes Sonnenlicht, das plötzlich die tiefe Nacht erleuchtet.«[47]

Seien es die drei motivischen Dichotomien – Innen/Außen, Teil/
Ganzes, Spannung/Lösung – oder sei es die geradezu enzyklopädische
Breite romantischer Konzepte, die Hoffmann hier analytisch an die Sinfonie anlegt: Klar ist, dass der Text keine »Stunde Null« romantischer Musikästhetik um 1810, sondern ein Resümee all jener Merkmale darstellt,
die seit den 1780er-Jahren in den Debatten als »romantisch« etikettiert

und als wesenhaft verstanden wurden.[48] Und zwar ein Resümee, und das ist mindestens ebenso entscheidend, das nicht aus philosophischer Abstraktion resultiert, die auf musikalische Umsetzung überhaupt erst wartet, sondern die Überzeugung mitführt, dies ließe sich an bereits existierenden Kompositionen von Haydn, Mozart und Beethoven selbst zeigen. Auch aus dieser Perspektive erscheint die zweiteilige Anlage des Hoffmann'schen Textes plausibel, als Ausweis für die Belegfähigkeit der Musik für diese romantischen Konzepte. Nicht zuletzt – und auch dieser Punkt erscheint für die Lesart des Hoffmann'schen Textes entscheidend – nimmt er in der Koppelung von ästhetischer These und kompositorischem Modell, von Ästhetik und Analyse, argumentativ und strukturell auf das von Reichardt bereits in den 1780er-Jahren wiederholt erprobte Textmodell Bezug. Zwar hatte Reichardt dieses vor allen Dingen mit eigenen Kompositionen entwickelt, die er mit seinen ästhetischen Überlegungen konfrontierte oder die er als Ergebnis der ästhetischen Reflexionen verstanden wissen wollte. Nichtsdestotrotz tritt er schon in den 1780er- und erst recht in den 1790er-Jahren mit der Idee auf, romantische Konzepte ebenso gut in Musik übersetzen wie sie aus der Musik selbst extrahieren zu können. 1810, also gut 25 Jahre nach Reichardts ersten Experimenten, kann E. T. A. Hoffmann bereits auf ein etabliertes analytisches und ästhetisches Vokabular zurückgreifen. Die Innovationskraft seiner Kritik, die in der Musikwissenschaft lange als Gründungsdokument romantischer Musikästhetik galt, ist damit keineswegs geschmälert, hatte Hoffmann doch mit dem Gegenstand der fünften (und eben nicht der sechsten) Sinfonie Beethovens eine ideale Wahl getroffen, konnte die romantische Ästhetik doch an einer Vielzahl von Aspekten nochmals geradezu exemplarisch dingfest gemacht und damit der Nachweis geführt werden, dass sie längst in der Musik existierte und nur entdeckt werden musste. Dass dieser Text indes kein Solitär war, sondern an Entwicklungen in ästhetischen Debatten ebenso wie kompositorischen Praktiken unmittelbar anschloss, ja diese gleichsam resümierte statt begründete, wäre künftig anzuerkennen und produktiv zu machen. Rückblickend auf unsere Überlegungen und diese gleichzeitig abschließend, kann man vielmehr sagen: Der Text markiert das Ende der Anfänge der Romantik in der Musik.

Nachwort und Dank

Wer – wie ich in den 1990er-Jahren – mit einem für Meisterwerke und Helden geschulten Blick Musikgeschichte studiert hat, wird dieses Buch nach der Lektüre womöglich enttäuscht aus der Hand legen: Keine klangprächtige Sinfonie eines Meisters wurde wiederentdeckt, kein Sensationsfund einer mehrhundertseitigen romantischen Musikästhetik oder Kompositionslehre gemacht, und noch immer muss der kompositorische Nachlass eines Wilhelm Heinrich Wackenroder als verschollen gelten. Mit unserer heutigen Klangvorstellung von dem, was romantische Musik ist, stellt man sich die Anfänge pompös, imposant und auch ein bisschen verrückt-genialisch vor. Doch es sind vielmehr die leisen Töne, die Zwischentöne und kleinen Formen, die Momente kurzen Aufhorchens, Nachdenkens und Innehaltens, die den sprudelnden und danach nicht mehr stillstehenden Urquell dessen bilden, was sich im 19. Jahrhundert zu einem veritablen Klangstrom entwickeln wird. Um den Blick dafür überhaupt zu bekommen und zu verstehen, dass die Musik seit den 1780er-Jahren diese Schritte nicht allein geht, dass auch in anderen Künsten diese Anfänge tastend und leise sind, ihre Formen übersichtlich und ihre Ästhetik auch in kleinen Schritten modelliert wurde, braucht es kluge Kollegen. Mit diesen – allen voran Stefan Matuschek, Dirk von Petersdorff und Sandra Kerschbaumer – durfte ich von 2015 bis 2020 im DFG-Graduiertenkolleg »Modell Romantik« an der Friedrich-Schiller-Universität Jena zusammenarbeiten und mit ihnen diskutieren, was Romantik eigentlich ausmacht. Ohne sie hätte es dieses Buch nicht gegeben. Und ohne diese intensive Jenaer Zeit wäre in mir nicht der Wunsch entstanden, mit der Suche nach den Anfängen, die zunehmend mehr Material zutage förderte, auch jene alte musikwissenschaftliche Perspektive, die Romantik habe in der Musik verspätet angefangen oder sei überhaupt erst in der Literatur erfunden worden, zu revidieren.

Das Buch ist seinerseits auch kaum mehr als ein Anfang. Es möchte seinen Leserinnen und Lesern helfen, Romantisches zu erkennen, überhaupt ein Gespür dafür zu entwickeln, was sich in der Musik der 1780er-Jahre anbahnt, was Komponisten und Musikästhetiker umtreibt, was neue Medien, Formen und Debatten prägt und was das Sprechen und Nachdenken über Musik um 1800 grundlegend verändert. Die romantischen Konzepte aus den einzelnen Kapiteln sind allenfalls angedeutet, sie sollen Hinweise auf analytische Potenziale geben, die Musik auch einmal anders zu hören und vielleicht auch zu interpretieren, ihren Wandel im Kleinen zu verfolgen und dazu als Wandel überhaupt anzuerkennen. Es mag eine Sympathie für das Romantische vonnöten sein, um das zu tun, möglicherweise genügt aber vorerst auch einfach etwas Neugier.

Alles hätte noch viel länger gedauert ohne die Mithilfe vieler helfender Hände: Daniel Tiemeyer sichtete gemeinsam mit mir über Jahre viele hundert Zeitschriftartikel um 1800 nach Stichworten und relevanten Passagen, Roman Lüttin besorgte den Neusatz der Notenbeispiele, und Alexander Faschon übernahm die Erstellung des Registers. Jutta Schmoll-Barthel und Daniel Lettgen vom Bärenreiter-Verlag machten aus dem Manuskript überhaupt erst einen druckreifen Text. Mathias Brösicke sorgte für das ansprechende Layout. Ihnen allen gilt mein großer Dank mit einem – freilich metaphorischen – Strauß blauer Blumen. Gewidmet ist das Buch schließlich Peter Gülke, in Freundschaft und Dankbarkeit für unendlich viele Stunden romantischer Diskussion.

Weimar und Heidelberg, im Mai 2022

Anmerkungen

1. (Musikalische) Romantik: Was ist das?

1   Novalis: Schriften. Die Werke Friedrich von Hardenbergs, hg. von Paul Kluckhohn und Richard Samuel, Darmstadt 1978–1983, Bd. 2, S. 473.

2   Manfred Frank: Einführung in die frühromantische Ästhetik. Vorlesungen,
Frankfurt a. M. 1989, 6.2015, S. 157. Frank bezieht sich auf das Fragment »Urteil und
Sein« von Friedrich Hölderlin, das er am 10. Oktober 1794 in einem Brief an Neuffer
erwähnt, vgl. ebd., S. 138f.

3   Vgl. Jochen A. Bär: 1794. »Romantisch einsame Plätze«. Geschichte und Bedeutung von »romantisch« und »Romantik« (Deutsches Romantik-Museum), Frankfurt a. M. 2021, S. 5.

4   E. T. A. Hoffmanns Briefwechsel, hg. von Friedrich Schnapp, 2 Bde., Darmstadt
1976, hier Bd. 1, S. 82.

5   Brief von Caroline Schlegel an Friedrich Schlegel, 14./15. Oktober 1798, zit. nach
Klaus Günzel: König der Romantik. Das Leben des Dichters Ludwig Tieck in Briefen,
Selbstzeugnissen und Berichten, Berlin 1986, S. 165.

6   Zit. nach Günzel, König der Romantik (wie Anm. 5), S. 178.

7   Friedrich Schelling stellte zuerst Überlegungen über die (romantische) Prägung
der Musik vor allem durch den Rhythmus an, wenn er in seinen 1802/03 gehaltenen
Jenenser Vorlesungen über die Philosophie der Kunst Rhythmus, Modulation und
Melodie unterscheidet und dem Rhythmus die »herrschende Potenz in der Musik«
zuschreibt (S. 324), ja ihn als »das Unendliche im Endlichen« versteht (S. 328), in: Friedrich Wilhelm Joseph von Schelling: Schriften 1801–1803 (= Ausgewählte Schriften 2),
Frankfurt a. M. 1985 (darin: Philosophie der Kunst, Vorlesungen Jena 1802/03, I/5/181–
566; Abschnitt »Construktion der Musik« I/5/488–505).

8   Zitiert nach Christian Friedrich Michaelis: Noch einige Bemerkungen über den
Rang der Tonkunst unter den schönen Künsten. (Als Nachtrag und nähere Bestim-
mung zu einem früheren Aufsatze.), in: Allgemeine musikalische Zeitung 6 (1804),
Heft 46, Sp. 765–775, hier Fußnote in Sp. 772.

9   So konstatiert Max Becker im 18. Jahrhundert ein »Defizit an sozialen Identifi-
kationsgehalten«, worauf die Romantik reagiere (»stellvertretende Sinnanreger«), in:
Narkotikum und Utopie. Musik-Konzepte in Empfindsamkeit und Romantik, Kassel
1996, S. 136 bzw. 138. Becker versteht Kunst in diesem Zusammenhang als Bewälti-
gungsstrategie und Musik als Kommunikationsraum (S. 175 und 181). Die Diagnose ist
plausibel, indes geht Becker auch vom Dahlhaus'schen Paradigma der absoluten Musik
aus, das in der Literatur um 1800 »formuliert« werde (S. 34, auch 184). Vgl. zu dieser
Diskussion weiter unten.

10   Isaiah Berlin: Der Magus in [sic] Norden. J. G. Hamann und der Ursprung des
modernen Irrationalismus, dt. Ausgabe Berlin 1995, Vorwort, S. 22.

11   Vgl. Isaiah Berlin: Die Wurzeln der Romantik, Regensburg 2004 (englische Originalausgabe »The Roots of Romanticism«, London 1999), S. 84f. Dieses

Sich-zur-Wehr-Setzen gegen einen alles beherrschenden Rationalismus ist kein deutsches Phänomen, zeitgleich protestierte in England William Blake gegen eine rational-mathematische Erschließung der aufgeklärten Welt im Sinne John Lockes und Isaac Newtons.

12 Berlin, Der Magus in [sic] Norden (wie Anm. 10), S. 108 und 129.

13 Ebd., S. 137f.

14 Ob man mit Berlin so weit gehen muss, schon Gotthold Ephraim Lessings *Minna von Barnhelm* als frühes romantisches Stück der 1760er-Jahre zu werten, in dem ihre Rationalität über das leidenschaftliche Ehr- und Integritätsgefühl des Majors von Tellheim triumphiert, sei dahingestellt. Dass sich indes schon hier die zwei Welten von Bestimmtheit und Freiheit auf künstlerischem Terrain begegnen und eine Lösung suchen, ist sicher unbestreitbar. Vgl. Berlin, Die Wurzeln der Romantik (wie Anm. 11), S. 150f.

15 Zit. ebd., S. 159f.

16 Zit. nach ebd., S. 170.

17 Ebd., S. 180f.

18 Frank, Einführung in die frühromantische Ästhetik (wie Anm. 2), S. 170f. Franks äußerst lesenswerte und überzeugende Darstellung der Frühromantik mündet (22. Vorlesung) in eine Analyse der Tieck'schen Magelone-Lieder, die Johannes Brahms in Musik setzte. Frank versteht diese Lieder nicht als eigenständig, sondern als »Umsetzung des Gedichts in Musik« (S. 400) und folgt mit seinem Fokus auf Richard Wagners »unendliche Melodie« klar Carl Dahlhaus' Idee der absoluten Musik, die er auch zitiert.

19 Zit. nach Frank, Einführung in die frühromantische Ästhetik (wie Anm. 2), S. 209.

20 Ebd., S. 211.

21 Ebd., S. 212.

22 Vgl. ebd., S. 214–216. Dass Schelling am Ende seiner Betrachtungen auf die Oper als ideales textlich-musikalisches Gesamtkonzept in der Musik abhebt, reflektiert weniger eine Vorausschau auf eine erst bei Richard Wagner verwirklichte Kunstform als vielmehr die Bedeutung der zeitgenössischen Oper um 1800 als Innovationsmaschine der romantischen Musik. Zugleich zeigt dies die Belesenheit Wagners, der Schellings Idee des Gesamtkunstwerks kannte und ästhetisch weiterdachte.

23 Vgl. dazu Kap. 8.

24 Frank, Einführung in die frühromantische Ästhetik (wie Anm. 2), S. 293.

25 Zit. nach ebd., S. 255 und 271.

26 Novalis XII, 685, Nr. 668.

27 Novalis VI, 649, Nr. 479.

28 Viel später, in den 1930er-Jahren, hat Martin Heidegger Kunst als »Sich-ins-Werk-Setzen der Wahrheit« in einer Klarheit beschrieben, die das Prozesshafte und Zielgerichtet-Unabgeschlossene des Vorgangs deutlich macht (und damit seine Modernität unterstreicht): Ein Kunstwerk, so Heidegger, versinnbildlicht den »Streit« zwischen Welt und Erde. Letztere ist verborgen für den Menschen, sie ist nicht »offen«. Nur das Werk gewährt diesen Einblick, indem es die Erde »her-stellt«. Insofern kann das Kunstwerk Wahrheit anbieten. Martin Heidegger: Der Ursprung des Kunstwerkes (1935/36), Frankfurt a. M. 2012, S. 33–36.

29 Gerhard Schulz ist daher zuzustimmen, wenn er davon spricht, dass »Musikwissenschaft und Musikgeschichte […] einen sehr losen Gebrauch von dem Begriff des Romantischen gemacht [haben].« Daraus indes die Konsequenz zu ziehen, dass die Musik allein und außerhalb ihrer Schwesterkünste für sich stehe, ist in dieser Trennschärfe nicht zuzustimmen, bei aller individuellen Ausprägung aller Künste eines gemeinsamen historischen Modells von Romantik. Vgl. Gerhard Schulz: Romantik. Geschichte und Begriff, München 1996, ³2008, S. 79f.

30 Raymond Immerwahr: Romantisch. Genese und Tradition einer Denkform, Frankfurt a. M. 1972, bes. Kapitel IV: »Romantisch« im vorromantischen Deutschland, S. 79–112.

31 Stefan Matuschek: Der gedichtete Himmel. Eine Geschichte der Romantik, München 2021.

32 Lothar Pikulik: Frühromantik. Epoche – Werke – Wirkung, München 1992.

33 Novalis spricht von einem »Ideenparadies«, der Sehnsucht nach der ewigen Heimat: »Die Philosophie ist eigentlich Heimweh – Trieb überall zu Hause zu seyn«, Novalis: Das Allgemeine Brouillon, Fragm. Nr. 857, in: Novalis. Schriften, hg. von Hans-Joachim Mähl und Richard Samuel, Bd. 2. Das philosophisch-theoretische Werk, Darmstadt 1978, S. 675.

34 Pikulik, Frühromantik (wie Anm. 32), S. 93–125.

35 Christine Lubkoll: Mythos Musik, Freiburg i. Br. 1995. Auf Lubkoll folgt – mit deutlichem Bezug – die Studie von Nicola Gess: Gewalt der Musik. Literatur und Musikkritik um 1800, Berlin 2006, die ebenfalls zahlreiche ästhetische Schriften um 1800 mit Blick auf die »unwillkürliche Wirkung auf den Hörer« (S. 11) auswertet. Die Wirkung von Musik konnte, so Gess, seit der zweiten Hälfte des 18. Jahrhunderts »zunehmend als Bedrohung erfahren« werden (S. 17), sie bereite Lust, rege die Fantasie an und überwältige, und man befürchtete nicht selten Kontrollverlust des Hörers. Abgesehen davon, dass man sich fragen muss, ob der Terminus der »Gewalt« richtig gewählt wurde, um das beobachtete Phänomen zu beschreiben, hält sich Gess im Wesentlichen im Zeitraum nach 1810 und somit außerhalb des hier gewählten Rahmens auf und bezieht – abgesehen von den Fantasien Carl Philipp Emanuel Bachs – keine Musik in ihre Analysen ein.

36 Lubkoll, Mythos Musik (wie Anm. 35), S. 69. Selbst die Reichardt-Forschung, die lange allein aus den Studien Walter Salmens zu bestehen schien (v. a. Johann Friedrich Reichardt. Komponist, Schriftsteller, Kapellmeister und Verwaltungsbeamter der Goethezeit, Freiburg i. Br. 1963), bis vor Kurzem ein lesenswerter Sammelband zu seiner musikpublizistischen Tätigkeit erschien (Johann Friedrich Reichardt [1752–1814]. Musikpublizist und kritischer Korrespondent, hg. von Gabriele Busch-Salmen und Regine Zeller, Hannover 2020), tut sich schwer damit, Reichardt als Vordenker des Romantischen zu begreifen, und bemängelt stattdessen, dass sich »sein Denken […] nicht widerspruchsfrei in ein System eingliedern [lässt]« (Salmen, Johann Friedrich Reichardt, S. 191). Dass genau das den Romantiker in Reichardt womöglich ausmacht, wurde bislang nicht fruchtbar gemacht.

37 Ebd., S. 83.

38   Christoph E. Hänggi: G. L. P. Sievers (1775–1830) und seine Schriften. Eine Geschichte der romantischen Musikästhetik, Frankfurt a. M. 1993, S. 231. Hänggis Analysen betreffen nicht die Musik selbst, über die Sievers schreibt, sondern dessen ästhetische Schriften. Sievers schrieb u. a. als Braunschweiger Korrespondent für die *Allgemeine musikalische Zeitung* ab 1805, vgl. die Artikelliste ebd., S. 239f. Das Gros seiner Texte entsteht indes erst nach 1810 und damit außerhalb des zeitlichen Rahmens dieses Buches.

39   Zuerst Kassel [u. a.] 1978, ³1994.

40   Vgl. Ulrich Tadday: Das schöne Unendliche. Ästhetik, Kritik, Geschichte der romantischen Musikanschauung, Stuttgart 1999, sowie zahlreiche weitere Aufsätze zum Thema.   •

41   Melanie Wald-Fuhrmann: »Ein Mittel wider sich selbst«. Melancholie in der Instrumentalmusik um 1800, Kassel 2010.

42   Dahlhaus, Die Idee der absoluten Musik (wie Anm. 39), S. 74.

43   Man kann den jüngst von Axel Beer zitierten Passus aus einem unveröffentlichten Brief von Dahlhaus heranziehen, in dem er an einen Kollegen schreibt, bei dem *Neuen Handbuch der Musikwissenschaft* gehe es, »wie ich Ihnen schon sagte, nicht darum, sich in Quellen zu vertiefen, sondern das, was Sie ohnehin parat haben, aufs Papier zu werfen. Das Buch, das mit [sic; recte mir] vorschwebt, ist zum Lesen, nicht zum Nachschlagen da. Und wenn etwas fehlt, so schadet das nichts – das Buch besteht ohnehin größtenteils aus Lücken.« Axel Beer: Joachim Raff als Gegenstand der Musikgeschichtsschreibung, in: Die Tonkunst 16 (2022), Heft 2, S. 143–146.

44   Ebd., S. 13.

45   Ebd., S. 11 und 15. Ganz im Gegenteil werden Charakteristiken und Programmatisches zu einem Aspekt guten Komponierens, etwa bei E. T. A. Hoffmann. Dahlhaus selbst nimmt seine Behauptung auf S. 69 wieder zurück.

46   Zu den ersten Gegnern der Tonmalerei zählt Johann Friedrich Reichardt, er bezeichnete sie als »Mahlerischer Klingklang« und »läppische Spielerey«, vgl. dazu Salmen, Johann Friedrich Reichardt (wie Anm. 36), S. 194.

47   Ebd., S. 8 und 15. Schon Ulrich Tadday verwies 1999 darauf, dass die Anschauung des Romantischen »zunächst an der Oper und dann erst an der Instrumentalmusik entwickelt« wird, vgl. Tadday, Das schöne Unendliche (wie Anm. 40), S. 123.

48   Ebd., S. 71. Dass diese Entwicklung von den Zeitgenossen vor allem an der Frage entlang diskutiert wurde, ob auch Instrumentalmusik »sprechen« kann, wird Thema des dritten Kapitels sein.

49   Ebd., S. 29 bzw. 31.

50   Ebd., S. 47, 60–62. Vgl. zur Rolle und Funktion der berühmten Rezension Kapitel 13. Schon Ulrich Tadday hat die in der Forschung behauptete »Stunde Null« bei E. T. A. Hoffmann, aber auch und vor allem die von Dahlhaus behauptete Gleichsetzung von romantischer und absoluter Musikästhetik als »ideengeschichtliche Konstruktion« beschrieben, vgl. Tadday, Das schöne Unendliche (wie Anm. 40), S. 123. Melanie Wald-Fuhrmann schließt daran an, wenn sie die »qualifizierende und normierende Funktion« und die Korrektheit der Zeitzuschreibung bezweifelt, vgl. Wald-Fuhrmann, »Ein Mittel wider sich selbst« (wie Anm. 41), S. 15f.

51   Dieser prägt auch noch sein Handbuch der Musikwissenschaft: Die Musik des 19. Jahrhunderts, Laaber 1989, wo, wenn auch vorsichtig formuliert, behauptet wird: »Der Einwand, dass E. T. A. Hoffmanns Charakteristik der klassischen Instrumentalmusik eine ›Romantisierung‹ gewesen sei, die mit der Ästhetik Haydns und Beethovens nicht übereinstimme, liegt nahe«. Ebd., Einleitung »Musik und Romantik«, S. 16.

52   Peter Rummenhöller nennt das erste zentrale Kapitel seines Romantik-Buches von 1989, das in vielen Passagen noch immer durchaus lesenswert ist: »E. T. A. Hoffmann und das Problem der Musik-Romantik«, bevor er dann zu Beethoven, Schubert, Chopin und weiteren Akteuren überleitet, vgl. ders.: Romantik in der Musik, Kassel [u. a.] 1989, S. 55–92.

53   Corinna Caduff: Die Literarisierung von Musik und bildender Kunst um 1800, München 2003, S. 41–43f.

54   Carl Dahlhaus und Norbert Miller: Europäische Romantik in der Musik, 2 Bde., Stuttgart 1999 und 2007. Diesem großen Zeitrahmen folgt auch der jüngst erschienene Analyseband von Benet Casablancas: Paisajes del Romanticismo musical. Soledad y desarraigo, noche y ensueño, quietud y éxtasis. Del estancamiento clásico a la plenitud romántica, Barcelona 2020 (mit einem Nachwort von Hermann Danuser, dem ich den Hinweis auf diesen Band verdanke).

55   Rüdiger Görner: Romantik. Ein europäisches Ereignis, Stuttgart 2021, S. 324, auch S. 247f. Görner gehört zu jenen Autoren, die der Musik des 19. Jahrhunderts erfreulicherweise eine besondere Aufmerksamkeit zukommen lassen und ihr zusprechen, am Gebäude der Romantik tatkräftig mitgebaut zu haben, wohingegen der ebenfalls 2021 publizierte Romantik-Band von Stefan Matuschek, Der gedichtete Himmel, die Musik ausblendet.

56   Schulz, Romantik (wie Anm. 29), S. 66.

57   Charles Rosen: Der klassische Stil. Haydn, Mozart, Beethoven, München 1983.

58   Charles Rosen: Die Musik der Romantik, Salzburg 2000. Rosen verbleibt mit seinen Fallstudien chronologisch in der ersten Jahrhunderthälfte bei Chopin, Schumann und Mendelssohn (den er allerdings nicht schätzt).

59   Alfred Einstein: Die Romantik in der Musik, München 1950, S. 26, 39 und 60f. Verständlich ist, dass in einer solchen Deutung Beethoven erst dann (unfreiwillig) Romantiker werden konnte, als er gestorben war, vgl. ebd., S. 61.

60   Matuschek, Der gedichtete Himmel (wie Anm. 31), Kap. 1: »Nicht nur die Aufklärung: Der zweite Impuls der europäischen Moderne«, S. 9ff.

61   Vgl. vor allem Tobias Janz, dessen Studie »um 1800« als Ausgangspunkt moderner Musikgeschichtserzählung nimmt und mit seinem Zugriff auf Musikästhetik und -analyse enorm Erhellendes zur Reflexion und Selbstreflexion der Frühromantik in der Musik selbst beiträgt, vgl. Zur Genealogie der musikalischen Moderne, München 2014, darin bes. »Musik als Reflexionsmedium«, S. 215ff., mit Analysen von Beethovens Klaviervariationen ab 1802 und Antoine Reichas Klavierzyklus *L'art de varier* (57 Variationen, 1804).

62   Ernst Behler: Athenaeum. Die Geschichte einer Zeitschrift. Nachwort zum Reprint des Athenaeum, Stuttgart 1960, Anhang, S. 1–63, hier S. 13.

63   Bär, 1794. »Romantisch einsame Plätze« (wie Anm. 3), S. 16.

64   Christian Friedrich Michaelis: Nachtrag zu den Vermischten Bemerkungen, in: Berlinische Musikalische Zeitung 1 (1805), Nr. 35, S. [137]–140; Nr. 36, S. [141]–142, hier Nr. 35, S. 139.

2. Literaten hören Musik

1   Das schon vorher im Garten einer Grazer Privatvilla aufgestellte Mozart-Denkmal von Franz Xaver Deyerkauf war nicht allgemein zugänglich und ging auf persönliche Bekanntschaft zurück, das Weimarer ist tatsächlich ein erstes Bekenntnis zu Mozart im öffentlichen Raum. Wie andere Weimarer Parks wurde auch jener in Tiefurt ab den 1780er-Jahren mit Bedacht für die Öffentlichkeit zugänglich gemacht. Das Mozart-Denkmal wurde nach einem Entwurf von Johann Heinrich Meyer von dem Weimarer Hofbildhauer Martin Gottlieb Klauer gefertigt.

2   Unter anderem Goethes Singspiel *Die Fischerin* am 22. Juli 1782 mit Musik der Komponistin und Hofsängerin Corona Schröter.

3   Laurenz Lütteken: Mozart. Leben und Musik im Zeitalter der Aufklärung, München 2017, bes. Kapitel »Weimar«, S. 221–235, hier S. 223f.

4   Schiller an Goethe im Dezember 1797, zit. nach ebd., S. 229.

5   So schreibt Goethe an August Wilhelm Schlegel am 24. Februar 1798: »Die Zauberflöte hat wieder viele Zuschauer aus der Nachbarschaft herbey gelockt«, in: Goethes Werke (Weimarer Ausgabe, IV. Abteilung), Bd. 13, Nr. 3741. Wer von den Romantikern in Weimar wann bei den Vorstellungen war, lässt sich nur schwer rekonstruieren, indes werden einige Besuche auch in Briefen erwähnt, etwa von Caroline Schlegel, Ludwig Tieck (1797), Caroline von Schelling (1801) usw.

6   Man denke in diesem Zusammenhang an das in London 1738 errichtete Händel-Denkmal, das den Komponisten ebenfalls mit einer Leier als Signum seines Berufsstandes zeigt. Die Leier allein auf das verklungene, verstummte Instrument der Dichter und damit auf die Klassik bzw. das Klassische oder gar auf archaische Bildprogramme zu reduzieren, greift zu kurz. Unabhängig vom Klassikerstatus, den Mozart nach seinem frühen Tod rascher als andere Komponisten innegehabt haben mag, ist die Modernität seines Schaffens um 1800 mindestens ebenso virulent. Vgl. Lütteken, Mozart (wie Anm. *3*), S. 232 bzw. 226. Sowie zum romantisch deutbaren Mozart Kapitel 12.

7   Brief an Hippel am 4. März 1795, in: E. T. A. Hoffmanns Briefwechsel (wie Kap. 1, Anm. 4), Bd. 1, S. 59. *Don Giovanni* ließ Hoffmann nicht mehr los; noch 1813 versuchte er, die Besonderheit daran festzumachen, dass Mozarts Musik wie kaum eine andere eine Brücke zum Rezipienten schlagen, ihn unmittelbar erreichen könne, vgl. Ernst Theodor Amadeus Hoffmann: Don Juan, in: Allgemeine musikalische Zeitung 15 (1813), Nr. 13, Sp. 213–223. Zu Tiecks Beschreibung der Oper vgl. Kapitel 2.

8   Vgl. ausführlicher zum *Don Giovanni* und seiner Wirkmacht Kapitel 12.

9   Auch die *Zauberflöte* wird als »romantisch-komisch« (bezogen auf die Figur Papageno), als »Aecht-Romantisches« und als »Geisterwelt« bezeichnet, vgl. M-r.: Ueber die Oper, in: Wiener Allgemeine Musik-Zeitung 1 (1813), Heft 26, Sp. 391–397; die

Stilvermischung in diesem Werk gilt anderen gar als »Chaos«, vgl. Journal der Tonkunst, hg. von Heinrich Christoph Koch, Bd. 1 (1795), S. 103f.

10   Carl August Böttiger: Mozarts Denkmal, in: Journal des Luxus und der Moden 14 (1799), S. 582–585, hier S. 585.

11   Rudolf Köpke: Ludwig Tieck. Erinnerungen aus dem Leben des Dichters nach dessen mündlichen und schriftlichen Mitteilungen, Leipzig 1855.

12   Köpke 1855, zit. nach Günzel, König der Romantik (wie Kap. 1, Anm. 5), S. 69.

13   Ebd., S. 97.

14   »Sie hat so wunderbar schön vor ihm [Tieck] gesungen. [...] Was ihren Gesang betrifft, d. h. den extemporierten, so habe ich ihn Tränen dabei weinen sehen«, Brief von Clemens Brentano an Achim von Arnim, zit. nach Günzel, König der Romantik (wie Kap. 1, Anm. 5), S. 174.

15   Tieck, Musikalische Leiden und Freuden, in: Ludwig Tieck. Novellen, Darmstadt 1975, S. 75–128.

16   Ebd.

17   Belmonte und Konstanze oder die Entführung aus dem Serail, komponiert 1781; erste Aufführung in Berlin am 16. Oktober 1788. Tieck hatte sie derzeit (1790) offenbar noch nicht gehört.

18   Tieck, Musikalische Leiden und Freuden (wie Anm. 15), S. 105f.

19   Ebd., S. 106f.

20   Ebd., S. 109.

21   Ebd., S. 110f. Tieck ist nicht der einzige Romantiker, der eine große Bewunderung für Gluck zeigt.

22   Ebd., S. 125.

23   Wackenroder an Tieck, Berlin, 27. November [bis 1. Dezember 1792], in: Wilhelm Heinrich Wackenroder: Sämtliche Werke und Briefe. Historisch-kritische Ausgabe, Bd. 2: Briefwechsel, hg. von Richard Littlejohn, Heidelberg 1991, S. 90.

24   »Ist dieser da, so muß notwendig eine Revolution erfolgen, sonst werden wir so barbarisch in der Kunst als – die Lappländer.« Wackenroder an Tieck, [Berlin], 20. Juli [1792], in: ebd., S. 72.

25   Wackenroder an Tieck, Berlin, [zwischen dem 11. und 14.] Januar 1793, in: ebd., S. 121. Righinis Oper *Enea nel Lazio* wurde am 7. Januar 1793 in Berlin uraufgeführt.

26   Wackenroder an Tieck, [Berlin], 5. Mai [1792], in: ebd., S. 29.

27   Der Essay entstand vermutlich 1797 und wurde 1799 postum publiziert. Vgl. Wackenroder, Sämtliche Werke und Briefe (wie Anm. 23), Bd. 1: Werke, hg. von Silvio Vietta, Heidelberg 1991, S. 216–223.

28   Ebd., S. 222.

29   Eine erste intensive musikwissenschaftliche Behandlung des Textes, die nach musikalischen Vorbildern fragt, stammt von Werner Keil: Wilhelm Heinrich Wackenroder und die Sonatenform, in: Athenäum. Jahrbuch für Romantik 6 (1996), S. 137–151. Er schließt an Steven Paul Scher an, der ebenfalls keine Musik eruieren konnte, vgl. Wackenroder's Vision of Music, in: ders., Verbal Music in German Literature, New

Haven 1968, S. 13–35. Keil indes bemerkt zu Recht die ausgewiesene musikalische Kennerschaft Wackenroders, die seiner Schilderung zugrunde liegt.

30 Eine intensive Prüfung dieses Verlaufes an den Wackenroder zugänglichen, also in Berlin nachweislich erklungenen oder auch von den Frühromantikern insgesamt in ihren Briefen erwähnten Instrumentalsinfonien und/oder Ouvertüren vor 1798 förderte keine entsprechenden Ergebnisse zutage. Ausgeschlossen werden können sämtliche Ouvertüren und Sinfoniesätze von Mozart und Reichardt, die Ouvertüren von Salieri zu *Axur*, den *Danaiden* und *Armida*, von Paisiello zu *La Molinara*, von Piccinni zu *Dido*, von Cimarosa zur *Heimlichen Ehe*, von Cherubini zu *Deux Journées*, von Peter von Winter zu *Das Labyrinth* sowie dessen c-Moll-Ouvertüre op. 24, von Jommelli zu *Il Vologeso*, von Vogler zu Hamlet und von Gluck zu *Alceste*. Für die Unterstützung bei der Suche danke ich Annelies Andries, Peter Gülke, Fabian Kolb und Klaus Pietschmann herzlich.

31 Heinrich Christoph Koch: Versuch einer Anleitung zur Composition, 3 Bde., 1782 bis 1793, hier Bd. 3, § 101ff. Symphonie, S. 304ff.

32 Wackenroder, Sämtliche Werke und Briefe (wie Anm. 23), Bd. 2, S. 26.

33 Ebd.

34 Brief vom 25. November 1795 an Hippel, in: E. T. A. Hoffmanns Briefwechsel (wie Kap. 1, Anm. 4), Bd. 1, S. 69f., hier S. 70.

35 Der Begriff des »period eye« wurde geprägt von Michael Baxandall: Painting and Experience in Fifteenth-Century Italy, Oxford ²1988.

36 Ich danke Holger Berwinkel vom Universitätsarchiv Göttingen herzlich für die Auskunft.

37 Vgl. Wackenroder, Sämtliche Werke und Briefe (wie Anm. 23), Bd. 2, Erläuterungen auf S. 500.

38 Wackenroder an Tieck, [Berlin, 17. November 1792], in: ebd., S. 84.

39 Tieck an Wackenroder, Göttingen, 30. November 1792, in: ebd., S. 86.

40 Wackenroder an Tieck, [Berlin, 11. Dezember 1792], in: ebd., S. 102.

41 Tieck an Wackenroder, Göttingen, [zwischen dem 20.] Dezember 1792 [und dem 7. Januar 1793], in: ebd., S. 108.

42 Entsprechende Auskünfte verdanke ich Wolfgang Bunzel vom Freien Deutschen Hochstift Frankfurt und Stefan Matuschek von der Universität Jena.

43 Tieck an Wackenroder, Halle, 29. Mai 1792, in: Wackenroder, Sämtliche Werke und Briefe (wie Anm. 23), Bd. 2, S. 39.

44 Vgl. Köpke 1855, zit. nach Günzel, König der Romantik (wie Kap. 1, Anm. 5), S. 159.

45 Ich danke den Mitarbeitern des Sing-Akademie-Archivs, Berlin, herzlich für die Auskunft zu den verlorenen Unterrichtsmaterialien.

46 Das einen Brief später thematisierte Schäferspiel *Das Lamm*.

47 Wackenroder an Tieck, Berlin, [1. Mai] 1792, in: Wackenroder, Sämtliche Werke und Briefe (wie Anm. 23) Bd. 2, S. 19f.

48 Tieck an Wackenroder, Leipzig, 10. Mai 1792, in: ebd., S. 27.

49 Wackenroder an Tieck, [Berlin], 12. Mai [1792], in: ebd., S. 37.

50 Werner Flörcke: Novalis und die Musik mit besonderer Berücksichtigung des Musikalischen in Novalis' »Hymnen an die Nacht«, Marburg 1928, S. 41.

51 Von Novalis sind zumindest Äußerungen überliefert, die auf Gattungen, die er kannte und gegeneinander abwog, rückschließen lassen: »Lieder, Epigramme usw. sind für die Poesie, was Ariosen, Angloisen usw. für die Musik sind. Sonaten und Symphonien usw. – das ist wahre Musik!« oder »Tanz und Liedermusik ist eigentlich nicht die wahre Musik. Nur Abarten davon. Sonaten, Symphonien, Fugen, Variationen, das ist eigentliche Musik.« Vgl. Flörcke, Novalis und die Musik (wie Anm. 50), S. 20. Damit wandte sich Novalis gegen den Herder'schen Musik-Begriff, der das Lied voranstellte, zugleich interessierte er sich – ausgehend und sich auch entfernend von Herders Musik-Begriff – für den Ursprung der Musik und der Töne (ebd., S. 27ff.), für den Zusammenhang von Musik und Mathematik (»Möglichkeit eines Bestimmbaren«, ebd., S. 31), für die Wirkung der Musik auf den Menschen (ebd., S. 34ff.).

52 E. T. A. Hoffmanns Briefwechsel (wie Kap. 1, Anm. 4), hier Bd. 1, S. 55.

53 Hoffmann hatte bei Reichardt in den 1790er-Jahren Unterricht (definitiv 1799, vgl. ebd., Bd. 1, S. 147), vgl. die autobiographische Skizze im Brockhaus Conversations-Lexicon von 1818: »Lehrer im Generalbaß und Kontrapunkt waren der Organist Podbielski in Königsberg, und später in Berlin der Kapellmeister Reichardt, der sich seines Landsmanns getreulich annahm«, sowie die autobiographisch eingeleiteten »Nachträglichen Bemerkungen über Spontinis Oper Olympia« von 1821, in: E. T. A. Hoffmann: Sämtliche Werke, Frankfurt a. M. 1992, Bd. 5, Lebens-Ansichten des Katers Murr. Werke 1820–1821, hg. von Hartmut Steinecke [u. a.], S. 613–657.

54 E. T. A. Hoffmanns Briefwechsel (wie Kap. 1, Anm. 4), hier Bd. 1, S. 223f.

55 Ebd., S. 82.

56 »Auch für die Musik hatte er [Wackenroder] einen leitenden und ratenden Freund in Zelter gefunden.« Köpke 1855, zit. nach Günzel, König der Romantik (wie Kap. 1, Anm. 5), S. 158.

57 Ebd., S. 132.

58 Hoffmann schreibt an Itzig am 7. Juli 1807, er sei nun in Berlin und werde »morgen [...] bey M[adame] L[evi] Zelters Bekantschafft [sic] machen!« E. T. A. Hoffmanns Briefwechsel (wie Kap. 1, Anm. 4), hier Bd. 1, S. 213.

59 N. N.: Miscellen und Notizen, in: Apollon 1 (1803), Heft 1, S. 67–71, hier S. 67.

60 Ebd., S. 69.

61 Ebd., S. 68.

62 Das Ganze ergibt umso mehr Sinn, wenn man später den Müller'schen Zyklus und Schuberts Vertonung – in dem *Der Müller und der Bach* als Lied Nr. 19 enthalten ist – vergleichend anschaut: Im tragischen Verlauf des Zyklus wird der Jüngling im Bach seinen Tod finden.

63 Dass die Zelter'sche Liedersammlung neben anderen Liedern, die er zwischen 1796 und 1828 komponierte, in der Edition »Erbe deutscher Musik« als fünfter Band der Abteilung »Frühromantik« rangiert, publiziert 1995 im Henle-Verlag, ist umso bemerkenswerter.

64 Köpke 1855, zit. nach Günzel, König der Romantik (wie Kap. 1, Anm. 5), S. 69f.

65 Vgl. Kapitel 12.

66 Walter Salmen, Reichardts Garten in Halle-Giebichenstein, in: Die Gartenkunst 6 (1994), Heft 1, S. 105–109.

67   Tieck schreibt am 3. Juni 1792 an einen Freund, zit. nach Erich Neuß: Das Gie-bichensteiner Dichterparadies. Johann Friedrich Reichardt und die Herberge der Romantik, Halle ²1949 (Nachdr. Halle 2007), S. 74.

68   Ebd., S. 83.

69   Ebd., S. 107.

70   So schreibt Schlegel an Novalis, er stehe mit Reichardt »in literarischer Verbin-dung«. Brief vom 29. Juni 1796 aus Dresden, in: Friedrich Schlegel und Novalis. Biographie einer Romantiker-Freundschaft in ihren Briefen. Auf Grund neuer Briefe Schlegels, hg. von Max Preitz, Darmstadt 1957, S. 56. Am 23. Juli 1796 schreibt er an Novalis, er werde bei Reichardt in Giebichenstein wohnen (in: ebd., S. 62); am 2. Januar 1797, er solle ihn doch bei Reichardt abholen, dann könne er »R selbst kennen lernen« (in: ebd., S. 68). Novalis entgegnet am 12. Januar 1797: » Reichardt kann Dich ja wohl herüberfah-ren lassen« (in: ebd., S. 70). Schlegel befindet sich am 21. Juni 1797 »auf halbem Wege nach Giebichenstein« (in: ebd., S. 99).

71   Vgl. Flörcke, Novalis und die Musik (wie Anm. 50), S. 20.

72   1798 bei der Veröffentlichung seiner *Lieder der Liebe und der Einsamkeit zur Harfe und zum Klavier zu singen* und seinen *Sechs Canzonetti con accompagnement de pianoforte o arpa* bzw. 1805 bei seinen *Six Romances avec Accompagnement de Fortepiano ou Harpe.*

73   Vgl. Günzel, König der Romantik (wie Kap. 1, Anm. 5), S. 258.

74   Novalis, Schriften (wie Kap. 1, Anm. 1), hier Bd. 3, S. 243f.

3. Neue Debatten: Die Musik spricht – oder nicht?

1   Johann Friedrich Reichardt: Instrumentalmusik, in: Musikalisches Kunstmaga-zin, Bd. 1 (1782), S. 24–25; S. 64–68 (Adagio).

2   Vgl. dazu sowie überhaupt zur Bedeutung der langsamen Sätze für die Frühro-mantik Kapitel 8. Arnfried Edler hat dieses Adagio als »Charakterstück-Experiment« bezeichnet, vgl. Arnfried Edler: »... die Gattungen unterscheiden einen Begriff von dem großen Umfange der Kunst.« Zu Reichardts Perspektive auf die Klaviermusik seiner Zeit, in: Johann Friedrich Reichardt (1752–1814). Musikpublizist und kritischer Korrespondent, hg. von Gabriele Busch-Salmen und Regine Zeller, Hannover 2020, S. 279–300, hier S. 293.

3   Reichardt, Instrumentalmusik (wie Anm. 1), S. 25.

4   Ebd.

5   Ebd.

6   Über musikalische Malerei, an den Königl. Capellmeister Herrn Reichardt geschrieben 1780, in: J[ohann]. J[acob]. Engel's Schriften, Vierter Band. Reden. Ästheti-sche Versuche, S. 299–342, Berlin 1802, erste Veröffentlichung als: J. J. Engel: Ueber die musicalische Mahlerey. An den königlichen Capellmeister, Herrn Reichardt, in: Maga-zin der Musik 1 (1783), 2. Hälfte, S. 1139–1198.

7   Ebd., S. 1141.

8   Ebd., S. 1145.

9   Ebd., S. 1146.

10   Ebd., S. 1147f.

11 Ebd., S. 1158.

12 Ebd., S. 1159.

13 Ebd., S. 1162f. Die Musik stammt tatsächlich von Pierre-Alexandre Monsigny.

14 Hier verweist er auf den Usus, dass in »einer Vorbereitungssymphonie einer Oper schon die ganze Folge von Empfindungen zu legen [sei], welche während des Verlaufs der Handlung bei den Zuhörern rege gemacht werden«, ebd., S. 1166.

15 Moses Mendelssohn: Ueber die Empfindungen, in: Moses Mendelssohn: Ästhetische Schriften in Auswahl, hg. von Otto Best, Darmstadt 31994, S. 29–110. Laurenz Lütteken erkannte, dass Musik für Moses Mendelssohn »in ihrem diffusen Sinneneindruck eben nicht besonders verwerflich, sondern hochgradig komplex« sei, und empfand dies im Sinne einer beinahe frühromantischen Perspektive als »ebenso frappierend wie beispiellos«, vgl. ders.: Zwischen Ohr und Verstand: Moses Mendelssohn, Johann Philipp Kirnberger und die Begründung des »reinen Satzes« in der Musik, in: Musik und Ästhetik im Berlin Moses Mendelssohns (= Wolfenbütteler Studien zur Aufklärung 25), hg. von Anselm Gerhard, Tübingen 1999, S. 135–164.

16 In dem Zusammenhang verweist Engel auf eine Theorie (zur Instrumentalmusik?), die noch nicht bekannt (oder geschrieben?) sei: »Wenn ich eine noch nicht bekannt gewordene Theorie von den verschiednen Ideenreihen und ihren Gesetzen hier voraussetzen dürfte; so würd' ich sagen, dass die Ideenreihe keine andere als die lyrische sein muss«, ebd., S. 1166f. Möglicherweise bezieht er sich auf Johann Philipp Kirnberger: Methode, Sonaten aus'm Ermel zu schüddeln, Berlin 1783. Bereits in Kirnbergers allgemeiner Kompositionslehre – *Die Kunst des reinen Satzes in der Musik* von 1771 bis 1779 – ist von Empfindungswechseln die Rede.

17 Engel, Über musikalische Malerei (wie Anm. 6), S. 1170.

18 Ebd., S. 1174.

19 Ebd., S. 1176.

20 Dass der Instrumentalpart auch in Opern an Bedeutung gewinne, ist ebenfalls Thema der Musikpresse, etwa in der Rezension zu Bernhard Anselm Weber: Die Geisterbeschwörung; eine komische Oper in zwei Akten, in: Berlinische Musikalische Zeitung (1793), S. 61–62, hier S. 61.

21 N. N.: 3. Briefe musikalischen Inhalts. Zweiter Brief, in: Musikalische Monathsschrift 1 (1792), Heft 5, November, S. 120–122.

22 Friedrich Rochlitz: Einige flüchtige Worte über die Verbindung der Musik mit der Poesie, in: Allgemeine musikalische Zeitung 1 (1799), Heft 28, Sp. 433–440, hier S. 433.

23 Ebd.

24 V. T. [Johann Carl Friedrich Triest]: Ueber die Tonkunst, in: Allgemeine musikalische Zeitung 1 (1799), Heft 44, Sp. 721–727; Heft 45, Sp. 737–743; Heft 46, Sp. 753–760; Heft 47, Sp. 769–777; hier Heft 45, Sp. 737.

25 Vgl. dazu die noch ungedruckte Dissertation von Alexander Faschon: »Man muss aber auch nicht überall nur unterhalten sey wollen!« Untersuchungen zur Werkanalyse in deutschsprachigen Musikzeitschriften (1766–1830), Heidelberg 2021.

26 N. N.: Recensionen. Die neuesten Compositionen von F. A. Kanne, in: Apollon 1 (1803), Heft 5, S. 352–364; Heft 6, S. 427–438, hier Heft 5, S. 355.

27 V. T. [von Triest], Ueber die Tonkunst (wie Anm. 24); hier Heft 46, S. 754f.

28 N. N., Recensionen. Die neuesten Compositionen von F. A. Kanne (wie Anm. 26); hier Heft 5, S. 358.

29 Ebd., Heft 6, S. 437.

30 Christian Friedrich Michaelis: Ueber das Idealische der Tonkunst, in: Allgemeine musikalische Zeitung 10 (1808), Heft 29, Sp. 449–452, hier Sp. 452.

31 F. A. Kanne: Die verfehlte Stunde, Leipzig, C. F. Peters, Erstdruck o. D. [August 1802] (Partitur). Exemplar im Sächsischen Staatsarchiv Arch.-Nr. 21070. Das Lied ist dem dänischen Dichter Henrik Steffens gewidmet, vgl. zu dessen Nähe zum Romantikerkreis Kapitel 1.

32 Taschenbuch und Almanach zum geselligen Vergnügen, hg. von Wilhelm Gottlieb Becker, Leipzig 1796, S. 235–237. Zu denen, die das Lied vertont haben, gehört neben Hans-Georg Nägeli auch Franz Schubert (D 409), der 1816 zwei Fassungen komponiert hat.

33 Auch Schubert wählt eine zweiteilige Anlage mit der Vorzeichnung »Unruhig« für die Strophen und »geschwind« (1. Fassung) bzw. »Schnell« (2. Fassung) für die Refrains. Tonartlich wählt er die Parallele f-Moll (für die Strophen), für den Refrain indes ebenfalls As-Dur, in dem seine zwei Liedfassungen auch schließen. Ob man aus dieser musikalischen Nähe zwischen Kanne und Schubert, zu der auch die punktierte Prägung der Gesangsstimme zu Beginn sowie die zwischen den Klavierhänden aufgespannte Arpeggienbegleitung mit Orgelpunkt im jeweils ersten Teil gehören, schließen muss, dass Schubert das ältere Lied kannte, sei dahingestellt. Möglich ist es durchaus.

34 Bei Schubert umwandert das Klaviernachspiel (das bei Kanne fehlt) erneut den Zielton, nachdem der Gesang bereits geendet hat.

35 N. N., Recensionen. Die neuesten Compositionen von F. A. Kanne (wie Anm. 26); hier Heft 5, S. 364.

36 Ebd.

37 Wackenroder gelang in diesem Zusammenhang die wohl schönste Einfassung in Worte: »Und doch kann ich's nicht lassen, noch den letzten höchsten Triumph der Instrumente zu preisen: ich meine jene göttlichen großen Symphoniestücke, (von inspirirten Geistern hervorgebracht,) worin nicht eine einzelne Empfindung gezeichnet, sondern eine ganze Welt, ein ganzes Drama menschlichen Affekten [sic] ausgeströmt ist.« Wackenroder, Das eigenthümlich innere Wesen der Tonkunst (wie Kap. 2, Anm. 27), S. 221f.

38 Paris 1779, übersetzt von Johann Adam Hiller 1781.

39 Christian Friedrich Michaelis: Ueber den Geist der Tonkunst. Mit Rücksicht auf Kants Kritik der ästhetischen Urtheilskraft. Ein ästhetischer Versuch, Leipzig 1795, Kap. VI. Ueber die Unbestimmtheit des musikalischen Ausdrucks und den Begriff der Musik, S. 48–54, hier S. 53.

40 Lettres écrites de France pendant l'année 1790. Par Miss Williams, traduit de l'Anglois, Paris 1791.

41 N. N.: Etwas über musikalische Poesie, in: Musikalische Monathsschrift 1 (1792), Heft 3, September, S. 61–64, hier S. 61.

42 Wackenroder, Das eigenthümlich innere Wesen der Tonkunst (wie Kap. 2, Anm. 27), S. 220.

43   Athenaeums-Fragment Nr. 444, in: Kritische Friedrich-Schlegel-Ausgabe, hg. von Ernst Behler. Erste Abteilung. Kritische Neuausgabe, Bd. 2, Charakteristiken und Kritiken I (1796–1801), hg. von Hans Eichner, München [u. a.] 1967, S. 254.

44   M.[ichaelis]: Noch einige vermischte Bemerkungen, in: Berlinische Musikalische Zeitung 1 (1805), Nr. 45, S. [175]–177, hier S. [175].

45   V. T. [von Triest], Ueber die Tonkunst (wie Anm. 24), hier Heft 47, S. 774.

46   M.[ichaelis], Noch einige vermischte Bemerkungen (wie Anm. 44), S. 176.

47   N. N. [Johann Carl Friedrich Triest]: Bemerkungen über die Ausbildung der Tonkunst in Deutschland im achtzehnten Jahrhundert, in: Allgemeine musikalische Zeitung 3 (1801), Heft 14, Sp. 225–235; Heft 15, Sp. 241–249; Heft 16, Sp. 257–264; Heft 17, Sp. 273–286; Heft 18, Sp. 297–308; Heft 19, Sp. 321–331; Heft 22, Sp. 369–379; Heft 23, Sp. 389–401; Heft 24, Sp. 405–410; Heft 25, Sp. 421–432; Heft 26, Sp. 437–445; hier Heft 24, Sp. 410.

48   Ebd., Heft 24, Sp. 406.

49   Ebd.

50   August Apel: Musik und Poesie, in: Allgemeine musikalische Zeitung 8 (1806), Heft 29, Sp. 449–470.

51   Ebd., Sp. 450.

52   Ebd.

4. Neue Modelle: Reflexion und Kritik

1   Behler, Athenaeum (wie Kap. 1, Anm. 62), S. 13.

2   Vgl. dazu Kapitel 7.

3   Vgl. dazu Pikulik, Frühromantik (wie Kap. 1, Anm. 32), S. 155.

4   Vgl. ebd., S. 147.

5   Georg Joseph Vogler: Betrachtungen der Mannheimer Tonschule, 2 Bde., Speyer 1778, S. 35.

6   [Cramer?]: Von der Theorie der Musik in so fern sie Liebhabern und Kennern nothwendig und nützlich ist, in: Magazin der Musik 1 (1783), 1. Hälfte, den 1sten Sept., S. 855–912, hier S. 863.

7   Ebd., S. 897.

8   Ebd., S. 898.

9   Fritz Dalberg: Blicke eines Tonkünstlers in die Musik der Geister, Mannheim 1787.

10   Im New Grove ist Dalberg damit ein »erster Romantiker«, vgl. Howard Serwer, Art. Dalberg, Johann Friedrich Hugo von, in: NGrove, Bd. 6 [Claudel to Dante], Oxford 2001, S. 847: »The earliest of these writings appeared in the 1780 and establishes Dalberg as one of the first musical Romantics.«

11   Dalberg, Blicke eines Tonkünstlers in die Musik der Geister (wie Anm. 9), S. 5.

12   Ebd., S. 6f.

13   Ebd., S. 8–12.

14   Ebd., S. 21.

15   Ebd., S. 7.

16   Zwar anders argumentierend, indes in gleicher Weise wie der Katholik Dalberg überzeugt davon, dass Kunst des (vorreformatorischen) Christentums bedürfe, war Novalis in seinem berühmten Text »Die Christenheit und Europa«, in: Novalis. Werke, Tagebücher und Briefe Friedrich von Hardenberg, Bd. 2, hg. von Hans-Joachim Mähl und Richard Samuel, Wien 1978, S. 729–750.

17   N. N., 3. Briefe musikalischen Inhalts (wie Kap. 3, Anm. 21), S. 122.

18   Hr. Hofrath Eschenburg (Übers.): Doktor Burney's Versuch über musikalische Kritik, in: Musikalisches Wochenblatt 1 (1792), Heft 10, S. 73–75; Heft 11, S. 81–82, hier Heft 10, S. 73.

19   Friedrich Rochlitz: Die Verschiedenheit der Urtheile über Werke der Tonkunst, in: Allgemeine musikalische Zeitung 1 (1799), Heft 32, Sp. 497–506, hier Sp. 497.

20   N. N.: Die Jahreszeiten nach Thomson, in: Allgemeine musikalische Zeitung 3 (1801), Heft 34, Sp. 575–579 [Libretto als Beilage Nr. VII], hier Sp. 578.

21   N. N. [Ignaz Arnold]: Recension. Die Schöpfung, in: Allgemeine musikalische Zeitung 4 (1802), Heft 24, Sp. 385–396, hier Sp. 385.

22   Hans G. Nägeli: Versuch einer Norm für die Recensenten der musikalischen Zeitung, in: Allgemeine musikalische Zeitung 5 (1802); Heft 14, Sp. 225–237; Heft 16, Sp. 265–274.

23   Ebd., Heft 16, Sp. 267.

24   Ebd., Sp. 274.

25   Johann Friedrich Reichardt: Einleitung der Berlinischen Musikalischen Zeitung 1 (1805), Nr. 1, S. [1]–4, hier S. 4.

26   Michaelis, Ueber den Geist der Tonkunst (wie Kap. 3, Anm. 39), Kap. VI. Ueber die Unbestimmtheit des musikalischen Ausdrucks und den Begriff der Musik, S. 48–54, hier S. 51.

27   Ebd., S. 56.

28   Ebd., S. 56f.

29   N. N. [Johann C. F. Triest]: Etwas über den Werth der Musik überhaupt, und die Mittel, ihn zu erhöhen, in: Allgemeine musikalische Zeitung 2 (1800), Heft 48, Sp. 817–823; Heft 49, Sp. 833–841; Heft 50, Sp. 849–856, hier Heft 48, Sp. 821.

30   So ist der Regelbruch dann legitim, wenn es ohne ihn »nicht möglich wäre, ein noch wichtigeres Kunstgesetz zu erfüllen, d. h. einen höhern Zweck zu erreichen.« Ebd., Heft 50, Sp. 855.

31   Michaelis: Ueber den Geist der Tonkunst, in: Allgemeine musikalische Zeitung 6 (1804), Heft 50, Sp. 829–834, hier Sp. 831.

32   Ebd.

33   [Ignaz Arnold], Recension. Die Schöpfung (wie Anm. 21), hier Sp. 391.

34   N. N. [Triest], Bemerkungen über die Ausbildung der Tonkunst in Deutschland (wie Kap. 3, Anm. 47), hier Heft 16, Sp. 260.

35   N. N.: Zum Andenken Johann Adam Hillers, in: Allgemeine musikalische Zeitung 6 (1804), Heft 51, Sp. 845–858; Heft 52, Sp. 861–872, hier Sp. 867f.

36   Reichardt, Einleitung der Berlinischen Musikalischen Zeitung (wie Anm. 25), S. 2.

37   Günzel, König der Romantik (wie Kap. 1, Anm. 5), S. 223.

38   Vgl. Kapitel 1.

39   »Wir suchen immer das Unbedingte, und finden immer nur Dinge«. In: Novalis: Schriften. Die Werke Friedrich von Hardenbergs, hg. von Paul Kluckhohn und Richard Samuel, Darmstadt 1978–1983, hier Bd. 2, S. 412.

40   Novalis: Heinrich von Ofterdingen, in: Novalis. Schriften (wie Kap. 1, Anm. 33), Bd. 1: Das dichterische Werk, Tagebücher und Briefe, S. 237–413, hier S. 240.

41   Zit. nach Frank, Einführung in die frühromantische Ästhetik (wie Kap. 1, Anm. 2), ⁶2015, S. 44.

42   Ebd., S. 130.

43   Ebd., S. 218.

44   Vor allem in seiner Jenaer Vorlesung »Verhältnis des Schönen zur Vernunft« (1792), vgl. dazu ebd., S. 110–113.

45   Ebd., S. 218 sowie 95 und 157.

46   Ebd., S. 306 und 324.

47   Zit. nach ebd., S. 255 und 271.

48   Vgl. dazu Dirk von Petersdorff und Christiane Wiesenfeldt: »Wohin«? Wilhelm Müllers und Franz Schuberts romantische Suchbewegung, in: Romantik erkennen – Modelle finden, hg. von Stefan Matuschek und Sandra Kerschbaumer, Paderborn 2019, S. 144–168.

49   Vgl. Der Komponist Friedrich Ludwig Æmilius Kunzen (1761–1817). Gattungen, Werke, Kontexte, hg. von Melanie Wald-Fuhrmann und Christiane Wiesenfeldt, Köln [u. a.] 2015, S. 204.

50   Carl Friedrich Cramer: Magazin der Musik 1 (1783), S. 61–67.

5. Neue Autorkonzepte

1   N. N.: Recension. Sinfonia eroica [...] da Luigi van Beethoven, in: Allgemeine musikalische Zeitung 9 (1807), Heft 21, Sp. 321–334, hier Sp. 332.

2   Johann Friedrich Reichardt: Johann Sebastian Bach, in: Musikalisches Kunstmagazin, Bd. 1 (1782), S. 196f., hier S. 196.

3   Ob man deshalb mit Norbert Miller so weit gehen muss, »Reichardts Kunstäußerung [...] nicht immer wörtlich zu nehmen«, sei dahingestellt. Eine fantastische Diktion war durchaus kein fachlicher Makel, sondern eine romantische Stilform. Vgl. Norbert Miller: Johann Friedrich Reichardt und die preußischen Anfänge der Romantik, in: Dahlhaus und ders., Europäische Romantik in der Musik (wie Kap. 1, Anm. 54), Bd. 2, S. 3–54, hier S. 29.

4   Reichardt, Johann Sebastian Bach (wie Anm. 2), S. 197.

5   Ebd.

6   Johann Wolfgang von Goethe: Von deutscher Baukunst (1772), in: Goethes Werke, Hamburger Ausgabe, Bd. XII, Hamburg 1960, S. 7–15.

7   Wilhelm Heinse: Zum Strassburger Münster, in: Aufzeichnungen 1768–1783. Texte (Die Aufzeichnungen, Frankfurter Nachlass, hg. von Markus Bernauer u. a., Bd. 1), München 2003, S. 446–450.

8   Reichardt, Johann Sebastian Bach (wie Anm. 2), S. 197.

9   Ebd.

10 Zit. nach ebd.

11 N. N. [Johann Nikolaus Forkel]: Nachrichten von einigen berühmten Tonsetzern, in: Musikalischer Almanach 1783, S. 103–122.

12 Ebd., S. 119.

13 Ebd., S. 122.

14 N. N. [Johann Nikolaus Forkel]: Nachrichten von einigen berühmten Tonsetzern, in: Musikalischer Almanach 1784, S. 156–178.

15 Ebd., S. 161.

16 Ähnliches ist noch 1809 zu beobachten, wenn in einer emphatisch-poetischen Rezension der Württembergischen Sonaten Carl Philipp Emanuel Bachs über seine kühne Harmonik nachgedacht wird, die sogar »Träume von Erwartungen« im Spieler freisetze, vgl. Horstig: Die sogenannten Wirtembergischen Sonaten von Bach, in: Allgemeine musikalische Zeitung 12 (1809), Heft 13, Sp. 193–195, hier Sp. 195.

17 Johann Nikolaus Forkel: Ueber Johann Sebastian Bachs Leben, Kunst und Kunstwerke, Leipzig 1802, Kap. XI, S. 67.

18 Ebd., S. 69.

19 N. N., Zum Andenken Johann Adam Hillers (wie Kap. 4, Anm. 35), hier Heft 52, Sp. 861–872.

20 Fr. M. [Christian Friedrich Michaelis]: Recension. Karl Friedrich Christian Fasch von Karl Friedrich Zelter, in: Berlinische Musikalische Zeitung 1 (1805), Nr. 15, S. [57]–60, hier S. 59f.

21 Fritz von Dalberg: Vom Erfinden und Bilden, Frankfurt 1791.

22 An »J. Verschaffelt«, wohl der in Neapel tätige Architekturmaler Maximilian von Verschaffelt, der Sohn des Mannheimer Hofmalers Peter Anton Verschaffelt, vgl. ebd., Vorblatt.

23 Ebd., S. 1.

24 Ebd., S. 3.

25 Ebd., S. 13.

26 Autobiographie von Johann Friedrich Reichardt, in: Berlinische Musikalische Zeitung 1 (1805), Heft 55, S. 215–218; Heft 56, S. 219–222; Heft 65, S. 255–258; Heft 66, S. 259–260; Heft 71, S. 279–281; Heft 78, S. 309–310; Heft 79, S. 311–314; Heft 82, S. 323–325; Heft 84, S. 331–334; Heft 89, S. 351–354.

27 Ebd., Heft 55, S. 215.

28 Ebd.

29 Michaelis, Ueber den Geist der Tonkunst (wie Kap. 3, Anm. 39), Kap. XI. Inwiefern bedarf der Tonkünstler der Kunstregeln, S. 79–81, hier S. 79.

30 Ebd., S. 80.

31 Ebd., S. 81.

32 M.[ichaelis?]: Ueber die wichtigsten Erfordernisse der Tonkunst, in: Berlinische Musikalische Zeitung 1 (1805), Nr. 33, S. [129]–131, Nr. 34, S. [133]–135: Der Stoff sei für den guten Komponisten »nur ein Werkzeug und Medium, seine Ideen zu offenbaren, seine höchsten Gefühle auszusprechen«, S. [129].

33 Friedrich Fleischmann: Wie muss ein Tonstück beschaffen seyn, um gut genannt werden zu können? – Was ist erforderlich zu einem vollkommenen Komponisten?,

in: Allgemeine musikalische Zeitung 1 (1798/99), Heft 14 (1799), Sp. 209–213; Heft 15, Sp. 225–228. Der 1766 geborene Autor verstarb im November 1798, ein Nachruf erschien in Heft 27 (1798), Sp. 417–422.

34 Ebd., Heft 15, Sp. 227.

35 Ebd., Sp. 228.

36 N. N.: Betrachtungen über die Musik, in: Jahrbuch der Tonkunst von Wien und Prag (1796), S. 159–178/168 [Seitenzählung fehlerhaft im Original], insbes. S. 163–171.

37 Friedrich Rochlitz: Verbürgte Anekdoten aus Wolfgang Gottlieb Mozarts Leben, ein Beytrag zur richtigern Kenntnis dieses Mannes als Mensch und Künstler, in: Allgemeine musikalische Zeitung 1 (1798), Sp. 19–24, 49–55, 81–86, 113–117, 145–152 und 177–183, hier Sp. 83.

38 N. N.: Pergolesi, in: Musikalisches Wochenblatt 1 (1792), Heft 15, S. 113–115; Heft 16, S. 121–123, v. a. S. 121.

39 N. N.: Nachrichten von Johann Samuel Schröter, in: Musikalisches Wochenblatt 1 (1792), Heft 12, S. 89–90. Der 1755 geborene Schröter wird als Schüler Carl Philipp Emanuel Bachs bezeichnet.

40 Vgl. zum Geschichtsverhältnis Kapitel 7.

41 N. N., Etwas über musikalische Poesie (wie Kap. 3, Anm. 41), hier S. 63.

42 Christian Gottfried Körner: Ueber Charakterdarstellung in der Musik, in: Die Horen, hg. von Friedrich Schiller, Jahrgang 1795. Fünftes Stück, VI., S. 97–121.

43 Ebd., S. 98.

44 Ebd.

45 M.[ichaelis], Noch einige vermischte Bemerkungen (wie Kap. 3, Anm. 45), S. [175]–177, S. [175]. Die Kritik an mangelnder Originalität gehört ebenso zu den Konstanten der Autor-Beobachtung. So bemängelt Bernhard Anselm Weber an der Oper *Die Geisterbeschwörung* von Cartellieri, dass diese im Stile Dittersdorfs geschrieben sei, und mahnt eine höhere Eigenständigkeit an, in: Weber, Die Geisterbeschwörung (wie Kap. 3, Anm. 20), S. 62.

46 C. F.: Einige Bemerkungen über die Gemüthsart und den Charakter, welche dem musikalischen Vortrage und Componiren günstig sind, in: Berlinische Musikalische Zeitung 1 (1805), Nr. 20, S. [77]–78. Michaelis reflektiert über den idealen Komponisten, der keine »zufällige Gemütsstimmung« oder »Temperamentseigenheiten« in die Musik legt, sondern »allein den Zauber, welchen der objective Zweck der schönen Darstellung verlangt. Er verliert sich ganz in seinem Gegenstande« (ebd., S. 78).

47 M.[ichaelis?], Ueber die wichtigsten Erfordernisse der Tonkunst (wie Anm. 32), unterscheidet den »Modecomponist[en]« vom »edlere[n] Künstler« (S. 131).

48 N. N., Zum Andenken Johann Adam Hillers (wie Kap. 4, Anm. 35), hier Heft 51, Sp. 846.

49 N. N. [Triest], Bemerkungen über die Ausbildung der Tonkunst (wie Kap. 3, Anm. 47), hier Sp. 225.

50 Ebd., Sp. 226.

51 [Johann Friedrich Reichardt]: An junge Künstler, in: Musikalisches Kunstmagazin, Bd. 1 (1782), S. 1–7, S. 6f.

6. Die Entdeckung des Hörers

1   Moses Mendelssohn, Ueber die Empfindungen (wie Kap. 3, Anm. 15), S. 42.

2   Moses Mendelssohn: Ueber die Hauptgrundsätze der schönen Künste und Wissenschaften, in: Moses Mendelssohn: Gesammelte Schriften. Jubiläumsausgabe, Bd. I,
Berlin 1929, S. 425–452, hier S. 436.

3   Vgl. dazu bereits Lütteken, Zwischen Ohr und Verstand: Moses Mendelssohn (wie
Kap. 3, Anm. 15), S. 135–164.

4   Sven Gesse: Moses Mendelssohns Theorie der Empfindungen und die Poetik der
Mischform, in: ebd., S. 117–134, hier S. 128.

5   Moses Mendelssohn: Von der lyrischen Poesie [Manuskript 1778], in: Moses Mendelssohn: Gesammelte Schriften. Jubiläumsausgabe, Bd. III/1, Berlin 1932, S. 335–341.

6   Ebd., S. 335f.

7   Moses Mendelssohn, Ueber die Empfindungen (wie Kap. 3, Anm. 15), S. 36.

8   Jean Paul: Biographische Belustigungen unter der Gehirnschale einer Riesin. Erste
Biographische Belustigung, sub 1. Mai »Abends um 5 1/2 Uhr« (vermutlich vor 1797), in:
Jean Paul. Werke, Bd. 4, hg. von Norbert Miller, München 1962, S. 261–407, hier S. 286.

9   Briefwechsel zwischen Goethe und Zelter in den Jahren 1799 bis 1832, hg. von Hans-
Günter Ottenberg und Edith Zehm in Zusammenarbeit mit Anita Golz, Jürgen Gruß,
Wolfgang Ritschel und Sabine Schäfer (= Johann Wolfgang Goethe. Sämtliche Werke
nach Epochen seines Schaffens. Münchner Ausgabe, Bd. 20.1), München 1991, S. 219.

10   Wackenroder an Tieck, [Berlin] 5. Mai 1792, in: Wackenroder, Sämtliche Werke
und Briefe (wie Kap. 2, Anm. 23), Bd. 2, S. 29.

11   Ebd., S. 222f.

12   N. N. [Triest], Bemerkungen über die Ausbildung der Tonkunst (wie Kap. 3,
Anm. 47), hier Heft 23, Sp. 397.

13   Fr.[iedrich] Rochlitz: Bruchstücke aus dem noch ungedruckten Buche: Ferdinand,
Geschichte der Bildung eines Tonkünstlers, in: Allgemeine musikalische Zeitung 5 (1802),
Heft 1, Sp. 1–18; Heft 3, Sp. 41–52; Heft 4, Sp. 57–70; Heft 4, Sp. 73–85; Heft 5, Sp. 89–100.

14   Ebd., Heft 3, Sp. 43.

15   Ebd., Sp. 48.

16   Ebd., Sp. 51.

17   Ebd., Heft 4, Sp. 70.

18   Ebd., Heft 5, Sp. 90.

19   Ebd., Heft 1, Sp. 14.

20   Rochlitz, Die Verschiedenheit der Urtheile (wie Kap. 4, Anm. 19).

21   Ebd., Sp. 498.

22   Jean Paul: Die unsichtbare Loge. Eine Lebensbeschreibung, in: Jean Paul. Werke,
Bd. 1, hg. von Norbert Miller, München 1981, S. 400–414, hier S. 404f.

23   Rochlitz, Die Verschiedenheit der Urtheile (wie Kap. 4, Anm. 19), hier Sp. 503–505.

24   Ebd., Sp. 505.

25   C. F. M.: Ueber musikalischen Geschmack, in: Allgemeine musikalische Zeitung 9
(1806), Heft 4, Sp. 49–57.

26 Ebd., Sp. 56f.

27 C. F.: Einige Bemerkungen über die Macht der Tonkunst, in: Berlinische Musika-lische Zeitung 1 (1805), Nr. 51, S. [199]–201.

28 Ebd., S. 200. Hier zeichnen sich bereits die später durchaus problematischen Les-arten von nationaler Musik als höher- oder minderwertig ab. Vgl. dazu auch den italien-kritischen Text desselben Jahres: N. N.: Ein französisches Urtheil über die italiänische Opera buffa, in: Berlinische Musikalische Zeitung 1 (1805), Nr. 5, S. [17]–19, in dem eine Typologie des italienischen und französischen Opernhörers entworfen und anschlie-ßend aus französischer Hörerperspektive den Italienern »modischer Singsang« vor-geworfen wird (S. 19).

29 Ebd.

30 Natorp, mit Vorwort J. F. R: Unsre Concerte, in: Berlinische Musikalische Zeitung 1 (1805), Nr. 53, S. [207]–210, und Nr. 54, S. [211]–213.

31 Anleitung zur Unterweisung im Singen für Lehrer in Volksschulen, 2 Bde., Pots-dam, Duisburg und Essen 1813 und 1820; Lehrbüchlein der Singekunst. Für die Jugend in Volksschulen, 2 Bde., Essen 1816 und 1820.

32 Natorp, Unsre Concerte (wie Anm. 30), Nr. 53, S. 208f.

33 Ebd., Nr. 54, S. 211.

34 Ebd., S. 212.

35 Gesamtes Konzertprogramm in ebd., S. 212f.

36 Ebd., S. 212.

37 Ebd.

38 Felix Mendelssohn hat diesen Psalm später in seinem *Elias* vertont, um 1805 ist mir keine Komposition bekannt, die Psalm 121,4 als Bassrezitativ umgesetzt hat.

39 1781 ist bereits eine dreistimmige Fassung des Liedes publiziert worden, von Gott-lob Friedrich Hillmer: Oden und Lieder Moralischen Innhalts [sic], Frankfurt an der Oder 1781, S. 20. Sie folgt nicht der Melodie aus Notenbeispiel 6, wie sie in den Freimau-rer-Liederbüchern zu finden ist, zuerst 1777 in: Lieder zum Gebrauch in den Logen, Breslau 1777, Nr. 48, S. 92.

7. Alte Geschichte(n): Neue Inspiration

1 Stephen Bann: Romanticism and the Rise of History, New York 1995, S. 10.

2 Friedrich Schlegel: Rede über die Mythologie, in: Kritische Friedrich-Schlegel-Ausgabe (wie Kap. 3, Anm. 43), S. 311–322, hier S. 312; vgl. dazu auch Manfred Frank: Der kommende Gott. Vorlesungen über die Neue Mythologie, Frankfurt a. M. 1982, ⁸2015, S. 206f.

3 Vgl. u. a. Andrea Siegmund: Die romantische Ruine im Landschaftsgarten. Ein Beitrag zum Verhältnis der Romantik zu Barock und Klassik, Würzburg 2002.

4 Vgl. zur Baugeschichte im Detail: Das Römische Haus in Weimar, hg. von Andreas Beyer, München, Wien 2001.

5 Dieter Martin: Barock um 1800. Bearbeitung und Aneignung deutscher Literatur des 17. Jahrhunderts von 1770 bis 1830, Frankfurt a. M. 2000, S. 23.

6   Friedrich Schlegel: Kritische Schriften und Fragmente, in: Kritische Friedrich-Schlegel-Ausgabe (wie Kap. 3, Anm. 43), hier Bd. 2, hg. von Hans Eichner, Paderborn [u. a.] 1981, S. 241.

7   Konrad Huschke: Beethoven als Pianist und Dirigent, Berlin 1919, S. 24ff.

8   Johann Christoph Gottsched: Erste Gründe der gesammten Weltweisheit darinn alle philosophische Wissenschaften in ihrer natürlichen Verknüpfung abgehandelt werden, Zum Gebrauch Academischer Lectionen entworfen, Erster, Theoretischer Theil, Leipzig 1733/34.

9   Vgl. dazu, bezogen auf die Literatur, Herbert Jaumann: Die deutsche Barockliteratur. Wertung – Umwertung. Eine wertungsgeschichtliche Studie in systematischer Absicht, Bonn 1975.

10   Vgl. Kap. 5, Anm. 6.

11   Artikel Barock, in: Ästhetische Grundbegriffe. Historisches Wörterbuch in sieben Bänden, Bd. 1, hg. von Karlheinz Barck [u. a.], Stuttgart 2000, S. 578–618.

12   Ich bin Friederike Grigat, Beethoven-Haus Bonn, sehr dankbar für die Hinweise zu Beethovens Bibliothek. Derzeit arbeitet sie an der Rekonstruktion der Beethoven-Bibliothek sowie an einem Verzeichnis seiner Lektüren. Eine Hauptquelle dazu ist das Nachlassverzeichnis von Anton Gräffer, Beethoven-Haus Bonn, NE 103, III, 11.

13   Dazu das Lied »Auf, auf ihr Brüder und seid stark« von Christian Friedrich Daniel Schubart, Erstausgabe 1787.

14   Johann Joseph Fux: Gradus ad Parnassum oder Anführung zur Regelmäßigen Musikalischen Composition, Leipzig 1742.

15   Friedrich Wilhelm Marpurg: Abhandlung von der Fuge nach den Grundsätzen und Exempeln der besten deutschen und ausländischen Meister entworfen, 2 Bde., Berlin 1753–1754.

16   Johann Georg Albrechtsberger: Gründliche Anweisung zur Komposition, Leipzig 1790.

17   Johann Philipp Kirnberger: Gedanken über die verschiedenen Lehrarten der Komposition, Grundsätze des Generalbasses als erste Linien zur Composition, Wien 1808.

18   Anton Gräffer: Nachlassverzeichnis Ludwig van Beethovens. Abschrift von Aloys Fuchs, Beethoven-Haus Bonn, NE 103, III, 11, Nr. 200ff.

19   Ebd., Nr. 247ff.

20   Ebd., Camphuysen, »Stichtelyke rymen«, hier Nr. 249.

21   Ebd., fol. 14r–v.

22   Ludwig van Beethoven. Thematisch-bibliographisches Werkverzeichnis, hg. von Kurt Dorfmüller, Norbert Gertsch und Julia Ronge, 2 Bde., München 2014, Bd. 2, S. 647ff.

23   »Die Bachschen Fugen aber hat wohl keiner wieder mit dem gleichen Ernst und der gleichen Tiefe erfaßt wie er [Beethoven]. Hier stand er als der berufenste Interpret des großen Thomaskantors auf unübersteigbar dichterischmusikalischer Höhe«, vgl. Huschke, Beethoven als Pianist und Dirigent (wie Anm. 7), S. 28.

24   So stellt Michaelis die vergängliche Modekunst dem »Wahren, Hohen und Ewiggroßen« der »alten Meister« gegenüber. Aus ihnen nur lasse sich ablesen, wie man das

»schöne Ganze« bilde, in: C. F. Michaelis: Vermischte Bemerkungen über Musik, in: Berlinische Musikalische Zeitung 2 (1806), Nr. 21, S. [81]–82, Nr. 24, S. [93]–94, Nr. 27, S. [105]–106.

25   Sie erschien in einer kritischen Ausgabe 1961 in der Neuen Mozart-Ausgabe und wird bis heute – trotz historisch informierter Aufführungspraxis – oft gespielt.

26   N. N.: Große Concertaufführung, in: Berlinische Musikalische Zeitung 1 (1805), Nr. 2, S. [5]–8.

27   Achim von Arnim: Von Volksliedern, in: Berlinische Musikalische Zeitung 1 (1805), Nr. 20, S. 80, Nr. 21, S. 83, Nr. 22, S. 86–88, Nr. 23, S. 90–91, Nr. 24, S. 103; hier Nr. 21, S. 83. Die vollständige Fassung des Brieftextes wurde zum festen Bestandteil des kurz darauf erschienenen Bandes 1 von *Des Knaben Wunderhorn*, Heidelberg [u. a.] 1806 [ersch. 1805], S. 425–464, und bildet damit eine ästhetische Rahmung der Liedersammlung sowie zugleich eine Reverenz an den Freund Reichardt.

28   Ebd., hier Nr. 22, S. 87.

29   Friedrich Schlimbach: Einige Bemerkungen bei Gelegenheit so vieler, ja der meisten neuen und neumodischen Liedersammlungen, in: Berlinische Musikalische Zeitung 2 (1806), Nr. 12, S. 46–47, Nr. 20, S. [77]–79; hier Nr. 20, S. 78.

30   Fr.[iedrich] Rochlitz: Raphael und Mozart, in: Allgemeine musikalische Zeitung 2 (1800), Heft 37, Sp. 641–651, hier Sp. 643–645.

31   Dorfmüller, Ludwig van Beethoven. Thematisch-bibliographisches Werkverzeichnis (wie Anm. 22), Bd. 2, S. 471ff.

32   Wilhelm Lenz: Beethoven. Eine Kunststudie, Hamburg 1860, Bd. 4, S. 219.

33   Vgl. die instruktiven Analysen von Tobias Janz zu den Beethoven-Variationen ab 1802, die in die Frage münden: »Beethoven als Frühromantiker?«, in: Janz, Zur Genealogie der musikalischen Moderne (wie Kap. 1, Anm. 61), Analysen ab S. 277, Frage auf S. 284. Die Frage muss (nicht nur wegen der Variationen) klar mit Ja beantwortet werden.

34   Heinrich Wölfflin: Renaissance und Barock. Eine Untersuchung über Wesen und Entstehung des Barockstils in Italien. München 1888, S. 23. Die zweite Studie erschien als »Kunstgeschichtliche Grundbegriffe«, München 1915.

35   Ebd., S. 24.

36   Ebd., S. 50.

37   Ebd., S. 32, Vorwort, S. 24 und 30.

38   Walter Benjamin: Ursprung des deutschen Trauerspiels, Berlin 1928.

39   Ernst Theodor Amadeus Hoffmann: [Rezension der 5. Symphonie von Ludwig van Beethoven], in: Allgemeine musikalische Zeitung 12 (1810), Heft 40, Sp. 630–642, Heft 41, Sp. 652–65; hier Heft 40, Sp. 640.

40   Ebd., Heft 40, Sp. 633.

41   Ebd., Sp. 631.

42   E. T. A. Hoffmann: Musikalische Novellen, Regensburg 1919, S. 72. Vgl. dazu Franz von Kutschera: Ästhetik, Berlin [u. a.] 1988, bes. Kap. »Ausdruck in der Musik«, S. 464–562, bes. S. 468.

43   Vgl. zur romantischen Kippfigur zuerst Sandra Kerschbaumer, Stefan Matuschek: Romantik erkennen – Modelle finden. Eine Einführung, in: dies. (Hg.):

Romantik erkennen (wie Kap. 4, Anm. 48), S. 1–14; sowie Matuschek, Der gedichtete Himmel (wie Kap. 1, Anm. 31).

44 Hoffmann, [Rezension der 5. Symphonie von Ludwig van Beethoven] (wie Anm. 39), hier Heft 41, Sp. 658; Heft 40, Sp. 633.

45 Ebd.

8. Romantische Orte im Lyrischen und Idyllischen

1 Kritische Friedrich-Schlegel-Ausgabe (wie Kap. 3, Anm. 43), hier Bd. 16: Fragmente zur Poesie und Literatur. Erster Teil, hg. von Hans Eichner, Paderborn [u. a.] 1981, S. 111, Fragm. 322.

2 August Wilhelm Schlegel: Vorlesungen über schöne Literatur und Kunst [1801–1804], in: Kritische Ausgabe der Vorlesungen, Bd. 1, hg. von Ernst Behler, Paderborn [u. a.] 1989, S. 179–781, hier S. 462.

3 Friedrich Hölderlin: Sämtliche Werke (Frankfurter Ausgabe), hg. von Dietrich Eberhard Sattler, Frankfurt a. M. 1979, hier Bd. 14: Entwürfe zur Poetik, S. 369.

4 Friedrich Schiller: Über naive und sentimentalische Dichtung, in: Sämtliche Werke, Bd., 5, hg. von Gerhard Fricke und Herbert G. Göpfert, München ⁹1993, S. 694–780, hier S. 745f.

5 Jean Paul: Vorschule der Ästhetik [1804], § 73 Die Idylle, in: Jean Paul. Werke, Bd. 5, hg. von Norbert Miller, München 1980, S. 257–262, hier S. 260.

6 Michaelis, Nachtrag zu den Vermischten Bemerkungen (wie Kap. 1, Anm. 63), S. [137]–140, S. [141]–142, hier S. 139.

7 Ernst Bloch: Das Prinzip Hoffnung. In fünf Teilen, Fünfter Teil, in: Ernst Bloch Gesamtausgabe, Bd. 5, Frankfurt a. M. 1977, S. 1289.

8 Reichardt, Instrumentalmusik (wie Kap. 3, Anm. 1).

9 Johann Friedrich Reichardt: Ueber die musikalische Idylle, in: Musikalisches Kunstmagazin, Bd. 1 (1782), S. 167–169.

10 Vgl. Kapitel 1.

11 Wie Anm. 9.

12 Ebd., S. 167.

13 Im Original hat es die Besetzung 2 Stimmen, 2 Flöten, 2 Oboen, 2 Waldhörner und 3 Fagotte.

14 Johann Friedrich Reichardt, in: Deutsches Museum (September) 1777, S. 270–288.

15 Ebd., erster Satz des zweiten Absatzes (folgend auf die Erläuterung, welches Gedicht als Grundlage dient).

16 Reichardt, Ueber die musikalische Idylle (wie Anm. 9), S. 168.

17 Ebd.

18 Eschenburg (Übers.), Doktor Burney's Versuch (wie Kap. 4, Anm. 18).

19 Ebd., Heft 11, S. 81.

20 Ebd.

21 Ebd.

22 Michaelis, Ueber den Geist der Tonkunst (wie Kap. 3, Anm. 39), Kap. XV. Ueber die Eintheilung der musikalischen Werke, S. 115–124, hier S. 116.

23 Ebd., S. 119.

24 Vgl. Kapitel 9.

25 Michaelis, Ueber den Geist der Tonkunst (wie Kap. 3, Anm. 39), S. 121.

26 Ebd., S. 119.

27 Brief an den Freund Hippel, 22. September 1795, in: E. T. A. Hoffmanns Briefwechsel (wie Kap. 1, Anm. 4), Bd. 1, S. 65.

28 V. T., Ueber die Tonkunst (wie Kap. 3, Anm. 24); hier Heft 47, Sp. 774.

29 N. N., Recension. Die Schöpfung (wie Kap. 4, Anm. 21), hier Sp. 387f.

30 N. N.: Der Taucher. Ballade von Schiller, für das Pianoforte, gesetzt von Friedrich August Kanne, in: Apollon 1 (1803), Heft 3, S. 219–228, hier S. 225f.

31 Immanuel Meier: Eine Recension. Arion, Romanze von A. W. Schlegel in Musik gesetzt von Wilhelm Schneider, in: Apollon 1 (1803), Heft 4, S. 283–298.

32 Ebd., S. 286f.

33 Ebd., S. 288.

34 Ebd., S. 289.

35 Michaelis, Ueber den Geist der Tonkunst (wie Kap. 3, Anm. 39), S. 115–124, zu Lyrik und Epik vgl. S. 119f.

36 C. F. [Michaelis]: Etwas über sentimentale und naive Musik, in: Berlinische Musikalische Zeitung 1 (1805), Nr. 38, S. [149]–150.

37 Ebd., S. 150. Im selben Jahr ist des Öfteren die Rede davon, vor allem Haydn und Mozart stünden für »subjective Individualität«, vgl. Michaelis, Nachtrag zu den Vermischten Bemerkungen (wie Kap. 1, Anm. 63), S. [137]–140, S. [141]–142, hier S. 139.

38 Ebd., S. [141]f.

39 Daniel Heartz: Haydn, Mozart and the Viennese School, 1740–1780, New York 1995, S. 360.

40 Alfred Peter Brown: The Symphonic Repertoire, Bloomington 2002, Bd. 2: The First Golden Age of the Viennese Symphony: Haydn, Mozart, Beethoven, and Schubert, S. 161.

41 William Dean Sutcliffe: Expressive Ambivalence in Haydn's Symphonic Slow Movements of the 1770s, in: The Journal of Musicology 27 (2010), Nr. 1, S. 84–134.

42 Joseph Haydn. Gesammelte Briefe und Aufzeichnungen, unter Benützung der Quellensammlung von Howard Chandler Robbins Landon, hg. von Dénes Bartha, Kassel 1965, S. 240f.

43 Vgl. dazu Daniel Chua, der diesen Satz ein ironisch gebrochenes »web of contradiction« nennt, in: Daniel KL Chua: Haydn as Romantic: A Chemical Experiment with Instrumental Music, in: Haydn Studies, Cambridge 1998, hg. von William Dean Sutcliffe, S. 120–151, hier S. 149.

44 Briefwechsel zwischen Goethe und Zelter (wie Kap. 6, Anm. 9), S. 219.

45 N. N. [Ignaz Arnold], Recension. Die Schöpfung (wie Kap. 4, Anm. 21), hier S. 388f.

46 Jean Paul: Flegeljahre, Nr. 25 Smaragdfluss. Musik der Musik, in: Jean Paul. Werke (wie Anm. 5), Bd. 2, München 1971, S. 757–765, hier S. 758.

47 Ebd., S. 759.

48 In: Nineteenth-Century Romanticism in Music, Englewood Cliffs, New Jersey ²1973, S. 9f.

49 Guiseppe Sarti nahm dieses Einleitungs-Adagio viel später zum Anlass für eine ätzende Kritik, in: Allgemeine musikalische Zeitung 34 (1832), Heft 23, Sp. 373ff.

50 Friedhelm Krummacher: Kantabilität als Konstruktion. Zum langsamen Satz aus Mozarts Streichquartett KV 465, in: Analysen. Beiträge zu einer Problemgeschichte des Komponierens. Festschrift für Hans Heinrich Eggebrecht, hg. von Werner Breig, Stuttgart 1984, S. 217–233, Tabelle auf S. 221.

51 Hermann Abert: W. A. Mozart, Leipzig ⁷1956, Bd. II, S. 144.

52 Peter Gülke: Die Konzerte, in: Mozart-Handbuch, hg. von Silke Leopold, Kassel [u. a.] 2005, hier S. 327–381, hier S. 354.

53 Vgl. Kapitel 1.

54 Alfred Einstein: Mozart. Sein Charakter. Sein Werk, Zürich [u. a.] 1953, S. 290.

55 Peter Gülke: Musik und Abschied, Kassel 2015, S. 164.

56 Vgl. dazu Kapitel 9.

57 So etwa im Art. Klaviermusik von Marie-Agnes Dittrich im Mozart-Handbuch (wie Anm. 52), zum Adagio als »sprachhaft eindringlich« vgl. S. 525.

9. Relaunch: Fantasie, Arabeske und Nachtstück

1 Josef Hempelmann: Labyrinthe und Irrgänge im Wandel der Jahrhunderte, in: Die Gartenkunst 39 (1926), Heft 4, S. 54–58.

2 Zit. aus: Park und Garten im 18. Jahrhundert. Colloquium der Arbeitsstelle 18. Jahrhundert, Gesamthochschule Wuppertal, Heidelberg 1978, S. 93.

3 Hans von Trotha: Der Landschaftsgarten des 18. Jahrhunderts als literarisches Phänomen, in: Hölderlin-Jahrbuch 33 (2002/03), S. 13–34, hier S. 14.

4 Hans von Trotha: Im Garten der Romantik, Berlin 2016.

5 Vgl. Gustav René Hocke: Die Welt als Labyrinth. Manier und Manie in der europäischen Kunst, Hamburg 1957.

6 Ebd., S. 98.

7 Trotha, Im Garten der Romantik (wie Anm. 4), S. 143.

8 Ludwig Tieck: Phantasus, in: Ludwig Tiecks Schriften, hg. von Manfred Frank, Bd. 6, Frankfurt a. M. 1985, S. 75.

9 Ebd., Bd. 2, S. 374.

10 In diesem Zusammenhang ist eine Rezension von 1803 aufschlussreich, in der das Fantastische, »jene tiefe Innerlichkeit« in den Werken Mozarts, Glucks und Händels Thema wird, die Kategorie also sogar übergreifend historisch vereinnahmend gebraucht wird (vergleichbar der literarischen Rezeption Shakespeares als romantisch), vgl. N. N.: Ueber den Musikzustand in Berlin, in: Apollon 1 (1803), Heft 3, S. 204–210, hier S. 209.

11 Das Thema hat erst jüngst in der Forschung erhöhte Aufmerksamkeit bekommen durch zwei lesenswerte Dissertationen, die sich erstmals eingehend mit musikalischer

Fantastik des späten 18. und vor allem des 19. Jahrhunderts befassen. Elisabetta Fava: Geisterspuk und Elfentanz. Musikalische Phantastik im Deutschland des frühen 19. Jahrhunderts, Würzburg 2021: Die Verfasserin steckt den Rahmen von frühen Faust-Vertonungen bis Richard Wagner, legt den Schwerpunkt klar auf die Oper, liefert musikalische Analysen und befasst sich auch kurz mit der musikalischen Semantik des Phantastischen (vgl. S. 101f.); Instrumentalmusik vor Robert Schumann kommt indes nicht vor. Die zweite Studie von Christian Kämpf: Der neue Schauder. Über das Phantastische der musikalischen Romantik, Stuttgart 2021, widmet der Begriffsgeschichte durch die Auswertung musikbezogener Primär- und Sekundärliteratur eine philosophisch weit tiefere Analyse der Bedeutung des Phantastischen vom späten 18. Jahrhundert bis um 1900, mit Ausblick in das 20. Jahrhundert, und bietet somit zahlreiche wichtige Quellen an, wie Fantastik musikbezogen verstanden und gedeutet wurde. Um die Musik selbst geht es ihm indes nicht. Obwohl beide Studien viele Quellen auswerten, fehlen doch in beiden zentrale Texte der 1780er- bis 1810er-Jahre, sodass die vorliegende Studie hierzu eine Ergänzung bilden kann.

12   Vgl. N. N., Betrachtungen über die Musik (wie Kap. 5, Anm. 36), S. 159–178/168 [Seitenzählung fehlerhaft im Original]: »die Alten, (besonders einen Emanuel Bach)«.

13   Heinrich Christoph Koch: Art. Fantasie, Musikalisches Lexikon, Frankfurt a. M. 1802, hier Sp. 554f.

14   Friedrich Schlegel in: Gespräch über die Poesie, in: Kritische und theoretische Schriften, hg. von Andreas Huyssen, Stuttgart 1978, S. 165–224, hier S. 195.

15   Friedrich Schlegel: Athenaeums-Fragmente [1798], in: Kritische Friedrich-Schlegel-Ausgabe (wie Kap. 3, Anm. 43), Bd. 2, S. 173 (Fragment Nr. 53).

16   Novalis: Vorarbeiten zu verschiedenen Fragmentsammlungen 1798, Fragm. Nr. 105, in: Novalis. Schriften (wie Kap. 1, Anm. 33), Bd. 2, S. 311–424, hier S. 334.

17   Dalberg, Vom Erfinden und Bilden (wie Kap. 5, Anm. 21), S. 22.

18   Michaelis, Ueber den Geist der Tonkunst (wie Kap. 3, Anm. 39), S. 115–124, hier S. 117 bzw. 121.

19   Formal ähnlich verhaltensauffällig empfand ein Rezensent die Fantasie op. 18 von Johann Nepomuk Hummel. Er kritisiert die Formabweichungen, vor allem das Larghetto sei zu lang, schätzt aber die Individualität des Stückes, vgl. N. N.: Fantasie pour le Pianoforte [...] par Jean Nep. Hummel de Vienne. Oeuvre 18, in: Allgemeine musikalische Zeitung 7 (1805), Heft 49, Sp. 779–787, hier bes. S. 783f.

20   Novalis, Fragment Nr. 105 (wie Anm. 16).

21   Friedrich Schlimbach: Musikalischer Briefwechsel (Così fan tutte von Mozart), in: Berlinische Musikalische Zeitung 1 (1805), Nr. 75, S. 293–294, Nr. 76, S. 299–301, Nr. 77, S. [303]–306, hier Nr. 76, S. 300.

22   Litterarischer und Artistischer Anzeiger, 8. Blatt 1803 (S. 31f.), als Beilage zur Nr. 88 der »Freimüthigen« vom 3. Juni.

23   Ablehnung vom 17. November 1803, in: E. T. A. Hoffmanns Briefwechsel (wie Kap. 1, Anm. 4), hier Bd. 1, S. 175.

24 Vgl. den Ausstellungskatalog »Verwandlung der Welt. Die romantische Arabeske«, Petersberg 2013, darin: Werner Busch: Die Arabeske – Ornament als Bedeutungsträger. Eine Einführung, S. 13–27.

25 Andreas Riem: Über die Akademie, in: Monatsschrift der Akademie der Künste und mechanischen Wissenschaften zu Berlin (1788); Johann Wolfgang von Goethe: Von Arabesken (1789); Karl Philipp Moritz: Zu den Vorbegriffen einer Theorie der Ornamente (1793); vgl. dazu Busch, Die Arabeske (wie Anm. 24), S. 18–20.

26 Friedrich Schlegel, Rede über die Mythologie (wie Kap. 7, Anm. 2), S. 319.

27 Busch, Die Arabeske (wie Anm. 24), S. 22.

28 Ebd.

29 Hieran schließt Nicola Gess an, wenn sie schreibt: »Beethoven komponiert mit viel Phantasie und Kunstverstand eine Sinfonie, wie ein Architekt einen Irrgarten anlegt, und der Reiz des Hörens liegt, wie für den Besucher eines Irrgartens, eben im Verirren.« Gess, Gewalt der Musik (wie Kap. 1, Anm. 35), S. 239.

30 Vgl. Ausstellungskatalog (wie Anm. 24), hier Günter Oesterle: Von der Peripherie ins Zentrum. Der Aufstieg der Arabeske zur prosaischen, poetischen und intermedialen Reflexionsfigur um 1800, S. 29–36.

31 Ebd., S. 30.

32 Ebd., S. 31f.

33 Nichtsdestotrotz finden sich um 1800 erstmals Stückesammlungen, die im Titel die Arabeske aufgreifen, wie etwa die drei Jahrgänge (30 Hefte) mit dem Titel »Musikalische Arabesken. Lieblingsstücke aus den neuesten Opern für Clavier und Gesang«, Dresden: Arnoldische Kunsthandlung, ab 1804.

34 N. N.: Virtuosen und Dilettanten von Wien: Haiden, Joseph, in: Jahrbuch der Tonkunst von Wien und Prag (1796), S. 20–23, hier S. 22.

35 N. N.: Vom Geiste des Romantischen, in: Wiener Theater-Zeitung 2 (1807), Nr. 12, S. 179–183, hier S. 180f.

36 Ebd., S. 181.

37 Vgl. dazu Ursula Kramer: Auf den Spuren des Häßlichen. Johann Friedrich Reichardts »Hexenscenen aus Schackespear's Macbeth«, in: Archiv für Musikwissenschaft 57 (2000), Heft 4, S. 301–317.

38 Vgl. Wackenroders und Tiecks Ausführungen zum »Macbeth« in dem Text »Symphonien«, aus den »Phantasien über die Kunst, für Freunde der Kunst«, hg. von Ludwig Tieck, Hamburg 1799.

39 Johann Friedrich Christmann: Ueber Zumsteegs Composition der Geisterinsel, in: Allgemeine musikalische Zeitung 1 (1799), Heft 42, Sp. 657–676, Heft 43, Sp. 689–711, Heft 48, Sp. 785–813. Er bewundert die »ungeschminkte Simplicität« mancher Arien (Sp. 663), lobt feines ästhetisches Gefühl (Sp. 666) und erkennt, dass Harmonie und Melodie auf »mehrere Art« changieren (Sp. 811).

40 August Apel: Ueber musikalische Behandlung der Geister, in: Allgemeine musikalische Zeitung 8 (1805), Heft 8, Sp. 119–127; Heft 9, Sp. 129–134.

41 Ebd., Heft 8, Sp. 123.

42 Ebd., Heft 9, Sp. 131f.

43 Vgl. dazu Hans Dierkes und Hermann Patsch: Die beigelegte Musik für das kleine Lied. Der Komponist Johann Wilhelm Schneider (1781–1811) und der Schlegel-Tieck-sche Musen-Almanach für das Jahr 1802. Früheste Vertonungen der Lyrik Friedrich Schlegels und Friedrich von Hardenbergs, in: Athenäum – Jahrbuch der Friedrich-Schlegel-Gesellschaft 26 (2016), S. 175–220.

44 Aus: Leben und Tod der heiligen Genoveva. Ein Trauerspiel (1799), in: Ludwig Tieck. Die Märchen aus dem Phantasus. Dramen, Darmstadt 1975, S. 359–552, hier S. 411.

45 So auch in seiner bemerkenswerten Vertonung der 6. Hymne an die Nacht von Novalis, vgl. dazu Hermann Patsch und Burkhard Stauber: Sehnsucht nach dem Tode. Die Vertonung der 6. Hymne an die Nacht von Novalis durch den frühromantischen Komponisten Wilhelm Schneider, in: Archiv für Musikwissenschaft 76 (2019), Heft 1, S. 28–55.

46 Ferdinand Hand: Aesthetik der Tonkunst, 2 Bde., Jena 1841, hier Bd. 2, S. 313.

47 Wilhelm Heinse: Hildegard von Hohenthal, Berlin 1795, Bd. 1, S. 3.

48 Flörcke, Novalis und die Musik (wie Kap. 2, Anm. 50), S. 62ff.

49 Carl Czerny: Über den richtigen Vortrag der sämtlichen Beethoven'schen Klavierwerke. Carl Czernys »Erinnerungen an Beethoven« sowie das 2. und 3. Kapitel des IV. Bandes der Vollständigen theoretischpractischen Pianoforte-Schule, op. 500, hg. von Paul Badura-Skoda, Wien 1963, S. 43.

10. Neue Werkkonzepte: Offenheit und Fragmentarik

1 Johann Joachim Winckelmann: Kleine Schriften. Vorreden. Entwürfe, hg. von Walther Rehm, Berlin [u. a.] 2002, S. 281 (Entwürfe zur Beschreibung des Torso im Belvedere).

2 Vgl. dazu Busch, Die Arabeske (wie Kap. 9, Anm. 24), S. 20: »Es sind die Erfahrungen der Französischen Revolution, die das Bewusstsein davon entstehen lassen, dass die Bruchstücke der Wirklichkeit eine ganzheitliche Wahrnehmung verunmöglichen.«

3 Johann Friedrich Reichardt: Vertraute Briefe aus Paris 1792, hg. von Rolf Weber, Berlin 1980. Reichardt reist 1802/03 erneut nach Paris und veröffentlicht auch diese Briefe, vgl. Vertraute Briefe aus Paris 1802/03, hg. von Rolf Weber, Berlin 1982.

4 Vgl. dazu Immerwahr, Romantisch (Kap. 1, Anm. 30), S. 139.

5 Pikulik, Frühromantik (wie Kap. 1, Anm. 32), hier S. 127.

6 Athenaeums-Fragment Nr. 24 (1798), in: Kritische Friedrich-Schlegel-Ausgabe (wie Kap. 3, Anm. 43), hier Bd. 2, S. 169.

7 Athenaeums-Fragment Nr. 116 (1798), in ebd., S. 183.

8 Brief vom 30. April 1807, in: Briefwechsel zwischen Goethe und Zelter (wie Kap. 6, Anm. 9), S. 149f.

9 Ebd., S. 153.

10 Dieter Burdorf: Zerbrechlichkeit. Über Fragmente in der Literatur, Göttingen 2020, S. 130. Der Begriff »Fragment-Simulat« wird ab S. 115 verwendet.

11 Dieter Burdorf: Grenzen des Fragments, in: Zeitschrift für Ästhetik und allgemeine Kunstwissenschaft, Heft 65/1 (2020), S. 59–86, hier S. 84f.

12 N. N., Recension. Die Schöpfung (wie Kap. 4, Anm. 21), hier Sp. 387.

13 Ebd.

14 Ludwig Finscher: Joseph Haydn und seine Zeit, Laaber 2000, S. 382ff.

15 Franz Horn: Musikalische Fragmente, in: Allgemeine musikalische Zeitung 4 (1802), Heft 25, Sp. 401–408; Heft 26, Sp. 417–426; Heft 27, Sp. 433–437; Heft 28, Sp. 449–457; Heft 49, Sp. 785–791; Heft 50, Sp. 801–811; Heft 51, Sp. 817–831; Heft 52, Sp. 841–847.

16 Ebd., Heft 25, Sp. 401.

17 Ebd.

18 Ebd., Heft 26, Sp. 417 und 420.

19 Ebd., Sp. 419.

20 Ebd., Heft 28, Sp. 452.

21 Ebd., Sp. 453.

22 Ebd., Heft 51, Sp. 820 (zur *Zauberflöte*, Sp. 817–822).

23 Ebd., Sp. 831.

24 Franz Horn: Ueber Carlo Gozzi's dramatische Poesie, insonderheit über dessen Turandot und die Schillersche Bearbeitung dieses Schauspiels, in Briefen von Franz Horn, Penig 1803, das betreffende Briefzitat auf S. 107f.

25 Vgl. dazu Kapitel 12.

26 Ein frühes Beispiel ist die Sammlung *Musikalische Rhapsodien* (1786) von Christian Friedrich Daniel Schubart, die Vokal- und Instrumentalstücke wie Strophenlied, Menuett, Rondeau oder Kantate zu einem bunten Reigen versammelt.

27 Vgl. Rudolf Drux: Aber abseits wer ist's? Goethes Harzreise im Winter und die Rhapsodie des Johannes Brahms (im Kontext romantischer Winterreisen), in: Alte Musik und Aufführungspraxis. Festschrift für Dieter Gutknecht zum 65. Geburtstag, hg. von Dietrich Kämper, Klaus Wolfgang Niemöller und Wolfram Steinbeck, Zürich [u. a.] 2007, S. 127–138.

28 Musikalisches Taschenbuch auf das Jahr 1803, hg. von Julius Werden [Johann Gottlieb Winzer] und Adolph Werden [Friedrich Theodor Mann]. Mit Musik von [Johann Georg] Wilhelm Schneider, Penig 1802. Peter Gülke verdanke ich den Hinweis auf dieses Büchlein, das er mir aus seiner Bibliothek zum Geschenk machte.

29 Vgl. dazu Hermann Patsch: Der Spötter Witz aus Berlin. Ein Parodien-Gefecht über Friedrich Schlegel, in: Athenäum. Jahrbuch der Friedrich Schlegel-Gesellschaft 24 (2014), S. 185–200.

30 Darunter eine hübsche Parodie auf die »Helden der neusten Musik«: »Ob Süssigkeit heiß ich der süsse Maier« usw., Musikalisches Taschenbuch (wie Anm. 28), S. 338f.

31 Ebd., S. 350.

11. Romantische Kippfiguren: Ironie und Ambiguität

1 Vgl. Pikulik, Frühromantik (wie Kap. 1, Anm. 32), S. 107.

2 In den Worten Raymond Immerwahrs: »Der Autor meint etwas anderes als das, was er zu sagen scheint«, vgl. Immerwahr, Romantisch (wie Kap. 10, Anm. 30), S. 121.

3 Kritische Friedrich-Schlegel-Ausgabe (wie Kap. 3, Anm. 43), hier Bd. 2, S. 160.

4 Ebd.

5   Friedrich Schlegel: Ueber die Unverständlichkeit, in: Kritische Friedrich-Schlegel-Ausgabe (wie Kap. 3, Anm. 43), hier Bd. 2, S. 366.

6   Ebd., S. 348f.

7   Vgl. zur romantischen Kippfigur zuerst: Romantik erkennen – Modelle finden. Eine Einführung, hg. von Sandra Kerschbaumer und Stefan Matuschek, Paderborn 2019, S. 1–14; sowie Matuschek, Der gedichtete Himmel (wie Kap. 1, Anm. 31).

8   Jean Paul, Vorschule der Ästhetik (wie Kap. 8, Anm. 5), S. 132.

9   Frank, Einführung in die frühromantische Ästhetik (wie Kap. 1, Anm. 2), 22. Vorlesung, S. 380–462.

10   D[r.] Friedrich August Weber: Ueber komische Charakteristik und Karrikatur in praktischen Musikwerken, in: Allgemeine musikalische Zeitung 3 (1800), Heft 9, Sp. 137–143; Heft 10, Sp. 157–162.

11   Ebd., Heft 9, Sp. 139.

12   Ebd.

13   Ebd., Sp. 140.

14   Ebd., Sp. 139f.

15   Dementsprechend beruft sich Weber auch eingangs auf ältere Ästheten wie Friedrich Justus Riedel und Henry Home, erwähnt aber auch »andere Theoretiker«, die es in der Hinsicht zu lesen lohne, vgl. ebd.

16   Ebd., Sp. 142.

17   Ebd., Sp. 141f.

18   C.F. Michaelis: Ueber das Humoristische oder Launige in der musikalischen Komposition, in: Allgemeine musikalische Zeitung 9 (1807), Heft 46, Sp. 725–729.

19   Ebd., Sp. 728.

20   Ebd., Sp. 729.

21   Ebd., Sp. 727.

22   N. N., Virtuosen und Dilettanten von Wien (wie Kap. 9, Anm. 34), S. 22.

23   N. N., Recension. Die Schöpfung (wie Kap. 4, Anm. 21), Sp. 388f.

24   Ebd., Sp. 389.

25   C. F. M.: Einige Bemerkungen über den ästhetischen Charakter, Werth und Gebrauch verschiedener musikalischer Instrumente, in: Allgemeine musikalische Zeitung 9 (1807), Heft 16, Sp. 241–250; Heft 17, Sp. 257–263, hier Heft 16, Sp. 249.

26   N. N. [Friedrich Rochlitz]: Oeuvres complettes de Wolfgang Amadeus Mozart, in: Allgemeine musikalische Zeitung 3 (1800), Heft 3, Sp. 25–35, Heft 4, Sp. 51–54, hier Heft 3, Sp. 27.

27   Kritische Friedrich-Schlegel-Ausgabe (wie Kap. 3, Anm. 43), hier Bd. 2, S. 263.

28   Rochlitz, Raphael und Mozart (wie Kap. 7, Anm. 30), hier Sp. 649.

29   Es ist zu erinnern an August Apels Text (vgl. Kapitel 3), der über die In-Musik-Setzung von Geisterwesen nachdenkt und zum Schluss kommt, dies gelänge nur im Modus der Kippfigur, nämlich wenn der Geist etwas Widersprechendes darstelle, »dessen Widerspruch schlechterdings unauflösbar ist, und für welches kein Mittel der Vereinigung jemals in der Natur aufgefunden werden kann.« Apel, Ueber musikalische Behandlung der Geister (wie Kap. 9, Anm. 40), hier Heft 8, Sp. 123.

30   Brief vom 2. Dezember 1781 an Johann Casper Lavater in Zürich, in: Joseph Haydn. Gesammelte Briefe und Aufzeichnungen (wie Kap. 8, Anm. 42), S. 107.

31   Carl Ludwig Junker, Johann Friedrich Reichardt: Art. Hayden, in: Musikalischer Almanach auf das Jahr 1782, S. 19–21.

32   Chua, Haydn as Romantic (wie Kap. 8, Anm. 43), S. 120–151.

33   Jean Paul, Flegeljahre (wie Kap. 8, Anm. 45), S. 758.

34   August Wilhelm Ambros: Allerlei Beethoven'sche Humore, in: Bunte Blätter. Skizzen und Studien für Freunde der Musik und der bildenden Kunst, N. F., Leipzig 1874, S. 193. Vgl. dazu die Analyse von Ute Jung-Kaiser: Beethovens verschlüsselte Art zu lachen. Zur Wahrnehmungsproblematik rein musikalischen Humors, in: Musikalischer Humor als ästhetische Distanz?, hg. von ders. und Stephan Diedrich, Göttingen 2015, S. 153–180.

35   Schubert. Die Dokumente seines Lebens (= Franz Schubert: Neue Ausgabe Sämtlicher Werke), hg. von Otto Erich Deutsch, Kassel [u. a.] 1964, S. 45.

36   Gedruckt erscheint das Lied zuerst in Joachim Heinrich Campe's Kleiner Kinderbibliothek 1779–82, dann in Campes Kinderbibliothek mit Melodien bei dem Klavier zu singen, von Johann Friedrich Reichardt: Lieder für Kinder, Bd. III, Wolfenbüttel 1787, S. 11. Das Lied diente als Vorlage für »Morgen, Kinder, wird's was geben«, dessen Text 1795, also wenige Jahre später, entstand.

37   Alexander L. Ringer: Klaviertrios op. 1, in: Beethoven. Interpretationen seiner Werke, hg. von Albrecht Riethmüller, Carl Dahlhaus und dems., 2 Bde., Laaber ²1996, Bd. 1, S. 7 und 5.

38   Ebd., S. 12.

39   William Crotch: Elements of Musical Composition, London 1812, S. 72. Vgl. zum Begriff zudem Robert Lang: Entstehung und Tradition des Begriffs »Neapolitan sixth«, in: Die Musikforschung 52 (1999), Heft 3, S. 306–317.

40   Ernst Kurth: Romantische Harmonik und ihre Krise in Wagners Tristan, Berlin ³1923, S. 145ff.

12. Mozart – ein Romantiker?

1   Michaelis, Ueber den Geist der Tonkunst (wie Kap. 3, Anm. 39), S. 48–55.

2   Ebd., S. 51.

3   Ebd.

4   Ebd., S. 53.

5   Ernst Ludwig Gerber: Historisch-Biographisches Lexicon der Tonkünstler, Leipzig 1790–1792, 2 Bde., hier Bd. 1, Sp. 976.

6   Ernst Ludwig Gerber: Art. Mozart, verfasst für das Neue historisch-biographisches Lexikon der Tonkünstler, Leipzig 1812–1814, 4 Bde., Auszüge des Artikels publiziert in: Allgemeine musikalische Zeitung 7 (1805), Heft 36, Sp. 571–578. Gerber erklärt zu Beginn des Textes, dass der Artikel »Mozart« schon »vor acht Jahren« (also 1797) entworfen worden sei, aus dem er hier nun zitiere.

7   Ebd., Sp. 573.

8   Ebd., Sp. 574f.

9   Ebd., Sp. 577.

10   Ebd.

11   Rochlitz, Raphael und Mozart (wie Kap. 7, Anm. 30).

12   Ebd., Sp. 643.

13   Ebd., Sp. 644.

14   Ebd., Sp. 649.

15   Rochlitz, Verbürgte Anekdoten aus Wolfgang Gottlieb Mozarts Leben (wie Kap. 5, Anm. 37).

16   N. N. [Triest], Bemerkungen über die Ausbildung der Tonkunst in Deutschland (wie Kap. 3, Anm. 47), hier Sp. 369.

17   Ebd., Sp. 389.

18   Ebd., Sp. 390.

19   Ebd., Sp. 392, Kursivierung im Original.

20   Johann Friedrich Reichardt, Brief aus Paris vom 26. März 1803, in: Briefe eines aufmerksamen Reisenden die Musik betreffend. Berichte, Rezensionen, Essays, hg. von Walther Siegmund-Schultze, Grita Herre, Leipzig 1976. Vgl. auch Reichardts Schilderung eines Quartettabends mit Haydn, Mozart und Beethoven aus Wien vom 16. Dezember 1808, in: Johann Friedrich Reichardt: Vertraute Briefe geschrieben auf einer Reise nach Wien und den Oesterreichischen Staaten zu Ende des Jahres 1808 und zu Anfang 1809, Amsterdam 1810, Bd. 1, S. 225–239, hier S. 232.

21   Berlinische Musikalische Zeitung 1 (1805), Nr. 1, S. 2.

22   E. T. A. Hoffmann: Nachträgliche Bemerkungen über Spontinis Oper »Olympia« (1821), in: Musikalische Novellen und Aufsätze, München 1914, S. 66–86, hier S. 73.

23   N. N., Recensionen. Die neuesten Compositionen von F. A. Kanne (wie Kap. 3, Anm. 26): »Don Juan«, die »eigentliche Oper, [...] die romantische Oper«, Heft 6, S. 437.

24   Adolf Bernhard Marx: Erinnerungen aus meinem Leben, Berlin 1865, Bd. 1, S. 64–66 zu Mozart, Zitat auf S. 23.

25   Jean Paul: Titan, in: Jean Paul. Werke (wie Kap. 8, Anm. 5), Bd. 3, S. 746. E. T. A. Hoffmann formuliert in seiner »Geisterreich«-Metapher bei der Beschreibung romantischer Musik sehr ähnlich wie Jean Paul.

26   Dieter Demuth: Das idealistische Mozart-Bild 1785–1860, Tutzing 1997.

27   Adolph von Knigge: Kritik zur »Entführung aus dem Serail«, in: Dramaturgische Blätter, Hannover 1788, S. 287f.

28   Christian Friedrich Michaelis: Einige Bemerkungen über den Missbrauch der Blasinstrumente der neuern Musik, in: Allgemeine musikalische Zeitung 8 (1805), Heft 7, Sp. [97]–102.

29   Ebd., Sp. [97].

30   Noch 1818 findet sich ein scharfes Urteil von Johann Baptist Schaul, das gar Kriegsmetaphern bemüht: »Es ist unverzeihlich, Concertartige Begleitung für ein Orchester zu schreiben; so wie auch die Violinen mit einer Menge der lärmendsten Instrumente mit Gewalt zu lähmen, zu Boden zu drücken, wie Mozart es gethan hat: Pauken, Trompeten, Posaunen, Waldhörner, Clarinette, Fagotte, Hoboe, Flöten [...],

alle bekriegen die armen Violinen, ohne von der Singstimme zu reden«, in: Ueber Tonkunst, die berühmtesten Tonkünstler und ihre Werke, Karlsruhe 1818, S. 56.

31 Guido Adler: Handbuch der Musikgeschichte, Frankfurt a. M. 1924, Bd. 2, S. 794.

32 Brief an Hippel am 4. März 1795, in: E. T. A. Hoffmanns Briefwechsel (wie Kap. 1, Anm. 4), Bd. 1, S. 59.

33 Johann Friedrich Schink: Dramaturgische Monate 2 (1790), S. 320f.: »Es ist keine Musik für Jedermanns Geschmack, die bloß das Ohr kitzelt und das Herz verhungern läßt. – Mozart ist kein gewöhnlicher Componist. Man hört bei ihm nicht bloß leichte gefällige Melodien aufs Geratewohl. Seine Musik ist durchdachtes, tief empfundenes Werk, den Charakteren, Situationen und Empfindungen seiner Personen angemessen. Sie ist Studium der Sprache, die er musikalisch behandelt. – Er verschnirkelt nie seinen Gesang mit unnötigen und seelenlosen Coloraturen [...]. Bei ihm kommt jeder Ton aus Empfindung und geht in Empfindung über.«

34 Bernhard Anselm Weber, in: Musikalisches Wochenblatt 1 (1792), Heft 4, S. 30f.

35 Karl Ditters von Dittersdorf: Lebensbeschreibung, seinem Sohne in die Feder diktiert, Leipzig 1801, S. 197f.

36 Allgemeine musikalische Zeitung 7 (1805), Sp. 33–43.

37 Ebd., Sp. 40.

38 Hoffmann, Don Juan (wie Kap. 2, Anm. 7), Sp. 213–223, hier Sp. 218.

39 Vgl. u. a. Peter Petersen: Nochmals zum Tanz-Quodlibet im ersten Akt-Finale des Don Giovanni, in: Archiv für Musikwissenschaft 65 (2008), Heft 1; S. 1–30.

40 Hans Georg Nägeli: Die Liederkunst, in: Allgemeine musikalische Zeitung 19 (1817), Heft 45, Sp. 765f.

41 So im Programmheft des Mozartfestes Würzburg, das eine Briefstelle des Komponisten passend zum Jahresmotto »Mozart, ein Romantiker?« als Zitat solistisch herausgreift und damit eine romantische Identität zumindest nahelegt: »ein gewisses Sehnen, welches nie befriedigt wird, folglich nie aufhört« (vgl. Programmbuch 2019, S. 18, 62 und 67). Allerdings ist das Zitat aus dem Zusammenhang gerissen. Mozart sehnt in diesem Brief an seine Frau Constanze vom 2. und 7. Juli 1791 das baldige Wiedersehen mit ihr herbei, er müsse nur noch seine Sachen fertigkomponieren. Sein Sehnen ist kein künstlerisches, es ist zwischenmenschlich: »Nun wünsche ich nichts, als daß meine Sachen schon in Ordnung wären, nur um wieder bey Dir zu seyn, Du kannst nicht glauben, wir mir die ganze Zeit her die Zeit lang um Dich war! – Ich kann Dir meine Empfindung nicht erklären, es ist eine gewisse Leere – die mir halt wehe tut, – ein gewisses Sehnen, welches nie befriedigt wird, folglich nie aufhört – immer fortdauert, ja von Tag zu Tag wächst; – wenn ich denke, wie lustig und kindisch wir in Baden beysammen waren – und welch traurige, langweilige Stunden ich hier verlebe – es freuet mich auch meine Arbeit nicht, weil, gewohnt, bisweilen auszusetzen und mit Dir ein paar Worte zu sprechen, dieses Vergnügen nun leider eine Unmöglichkeit ist – gehe ich ans Klavier und singe etwas aus der Oper, so muß ich gleich aufhören – es macht mir zu viel Empfindung – Basta! – wenn diese Stunde meine Sache zu Ende ist, so bin ich schon die andere Stunde nicht mehr hier«, in: Brief Nr. 1184, Mozart an seine Frau vom 7. Juli 1791, in: Mozart. Briefe und Aufzeich-

nungen, hg. von der Internationalen Stiftung Mozarteum Salzburg, Bd. 4. 1787–1857, Kassel [u. a] 1963, S. 150.

42 Zum Beispiel Dahlhaus, Die Idee der absoluten Musik (wie Kap. 1, Anm. 39), S. 8.

43 So bezeichnet Stefan Matuschek in seinem Romantik-Buch den Begriff der klassischen Epoche für die Literatur als »irreführend«: »Man trifft die Sache besser, wenn man festhält, dass Goethe und Schiller epochal der Übergangszeit von der Aufklärung zur Romanik zugehören und dass ihr Werk gleichermaßen von beiden Tendenzen geprägt ist.« Vgl. Matuschek, Der gedichtete Himmel (wie Kap. 1, Anm. 31), S. 107.

44 »Weil jede Note zählt«. Mozart interpretieren. Gespräche und Essays, hg. von Stephan Mösch, Kassel [u. a.] 2020, S. 45.

13. Das Ende vom Anfang: Hoffmann rezensiert Beethoven

1 Hoffmann, [Rezension der 5. Symphonie von Ludwig van Beethoven] (wie Kap. 7, Anm. 39).

2 Als eine der wenigen Autoren erkennt Corinna Caduff den poetologischen Zusammenhang beider Teile, nicht aber ihre absichtsvoll inszenierte Spannung, vgl. Caduff, Die Literarisierung von Musik (wie Kap. 1, Anm. 53), S. 74f.

3 Vgl. zum Beispiel mehrere Partiturseiten im Artikel von Christmann, Ueber die Composition der Geisterinsel (wie Kap. 9, Anm. 38).

4 Brief von Friedrich Rochlitz, in: E. T. A. Hoffmanns Briefwechsel (wie Kap. 1, Anm. 4), hier Bd. 1, S. 228.

5 Brief von Rochlitz, in: ebd., S. 262.

6 Brief von Rochlitz, in: ebd., S. 291.

7 E. T. A. Hoffmann an Friedrich Rochlitz, in: ebd., S. 292f.

8 Vgl. ebd., S. 294.

9 Vgl. ebd., S. 311.

10 N. N. [Ernst Theodor Amadeus Hoffmann]: Sinfonie Pastorale [...], par Louis van Beethoven, in: Allgemeine musikalische Zeitung 12 (1810), Heft 16, Sp. 241–253.

11 Ebd., Sp. 241.

12 Ebd., Sp. 242.

13 Ebd., Sp. 244.

14 Ebd., Sp. 246.

15 Ebd., Sp. 249f.

16 Hoffmann, [Rezension der 5. Symphonie von Ludwig van Beethoven] (wie Kap. 7, Anm. 39), hier Heft 40, Sp. 631.

17 Ebd., Kursivierung im Original.

18 Ebd., Heft 40, Sp. 633.

19 Vgl. Kapitel 3.

20 Ernst Theodor Amadeus Hoffmann: [Rezension der Messe C-Dur, op. 86, von Ludwig van Beethoven.], in: Allgemeine musikalische Zeitung 15 (1813), Heft 24, Sp. 389–397; Heft 25, Sp. 409–414.

21 Hoffmann, [Rezension der 5. Symphonie von Ludwig van Beethoven] (wie Kap. 7, Anm. 39), hier Heft 40: »innern Reich der Töne (Sp. 633f.) / »äußere Sinnenwelt« (Sp. 631).

22 Ebd., Sp. 631.

23 Ebd., Sp. 631 und 634.

24 Hans Heinrich Eggebrecht: Musik im Abendland, München [u. a.] 1991, S. 592.

25 Becker, Narkotikum und Utopie (wie Kap. 1, Anm. 9), S. 138.

26 Hoffmann, [Rezension der 5. Symphonie von Ludwig van Beethoven] (wie Kap. 7, Anm. 39), hier Heft 40, Sp. 631.

27 Ebd., Sp. 633.

28 Ebd., Heft 41, Sp. 658.

29 Ebd., Heft 40, Sp. 642.

30 Arthur Schopenhauer: Die Welt als Wille und Vorstellung [1818], Kap. 39: Zur Metaphysik der Musik, in: Arthur Schopenhauer. Zürcher Ausgabe. Werke in zehn Bänden, Bd. 4, Zürich 1977, S. 526–539, hier S. 529.

31 Hoffmann, [Rezension der 5. Symphonie von Ludwig van Beethoven] (wie Kap. 7, Anm. 39), Heft 41, Sp. 658.

32 Ebd., Heft 40, Sp. 641f.

33 N. N. [E. T. A. Hoffmann], Sinfonie Pastorale (wie Anm. 10), hier Sp. 242.

34 Hoffmann, [Rezension der 5. Symphonie von Ludwig van Beethoven] (wie Kap. 7, Anm. 39), hier Heft 41, Sp. 652 und 657f.

35 Ebd., Heft 40, Sp. 632.

36 Ebd.

37 Ebd., Sp. 634.

38 Ebd.

39 Ebd.

40 Ebd., Heft 41, Sp. 641.

41 Ebd., Sp. 642.

42 Ebd., Sp. 653.

43 Ebd.

44 Ebd., Sp. 654.

45 Ebd.

46 Ebd.

47 Ebd., Sp. 655.

48 Passgenau benannte Hänggi sein Kapitel zu den ästhetischen Vorläufern der Hoffmann'schen Kritik »Die frühen ›Hoffmanns‹«, Hänggi, G. L. P. Sievers (wie Kap. 1, Anm. 38), S. 113ff.

Quellen und Literatur

Quellen

Albrechtsberger, Johann Georg: Gründliche Anweisung zur Komposition, Leipzig 1790

Ambros, August Wilhelm: Allerlei Beethoven'sche Humore, in: Bunte Blätter. Skizzen und Studien für Freunde der Musik und der bildenden Kunst, Leipzig 1874

Apel, August: Ueber musikalische Behandlung der Geister, in: Allgemeine musikalische Zeitung 8 (1805), Heft 8, Sp. 119–127; Heft 9, Sp. 129–134

Ders.: Musik und Poesie, in: Allgemeine musikalische Zeitung 8 (1806), Heft 29, Sp. 449–470

Arnim, Achim von: Von Volksliedern, in: Berlinische Musikalische Zeitung 1 (1805), Nr. 20, S. 80; Nr. 21, S. 83; Nr. 22, S. 86–88; Nr. 23, S. 90–91; Nr. 24, S. 103

Arnold, Ignaz: Recension. Die Schöpfung, in: Allgemeine musikalische Zeitung 4 (1802), Heft 24, Sp. 385–396

Badura-Skoda, Paul (Hg.): Czerny, Carl: Über den richtigen Vortrag der sämtlichen Beethoven'schen Klavierwerke. Carl Czernys Erinnerungen an Beethoven sowie das 2. und 3. Kapitel des IV. Bandes der Vollständigen theoretischpractischen Pianoforte-Schule, op. 500, Wien 1963

Becker, Wilhelm Gottlieb (Hg.): Taschenbuch und Almanach zum geselligen Vergnügen, Leipzig 1796

Beethoven, Ludwig van: Thematisch-bibliographisches Werkverzeichnis, 2 Bde., hg. von Kurt Dorfmüller, Norbert Gertsch und Julia Ronge, München 2014

Böttiger, Carl August: Mozarts Denkmal, in: Journal des Luxus und der Moden 14 (1799), S. 582–585

Chabanon, Michel Paul Guy de: Observations sur la musique, Paris 1779 (übers. von Johann Adam Hiller 1781)

Christmann, Johann Christian: Ueber Zumsteegs Composition der Geisterinsel, in: Allgemeine musikalische Zeitung 1 (1799), Heft 42, Sp. 657–676; Heft 43, Sp. 689–711; Heft 48, Sp. 785–813

Cramer, Carl Friedrich: Rezension von Kunzens Lieder im Volkston, in: Magazin der Musik 1 (1783), S. 61–67

Ders.: Von der Theorie der Musik in so fern sie Liebhabern und Kennern nothwendig und nützlich ist. Eine Einladungsschrift zu musicalischen Vorlesungen von Johann Nicolaus Forkel, in: Magazin der Musik 1 (1783), S. 855–912

Crotch, William: Elements of Musical Composition, London 1812

Dalberg, Fritz: Blicke eines Tonkünstlers in die Musik der Geister, Mannheim 1787

Ders.: Vom Erfinden und Bilden, Frankfurt 1791

Deutsch, Otto Erich: Schubert. Die Dokumente seines Lebens (= Franz Schubert: Neue Ausgabe Sämtlicher Werke), Kassel [u. a.] 1964

Ditters von Dittersdorf, Carl: Lebensbeschreibung. Seinem Sohne in die Feder diktiert, Leipzig 1801

Engel, J[ohann]. J[acob].: Ueber die musicalische Mahlerey. An den königlichen Capellmeister, Herrn Reichardt, in: Magazin der Musik 1 (1783), S. 1139–1198

Eschenburg, Johann Joachim (Übers.): Doktor Burney's Versuch über musikalische
Kritik, in: Musikalisches Wochenblatt 1 (1792), Heft 10, S. 73–75; Heft 11, S. 81–82

Fleischmann, Friedrich: Wie muss ein Tonstück beschaffen seyn, um gut genannt
werden zu können? – Was ist erforderlich zu einem vollkommenen Komponisten?, in: Allgemeine musikalische Zeitung 1 (1799), Heft 14, Sp. 209–213; Heft 15,
Sp. 225–228

Forkel, Johann Nikolaus: Nachrichten von einigen berühmten Tonsetzern, in: Musikalischer Almanach für Deutschland auf das Jahr 1783, S. 103–122

Ders.: Nachrichten von einigen berühmten Tonsetzern, in: Musikalischer Almanach
für Deutschland auf das Jahr 1784, S. 156–178

Ders.: Ueber Johann Sebastian Bachs Leben, Kunst und Kunstwerke, Leipzig 1802

Fux, Johann Joseph: Gradus ad Parnassum oder Anführung zur Regelmäßigen Musikalischen Composition, Leipzig 1742

Gerber, Ernst Ludwig: Historisch-Biographisches Lexicon der Tonkünstler, 2 Bde.,
Leipzig 1790–1792

Ders.: Art. Mozart, in: Neues historisch-biographisches Lexikon der Tonkünstler, Bd. 3,
hg. von dems., Leipzig 1813, Sp. 475–498

Goethe, Johann Wolfgang von: Von deutscher Baukunst (1772), in: Goethes Werke.
Hamburger Ausgabe, Bd. 12, Hamburg 1960, S. 7–15

Ders.: Briefe, in: Goethes Werke. Weimarer Ausgabe, hg. im Auftrag der Großherzogin
Sophie von Sachsen, IV. Abteilung, Bd. 13, Weimar 1893

Ders.: Briefwechsel zwischen Goethe und Zelter in den Jahren 1799 bis 1832, in: Johann
Wolfgang Goethe. Sämtliche Werke nach Epochen seines Schaffens. Münchner
Ausgabe, Bd. 20.1, hg. von Hans-Günter Ottenberg und Edith Zehm, München
1991

Gottsched, Johann Christoph: Erste Gründe der gesammten Weltweisheit darinn alle
philosophische Wissenschaften in ihrer natürlichen Verknüpfung abgehandelt
werden. Zum Gebrauch Academischer Lectionen entworfen. Erster Theoretischer
Theil, Leipzig 1733–1734

Grätter, Anton: Nachlassverzeichnis Ludwig van Beethovens, Abschrift von Aloys
Fuchs, in: Beethoven-Haus Bonn, NE 103, III, 11

Hand, Ferdinand: Aesthetik der Tonkunst, 2 Bde., Jena 1841

Haydn, Joseph: Gesammelte Briefe und Aufzeichnungen, unter Benützung der Quellensammlung von Howard Chandler Robbins Landon, hg. von Dénes Bartha, Kassel 1965

Heinse, Wilhelm: Zum Strassburger Münster, in: Aufzeichnungen 1768–1783. Texte,
Bd. 1, hg. von Markus Bernauer [u. a.], München 2003, S. 446–450

Ders.: Hildegard von Hohenthal, Berlin 1795

Hillmer, Gottlob Friedrich: Oden und Lieder Moralischen Innhalts, Frankfurt an der
Oder 1781

N. N. [Hoffmann, Ernst Theodor Amadeus]: Sinfonie Pastorale [...], par Louis van Beethoven, in: Allgemeine musikalische Zeitung 12 (1810), Heft 16, Sp. 241–253

Ders.: [Rezension der 5. Symphonie von Ludwig van Beethoven], in: Allgemeine musikalische Zeitung 12 (1810), Heft 40, Sp. 630–642; Heft 41, Sp. 652–665

Ders.: Don Juan, in: Allgemeine musikalischen Zeitung 15 (1813), Heft 13, Sp. 213–223

Ders.: [Rezension der Messe C-Dur, op. 86, von Ludwig van Beethoven], in: Allgemeine musikalische Zeitung 15 (1813), Heft 24, Sp. 389–397; Heft 25, Sp. 409–414

Ders.: Nachträgliche Bemerkungen über Spontinis Oper Olympia von 1821, in: E. T. A. Hoffmann. Sämtliche Werke, Frankfurt a. M. 1992, Bd. 5, hg. von Hartmut Steinecke [u. a.], S. 613–657

Ders.: Musikalische Novellen, Regensburg 1919

Ders.: Briefwechsel, hg. von Friedrich Schnapp, 3 Bde., München 1967–1969

Hölderlin, Friedrich: Sämtliche Werke. Frankfurter Ausgabe, Bd. 14, hg. von Wolfram Groddeck und Dietrich Eberhard Sattler, Frankfurt a. M. 1979

Horn, Franz: Musikalische Fragmente, in: Allgemeine musikalische Zeitung 4 (1802), Heft 25, Sp. 401–408; Heft 26, Sp. 417–426; Heft 27, Sp. 433–437; Heft 28, Sp. 449–457; Heft 49, Sp. 785–-791; Heft 50, Sp. 801–811; Heft 51, Sp. 817–831; Heft 52, Sp. 841–847

Ders.: Ueber Carlo Gozzi's dramatische Poesie, insonderheit über dessen Turandot und die Schillersche Bearbeitung dieses Schauspiels, Penig 1803

Jean Paul: Die unsichtbare Loge. Eine Lebensbeschreibung, in: Jean Paul. Werke, Bd. 1, hg. von Norbert Miller, München 1981, S. 7–469

Ders.: Flegeljahre, in: Jean Paul. Werke, Bd. 2, hg. von Norbert Miller, München 1971, S. 577–1088

Ders.: Titan, in: Jean Paul. Werke, Bd. 3, hg. von Norbert Miller, München 1980, S. 7–830

Ders.: Biographische Belustigungen unter der Gehirnschale einer Riesin, in: Jean Paul. Werke, Bd. 4, hg. von Norbert Miller, München 1962, S. 261–407

Ders.: Vorschule der Ästhetik, in: Jean Paul. Werke, Bd. 5, hg. von Norbert Miller, München 1980, S. 7–514

Junker, Carl Ludwig / Reichardt, Johann Friedrich: Art. Hayden, in: Musikalischer Almanach für Deutschland auf das Jahr 1782, S. 19–21

Kanne, Friedrich August: Die verfehlte Stunde, Leipzig, C. F. Peters, Erstdruck o. D. [August 1802] (Partitur). Exemplar im Sächsischen Staatsarchiv Arch.-Nr. 21070 C. F. Peters, Leipzig

Kirnberger, Johann Philipp: Grundsätze des Generalbasses als erste Linien zur Composition, Berlin 1781

Ders.: Methode, Sonaten aus'm Ermel zu schüddeln, Berlin 1783

Ders.: Gedanken über die verschiedenen Lehrarten der Komposition, Wien 1808

Knigge, Adolph von: Belmonte und Konstanza, oder: die Entführung aus dem Serail, in: Dramaturgische Blätter, Hannover 1788, S. 21–28

Koch, Heinrich Christoph: Versuch einer Anleitung zur Composition, 3 Bde., Rudolstadt und Leipzig 1782–1793

Ders.: Ueber den Modegeschmack in der Tonkunst, in: Journal der Tonkunst 1795, S. 63–121

Ders.: Art. Fantasie, in: Musikalisches Lexikon, hg. von dems., Frankfurt a. M. 1802, Sp. 554–555

Köpke, Rudolf: Ludwig Tieck. Erinnerungen aus dem Leben des Dichters nach dessen mündlichen und schriftlichen Mitteilungen, Leipzig 1855

Körner, Christian Gottfried: Ueber Charakterdarstellung in der Musik, in: Die Horen, hg. von Friedrich Schiller, Jahrgang 1795, Fünftes Stück, S. 97–121

Kurth, Ernst: Romantische Harmonik und ihre Krise in Wagners Tristan, Berlin ³1923

Lenz, Wilhelm von: Beethoven. Eine Kunststudie, 4 Bde., Hamburg 1860

Marpurg, Friedrich Wilhelm: Abhandlung von der Fuge nach den Grundsätzen und Exempeln der besten deutschen und ausländischen Meister entworfen, 2 Bde., Berlin 1753–1754

Marx, Adolf Bernhard: Erinnerungen aus meinem Leben, 2 Bde., Berlin 1865

Meier, Immanuel: Eine Recension. Arion, Romanze von A. W. Schlegel in Musik gesetzt von Wilhelm Schneider, in: Apollon 1 (1803), Heft 4, S. 283–298

Mendelssohn, Moses: Ueber die Hauptgrundsätze der schönen Künste und Wissenschaften, in: Moses Mendelssohn. Gesammelte Schriften. Jubiläumsausgabe, Bd. 1, Berlin 1929, S. 425–452

Ders.: Von der lyrischen Poesie, in: Moses Mendelssohn. Gesammelte Schriften. Jubiläumsausgabe, Bd. 3, Berlin 1932, S. 335–341

Ders.: Ueber die Empfindungen, in: Moses Mendelssohn. Ästhetische Schriften in Auswahl, hg. von Otto Best, Darmstadt ³1994, S. 29–110

Michaelis, Christian Friedrich: Ueber den Geist der Tonkunst. Mit Rücksicht auf Kants Kritik der ästhetischen Urtheilskraft. Ein ästhetischer Versuch, Leipzig 1795

Ders.: Noch einige Bemerkungen über den Rang der Tonkunst unter den schönen Künsten. Als Nachtrag und nähere Bestimmung zu einem früheren Aufsatze, in: Allgemeine musikalische Zeitung 6 (1804), Heft 46, Sp. 765–775

Ders.: Ueber den Geist der Tonkunst, in: Allgemeine musikalische Zeitung 6 (1804), Heft 50, Sp. 829–834

Ders.: Einige Bemerkungen über den Missbrauch der Blasinstrumente der neuern Musik, in: Allgemeine musikalische Zeitung 8 (1805), Heft 7, Sp. 97–102

Ders.: Recension. Karl Friedrich Christian Fasch, von Karl Friedrich Zelter, in: Berlinische Musikalische Zeitung 1 (1805), Nr. 15, S. 57–60

Ders.: Einige Bemerkungen über die Gemüthsart und den Charakter, welche dem musikalischen Vortrage und Componiren günstig sind, in: Berlinische Musikalische Zeitung 1 (1805), Nr. 20, S. 77–78

Ders.: Ueber die wichtigsten Erfordernisse der Tonkunst, in: Berlinische Musikalische Zeitung 1 (1805), Nr. 33, S. 129–131; Nr. 34, S. 133–135

Ders.: Nachtrag zu den Vermischten Bemerkungen, in: Berlinische Musikalische Zeitung 1 (1805), Nr. 35, S. 137–140; Nr. 36, S. 141–142

Ders.: Etwas über sentimentale und naive Musik, in: Berlinische Musikalische Zeitung 1 (1805), Nr. 38, S. 149–150

Ders.: Noch einige vermischte Bemerkungen, in: Berlinische Musikalische Zeitung 1 (1805), Nr. 45, S. 175–177

Ders.: Einige Bemerkungen über die Macht der Tonkunst, in: Berlinische Musikalische Zeitung 1 (1805), Nr. 51, S. 199–201

Ders.: Ueber musikalischen Geschmack, in: Allgemeine musikalische Zeitung 9 (1806), Heft 4, Sp. 49–57

Ders.: Vermischte Bemerkungen über Musik, in: Berlinische Musikalische Zeitung 2 (1806), Nr. 21, S. 81–82; Nr. 24, S. 93–94; Nr. 27, S. 105–106

Ders.: Einige Bemerkungen über den ästhetischen Charakter, Werth und Gebrauch verschiedener musikalischer Instrumente, in: Allgemeine musikalische Zeitung 9 (1807), Heft 16, Sp. 241–250; Heft 17, Sp. 257–263

Ders.: Ueber das Humoristische oder Launige in der musikalischen Komposition, in: Allgemeine musikalische Zeitung 9 (1807), Heft 46, Sp. 725–729

Ders.: Ueber das Idealische der Tonkunst, in: Allgemeine musikalische Zeitung 10 (1808), Heft 29, Sp. 449–452

M–r.: Ueber die Oper, in: Wiener Allgemeine Musik-Zeitung 1 (1813), Heft 26, Sp. 391–397

Mozart, Wolfgang Amadeus: Briefe und Aufzeichnungen, Bd. 4., hg. von der Internationalen Stiftung Mozarteum Salzburg, Kassel [u. a.] 1963

Nägeli, Hans Georg: Versuch einer Norm für die Recensenten der musikalischen Zeitung, in: Allgemeine musikalische Zeitung 5 (1802), Heft 14, Sp. 225–237

Ders.: Die Liederkunst, in: Allgemeine musikalische Zeitung 19 (1817), Heft 45, Sp. 765–766

Natorp, Bernhard Christoph Ludwig: Unsre Concerte. Antwort des Herausgebers [mit Vorwort von Johann Friedrich Reichardt], in: Berlinische Musikalische Zeitung 1 (1805), Nr. 53, S. 207–210; Nr. 54, S. 211–213

Ders.: Anleitung zur Unterweisung im Singen für Lehrer in Volksschulen, 2 Bde., Potsdam [u. a.] 1813 und 1820

Ders.: Lehrbüchlein der Singekunst. Für die Jugend in Volksschulen, 2 Bde., Essen 1816 und 1820

N. N. (Hg.): Lieder zum Gebrauch in den Logen. Mit ausgewählten und verbesserten Melodien, Breslau 1777

N. N.: Nachrichten von Johann Samuel Schröter, in: Musikalisches Wochenblatt 1 (1792), Heft 12, S. 89–90

N. N.: Pergolesi, in: Musikalisches Wochenblatt 1 (1792), Heft 15, S. 113–115; Heft 16, S. 121–123

N. N.: Etwas über musikalische Poesie, in: Musikalische Monathsschrift 1 (1792), Heft 3, S. 61–64

N. N.: 3. Briefe musikalischen Inhalts. Zweiter Brief, in: Musikalische Monathsschrift 1 (1792), Heft 5, S. 120–122

N. N.: Virtuosen und Dilettanten von Wien: Haiden, Joseph, in: Jahrbuch der Tonkunst von Wien und Prag (1796), S. 20–23

N. N.: Betrachtungen über die Musik, in: Jahrbuch der Tonkunst von Wien und Prag (1796), S. 159–178/168 [Paginierung fehlerhaft in Original]

N. N.: Die Jahreszeiten nach Thomson, in: Allgemeine musikalische Zeitung 3 (1801), Heft 34, Sp. 575–579

N. N.: Miscellen und Notizen, in: Apollon 1 (1803), Heft 1, S. 67–71

N. N.: Ueber den Musikzustand in Berlin, in: Apollon 1 (1803), Heft 3, S. 204–210

N. N.: Der Taucher. Ballade von Schiller, für das Pianoforte, gesetzt von Friedrich August Kanne, in: Apollon 1 (1803), Heft 3, S. 219–228

N. N.: Recensionen. Die neuesten Compositionen von F. A. Kanne, in: Apollon 1 (1803), Heft 5, S. 352–364; Heft 6, S. 427–438

N. N.: Zum Andenken Johann Adam Hillers, in: Allgemeine musikalische Zeitung 6 (1804), Heft 51, Sp. 845–858; Heft 52, Sp. 861–872

N. N.: Fantasie pour le Pianoforte [...] par Jean Nep. Hummel de Vienne. Oeuvre 18, in: Allgemeine musikalische Zeitung 7 (1805), Heft 49, Sp. 779–787

N. N.: Große Concertaufführung, in: Berlinische Musikalische Zeitung 1 (1805), Nr. 2, S. 5–8

N. N.: Ein französisches Urtheil über die italiänische Opera buffa, in: Berlinische Musikalische Zeitung 1 (1805), Nr. 5, S. 17–19

N. N.: Recension. Sinfonia eroica [...] da Luigi van Beethoven, in: Allgemeine musikalische Zeitung 9 (1807), Heft 21, Sp. 321–334

N. N.: Vom Geiste des Romantischen, in: Wiener Theater-Zeitung 2 (1807), Nr. 12, S. 179–183

Novalis: Schriften. Die Werke Friedrich von Hardenbergs, hg. von Paul Kluckhohn und Richard Samuel, Darmstadt 1978–1983

Ders.: Heinrich von Ofterdingen, in: Novalis. Werke, Tagebücher und Briefe Friedrich von Hardenbergs, Bd. 1, hg. von Richard Samuel, Darmstadt 1978, S. 237–413

Ders.: Vorarbeiten zu verschiedenen Fragmentsammlungen 1798, in: Novalis. Werke, Tagebücher und Briefe Friedrich von Hardenbergs, Bd. 2, hg. von Hans-Joachim Mähl, Darmstadt 1978, S. 311–424

Ders.: Das Allgemeine Brouillon, in: Novalis. Werke, Tagebücher und Briefe Friedrich von Hardenbergs, Bd. 2, hg. von Hans-Joachim Mähl, Darmstadt 1978, S. 473–720

Ders.: Die Christenheit und Europa, in: Novalis. Werke, Tagebücher und Briefe Friedrich von Hardenbergs, Bd. 2, hg. von Hans-Joachim Mähl, Darmstadt 1978, S. 731–750

Preitz, Max (Hg.): Friedrich Schlegel und Novalis. Biographie einer Romantiker-Freundschaft in ihren Briefen. Auf Grund neuer Briefe Schlegels, Darmstadt 1957

Reichardt, Johann Friedrich: Ueber die musikalische Komposition des Schäfergedichts, in: Deutsches Museum 9 (1777), S. 270–288

Ders.: An junge Künstler, in: Musikalisches Kunstmagazin 1 (1782), S. 1–7

Ders.: Instrumentalmusik, in: Musikalisches Kunstmagazin 1 (1782), S. 24–25; S. 64–68

Ders.: Ueber die musikalische Idylle, in: Musikalisches Kunstmagazin 1 (1782), S. 167–169

Ders.: Johann Sebastian Bach, in: Musikalisches Kunstmagazin 1 (1782), S. 196–197

Ders. / Junker, Carl Ludwig: Art. Hayden, in: Musikalischer Almanach auf das Jahr 1782, S. 19–21

Ders.: Lieder für Kinder, Bd. 3, Wolfenbüttel 1787

Ders.: Vertraute Briefe aus Paris 1792, hg. von Rolf Weber, Berlin 1980

Ders.: Einleitung, in: Berlinische Musikalische Zeitung 1 (1805), Nr. 1, S. 1–4

Ders.: Autobiographie, in: Berlinische Musikalische Zeitung 1 (1805), Nr. 55, S. 215–218; Nr. 56, S. 219–222; Nr. 65, S. 255–258; Nr. 66, S. 259–260; Nr. 71, S. 279–281; Nr. 78, S. 309–310; Nr. 79, S. 311–314; Nr. 82, S. 323–325; Nr. 84, S. 331–334; Nr. 89, S. 351–354

Ders.: Vertraute Briefe geschrieben auf einer Reise nach Wien und den Oesterreichischen Staaten zu Ende des Jahres 1808 und zu Anfang 1809, 2 Bde., Amsterdam 1810

Ders.: Briefe, die Musik betreffend. Berichte, Rezensionen, Essays, hg. von Walther Siegmund-Schultze und Grita Herre, Leipzig 1976

Rochlitz, Friedrich: Verbürgte Anekdoten aus Wolfgang Gottlieb Mozarts Leben. Ein Beytrag zur richtigern Kenntnis dieses Mannes als Mensch und Künstler, in: Allgemeine musikalische Zeitung 1 (1798), Heft 2, Sp. 19–24; Heft 4, Sp. 49–55; Heft 6, Sp. 81–86; Heft 8, Sp. 113–117; Heft 10, Sp. 145–152; Heft 12, Sp. 177–183; Heft 19 (1799), Sp. 289–291

Ders.: Einige flüchtige Worte über die Verbindung der Musik mit der Poesie, in: Allgemeine musikalische Zeitung 1 (1799), Heft 28, Sp. 433–440

Ders.: Die Verschiedenheit der Urtheile über Werke der Tonkunst, in: Allgemeine musikalische Zeitung 1 (1799), Heft 32, Sp. 497–506

Ders.: Raphael und Mozart, in: Allgemeine musikalische Zeitung 2 (1800), Heft 37, Sp. 641–651

Ders.: Oeuvres complettes de Wolfgang Amadeus Mozart, in: Allgemeine musikalische Zeitung 3 (1800), Heft 3, Sp. 25–35; Heft 4, Sp. 51–54

Ders.: Bruchstücke aus dem noch ungedruckten Buche. Ferdinand, Geschichte der Bildung eines Tonkünstlers, in: Allgemeine musikalische Zeitung 5 (1802), Heft 1, Sp. 1–18; Heft 3, Sp. 41–52; Heft 4, Sp. 57–70; Heft 4, Sp. 73–85; Heft 5, Sp. 89–100

Schaul, Johann Baptist: Ueber Tonkunst. Die berühmtesten Tonkünstler und ihre Werke, Karlsruhe 1818

Schelling, Friedrich Wilhelm Joseph von: Schriften 1801–1803, in: Ausgewählte Schriften, Bd. 2, Frankfurt a. M. 1985

Schiller, Friedrich: Über naive und sentimentalische Dichtung, in: Sämtliche Werke, Bd. 5, hg. von Gerhard Fricke und Herbert G. Göpfert, München ⁹1993, S. 694–780

Schink, Johann Friedrich: Don Juan, oder der steinerne Gast, in: Dramaturgische Monate 2 (1790), S. 320–330

Schlegel, August Wilhelm: Vorlesungen über schöne Literatur und Kunst [1801–1804], in: Kritische Ausgabe der Vorlesungen, Bd. 1, hg. von Ernst Behler, Paderborn [u. a.] 1989, S. 179–781

Schlegel, Friedrich: Athenaeums-Fragmente, in: Kritische Friedrich-Schlegel-Ausgabe, hg. von Ernst Behler. Erste Abteilung. Kritische Neuausgabe, Bd. 2, hg. von Hans Eichner, München [u. a.] 1967, S. 165–255

Ders.: Rede über die Mythologie, in: Kritische Friedrich-Schlegel-Ausgabe, hg. von Ernst Behler. Erste Abteilung. Kritische Neuausgabe, Bd. 2, hg. von Hans Eichner, München [u. a.] 1967, S. 311–322

Ders.: Fragmente zur Poesie und Literatur, in: Kritische Friedrich-Schlegel-Ausgabe, hg. von Ernst Behler. Zweite Abteilung. Schriften aus dem Nachlaß, Bd. 16, hg. von Hans Eichner, Paderborn [u. a.] 1981

Ders.: Gespräch über die Poesie, in: Kritische und theoretische Schriften, hg. von Andreas Huyssen, Stuttgart 1978, S. 165–224

Schlimbach, Friedrich: Musikalischer Briefwechsel (Così fan tutte von Mozart.), in: Berlinische Musikalische Zeitung 1 (1805), Nr. 75, S. 293–294; Nr. 76, S. 299–301; Nr. 77, S. 303–306

Ders.: Einige Bemerkungen bei Gelegenheit so vieler, ja der meisten neuen und neumodischen Liedersammlungen, in: Berlinische Musikalische Zeitung 2 (1806), Nr. 12, S. 46–47; Nr. 20, S. 77–79

Schopenhauer, Arthur: Die Welt als Wille und Vorstellung, in: Arthur Schopenhauer. Zürcher Ausgabe. Werke in zehn Bänden, Bd. 4, Zürich 1977

Spazier, Carl: Die Geisterbeschwörung. Eine komische Oper in zwei Akten, in: Berlinische Musikalische Zeitung (1793), S. 61–62

Tieck, Ludwig: Leben und Tod der heiligen Genoveva. Ein Trauerspiel (1799), in: Ludwig Tieck. Die Märchen aus dem Phantasus. Dramen, Darmstadt 1975, S. 359–552

Ders.: Musikalische Leiden und Freuden, in: Ludwig Tieck. Novellen, Darmstadt 1975, S. 75–128

Ders.: Phantasus, in: Ludwig Tiecks Schriften, Bd. 6, hg. von Manfred Frank, Frankfurt a. M. 1985

Triest, Johann Carl Friedrich: Ueber die Tonkunst, in: Allgemeine musikalische Zeitung 1 (1799), Heft 44, Sp. 721–727; Heft 45, Sp. 737–743; Heft 46, Sp. 753–760; Heft 47, Sp. 769–777

Ders.: Etwas über den Werth der Musik überhaupt, und die Mittel, ihn zu erhöhen, in: Allgemeine musikalische Zeitung 2 (1800), Heft 48, Sp. 817–823; Heft 49, Sp. 833–841; Heft 50, Sp. 849–856

Ders.: Bemerkungen über die Ausbildung der Tonkunst in Deutschland im achtzehnten Jahrhundert, in: Allgemeine musikalische Zeitung 3 (1801), Heft 14, Sp. 225–235; Heft 15, Sp. 241–249; Heft 16, Sp. 257–264; Heft 17, Sp. 273–286; Heft 18, Sp. 297–308; Heft 19, Sp. 321–331; Heft 22, Sp. 369–379; Heft 23, Sp. 389–401; Heft 24, Sp. 405–410; Heft 25, Sp. 421–432; Heft 26, Sp. 437–445

Vogler, Georg Joseph: Betrachtungen der Mannheimer Tonschule, 2 Bde., Speyer 1778

Wackenroder, Wilhelm Heinrich: Phantasien über die Kunst, für Freunde der Kunst, hg. von Ludwig Tieck, Hamburg 1799

Ders.: Sämtliche Werke und Briefe. Historisch-kritische Ausgabe, 2 Bde., hg. von Silvio Vietta und Richard Littlejohn, Heidelberg 1991

Weber, Bernhard Anselm: Nationaltheater in Berlin, in: Musikalisches Wochenblatt 1 (1792), Heft 4, S. 30–31

Weber, Friedrich August: Ueber komische Charakteristik und Karrikatur in praktischen Musikwerken, in: Allgemeine musikalische Zeitung 3 (1800), Heft 9, Sp. 137–143; Heft 10, Sp. 157–162

Werden, Julius [Winzer, Johann Gottlieb] und Werden, Adolph [Mann, Friedrich Theodor] (Hg.): Musikalisches Taschenbuch auf das Jahr 1803. Mit Musik von [Johann Georg] Wilhelm Schneider, Penig 1802

Williams, Helen Maria: Lettres écrites de France pendant l'année 1790. Traduit de l'Anglois, Paris 1791

Winckelmann, Johann Joachim: Kleine Schriften. Vorreden. Entwürfe, hg. von Walther Rehm, Berlin [u. a.] 2002

Literatur

Abert, Hermann: W. A. Mozart, Leipzig ⁷1956

Adler, Guido: Handbuch der Musikgeschichte, Frankfurt a. M. 1924

Bann, Stephen: Romanticism and the Rise of History (= Twayne's Studies in Intellectual and Cultural History), New York 1995

Bär, Jochen A.: 1794. Romantisch einsame Plätze. Geschichte und Bedeutung von romantisch und Romantik, Frankfurt a. M. 2021

Baxandall, Michael: Painting and Experience in Fifteenth-Century Italy. A Primer in the Social History of Pictorial Style, Oxford ²1988

Becker, Max: Narkotikum und Utopie. Musik-Konzepte in Empfindsamkeit und Romantik (= Musiksoziologie 1), Kassel 1996

Behler, Ernst (Hg.): Athenaeum. 1798–1800, Stuttgart 1960

Benjamin, Walter: Ursprung des deutschen Trauerspiels, Berlin 1928

Berlin, Isaiah: Der Magus in [sic] Norden. J. G. Hamann und der Ursprung des modernen Irrationalismus, Berlin 1995

Ders.: Die Wurzeln der Romantik, Regensburg 2004

Beyer, Andreas (Hg.): Das Römische Haus in Weimar, München [u. a.] 2001

Bloch, Ernst: Das Prinzip Hoffnung, Frankfurt a. M. 1977

Brown, Alfred Peter: The Symphonic Repertoire, Bd. 2: The First Golden Age of the Viennese Symphony. Haydn, Mozart, Beethoven, and Schubert, Bloomington 2002

Burdorf, Dieter: Zerbrechlichkeit. Über Fragmente in der Literatur (= Kleine Schriften zur literarischen Ästhetik und Hermeneutik 12), Göttingen 2020

Ders.: Grenzen des Fragments, in: Zeitschrift für Ästhetik und allgemeine Kunstwissenschaft 65 (2020), Heft 1, S. 59–86

Busch, Werner: Die Arabeske – Ornament als Bedeutungsträger. Eine Einführung, in: Verwandlung der Welt. Die romantische Arabeske, hg. von dems. und Petra Maisak, Petersberg 2013, S. 13–27

Busch-Salmen, Gabriele / Zeller, Regine (Hg.): Johann Friedrich Reichardt (1752–1814). Musikpublizist und kritischer Korrespondent, Hannover 2020

Caduff, Corinna: Die Literarisierung von Musik und bildender Kunst um 1800, München 2003

Casablancas, Benet: Paisajes del Romanticismo musical. Soledad y desarraigo, noche y ensueño, quietud y éxtasis. Del estancamiento clásico a la plenitud romántica, Barcelona 2020

Chua, Daniel KL: Haydn as Romantic. A Chemical Experiment with Instrumental Music, in: Haydn Studies, hg. von William Dean Sutcliffe, Cambridge 1998, S. 120–151

Colloquium der Arbeitsstelle 18. Jahrhundert, Gesamthochschule Wuppertal: Park und Garten im 18. Jahrhundert, Heidelberg 1978

Dahlhaus, Carl: Die Idee der absoluten Musik, Kassel [u. a.] ³1994

Ders. / Miller, Norbert: Europäische Romantik in der Musik, 2 Bde., Stuttgart 1999 und 2007

Demuth, Dieter: Das idealistische Mozart-Bild. 1785–1860 (= Tübinger Beiträge zur Musikwissenschaft 17), Tutzing 1997

Dierkes, Hans / Patsch, Hermann: Die beigelegte Musik für das kleine Lied. Der Komponist Johann Wilhelm Schneider (1781–1811) und der Schlegel-Tiecksche Musen-Almanach für das Jahr 1802. Früheste Vertonungen der Lyrik Friedrich Schlegels und Friedrich von Hardenbergs, in: Athenäum. Jahrbuch der Friedrich Schlegel-Gesellschaft 26 (2016), S. 175–220

Dittrich, Marie-Agnes: Art. Die Klaviermusik, in: Mozart-Handbuch, hg. von Silke Leopold, Kassel [u. a.] 2005, S. 481–559

Drux, Rudolf: Aber abseits wer ist's? Goethes Harzreise im Winter und die Rhapsodie des Johannes Brahms (im Kontext romantischer Winterreisen), in: Alte Musik und Aufführungspraxis. Festschrift für Dieter Gutknecht zum 65. Geburtstag, hg. von Dietrich Kämper, Klaus Wolfgang Niemöller und Wolfram Steinbeck, Zürich [u. a.] 2007, S. 127–138

Edler, Arnfried: »... die Gattungen unterscheiden einen Begriff von dem großen Umfange der Kunst.« Zu Reichardts Perspektive auf die Klaviermusik seiner Zeit, in: Johann Friedrich Reichardt (1752–1814). Musikpublizist und kritischer Korrespondent, hg. von Gabriele Busch-Salmen und Regine Zeller, Hannover 2020, S. 279–300

Eggebrecht, Hans Heinrich: Musik im Abendland. Prozesse und Stationen vom Mittelalter bis zur Gegenwart, München [u. a.] 1991

Einstein, Alfred: Die Romantik in der Musik, München 1950

Ders.: Mozart. Sein Charakter. Sein Werk, Zürich [u. a.] 1953

Fava, Elisabetta: Geisterspuk und Elfentanz. Musikalische Phantastik im Deutschland des frühen 19. Jahrhunderts, Würzburg 2021

Finscher, Ludwig: Joseph Haydn und seine Zeit (= Große Komponisten und ihre Zeit), Laaber 2000

Flörcke, Werner: Novalis und die Musik mit besonderer Berücksichtigung des Musikalischen in Novalis' Hymnen an die Nacht, Marburg 1928

Frank, Manfred: Der kommende Gott. Vorlesungen über die Neue Mythologie, Frankfurt a. M. ⁸2015

Ders.: Einführung in die frühromantische Ästhetik. Vorlesungen, Frankfurt a. M. ⁶2015

Gess, Nicola: Gewalt der Musik. Literatur und Musikkritik um 1800 (= Berliner Kulturwissenschaft 1), Berlin 2006

Gesse, Sven: Moses Mendelssohns Theorie der Empfindungen und die Poetik der Mischform, in: Musik und Ästhetik im Berlin Moses Mendelssohns (= Wolfenbütteler
Studien zur Aufklärung 25), hg. von Anselm Gerhard, Tübingen 1999, S. 117–134

Görner, Rüdiger: Romantik. Ein europäisches Ereignis, Stuttgart 2021

Gülke, Peter: Die Konzerte, in: Mozart-Handbuch, hg. von Silke Leopold, Kassel [u. a.]
2005, S. 327–381

Ders.: Musik und Abschied, Kassel [u. a.] 2015

Günzel, Klaus: König der Romantik. Das Leben des Dichters Ludwig Tieck in Briefen,
Selbstzeugnissen und Berichten, Berlin 1986

Hänggi, Christoph E.: G. L. P. Sievers (1775–1830) und seine Schriften. Eine Geschichte
der romantischen Musikästhetik (= Europäische Hochschulschriften 92), Frankfurt a. M. 1993

Heartz, Daniel: Haydn, Mozart and the Viennese School. 1740–1780, New York 1995

Heidegger, Martin: Der Ursprung des Kunstwerkes, Frankfurt a. M. 2012

Hempelmann, Josef: Labyrinthe und Irrgänge im Wandel der Jahrhunderte, in: Die
Gartenkunst 39 (1926), Heft 4, S. 54–58

Hocke, Gustav René: Die Welt als Labyrinth. Manier und Manie in der europäischen
Kunst. Beiträge zur Ikonographie und Formgeschichte der europäischen Kunst
von 1520 bis 1650 und der Gegenwart (= Rowohlts deutsche Enzyklopädie 50/51),
Hamburg 1957

Huschke, Konrad: Beethoven als Pianist und Dirigent, Berlin 1919

Immerwahr, Raymond: Romantisch. Genese und Tradition einer Denkform (= Respu-
blica literaria 7), Frankfurt a. M. 1972

Janz, Tobias: Zur Genealogie der musikalischen Moderne, München 2014

Jaumann, Herbert: Die deutsche Barockliteratur. Wertung – Umwertung. Eine wertungsgeschichtliche Studie in systematischer Absicht (= Abhandlungen zur
Kunst-, Musik- und Literaturwissenschaft 181), Bonn 1975

Jung-Kaiser, Ute: Beethovens verschlüsselte Art zu lachen. Zur Wahrnehmungsproblematik rein musikalischen Humors, in: Musikalischer Humor als ästhetische
Distanz?, hg. von ders. und Stephan Diedrich, Göttingen 2015, S. 153–180

Kämpf, Christian: Der neue Schauder. Über das Phantastische der musikalischen
Romantik, Stuttgart 2021

Keil, Werner: Wilhelm Heinrich Wackenroder und die Sonatenform, in: Athenäum.
Jahrbuch für Romantik 6 (1996), S. 137–151

Kerschbaumer, Sandra / Matuschek, Stefan: Zur Einführung, in: Romantik erkennen –
Modelle finden, hg. von dens., Paderborn 2019, S. 1–14

Kramer, Ursula: Auf den Spuren des Häßlichen. Johann Friedrich Reichardts Hexenscenen aus Schackespear's Macbeth, in: Archiv für Musikwissenschaft 57 (2000),
Heft 4, S. 301–317

Krummacher, Friedhelm: Kantabilität als Konstruktion. Zum langsamen Satz aus
Mozarts Streichquartett KV 465, in: Analysen. Beiträge zu einer Problemge-
schichte des Komponierens. Festschrift für Hans Heinrich Eggebrecht, hg. von
Werner Breig, Stuttgart 1984, S. 217–233

Kutschera, Franz von: Ästhetik, Berlin [u. a.] 1988

Lang, Robert: Entstehung und Tradition des Begriffs Neapolitan sixth, in: Die Musikforschung 52 (1999), Heft 3, S. 306–317

Longyear, Rey Morgan: Nineteenth-Century Romanticism in Music, Englewood Cliffs,
New Jersey ²1973

Lubkoll, Christine: Mythos Musik. Poetische Entwürfe des Musikalischen in der Literatur um 1800 (= Rombach Wissenschaft. Reihe Litterae 32), Freiburg i. Br. 1995

Lütteken, Laurenz: Zwischen Ohr und Verstand. Moses Mendelssohn, Johann Philipp
Kirnberger und die Begründung des reinen Satzes in der Musik, in: Musik und
Ästhetik im Berlin Moses Mendelssohns (= Wolfenbütteler Studien zur Aufklä-
rung 25), hg. von Anselm Gerhard, Tübingen 1999, S. 135–164

Ders.: Mozart. Leben und Musik im Zeitalter der Aufklärung, München 2017

Martin, Dieter: Barock um 1800. Bearbeitung und Aneignung deutscher Literatur des
17. Jahrhunderts von 1770 bis 1830, Frankfurt a. M. 2000

Matuschek, Stefan: Der gedichtete Himmel. Eine Geschichte der Romantik, München
2021

Mösch, Stephan (Hg.): »Weil jede Note zählt«. Mozart interpretieren. Gespräche und
Essays, Kassel [u. a.] 2020

Moser, Walter: Art. Barock, in: Ästhetische Grundbegriffe. Historisches Wörterbuch
in sieben Bänden, Bd. 1, hg. von Karlheinz Barck [u. a.], Stuttgart 2000, S. 578–618

Neuß, Erich: Das Giebichensteiner Dichterparadies. Johann Friedrich Reichardt und
die Herberge der Romantik, Halle 2007

Oesterle, Günter: Von der Peripherie ins Zentrum. Der Aufstieg der Arabeske zur
prosaischen, poetischen und intermedialen Reflexionsfigur um 1800, in: Verwandlung der Welt. Die romantische Arabeske, hg. von Werner Busch und Petra
Maisak, Petersberg 2013, S. 29–36

Patsch, Hermann: Der Spötter Witz aus Berlin. Ein Parodien-Gefecht über Friedrich
Schlegel, in: Athenäum. Jahrbuch der Friedrich Schlegel-Gesellschaft 24 (2014),
S. 185–200

Ders. / Stauber, Burkhard: Sehnsucht nach dem Tode. Die Vertonung der 6. Hymne
an die Nacht von Novalis durch den frühromantischen Komponisten Wilhelm
Schneider, in: Archiv für Musikwissenschaft 76 (2019), Heft 1, S. 28–55

Petersen, Peter: Nochmals zum Tanz-Quodlibet im ersten Akt-Finale des Don Giovanni, in: Archiv für Musikwissenschaft 65 (2008), Heft 1; S. 1–30

Petersdorff, Dirk von / Wiesenfeldt, Christiane: Wohin? Wilhelm Müllers und Franz
Schuberts romantische Suchbewegung, in: Romantik erkennen – Modelle finden,
hg. von Stefan Matuschek und Sandra Kerschbaumer, Paderborn 2019, S. 144–168

Pikulik, Lothar: Frühromantik. Epoche – Werke – Wirkung (= Arbeitsbücher zur Literaturgeschichte), München 1992

Ringer, Alexander L.: Klaviertrios op. 1, in: Beethoven. Interpretationen seiner Werke,
hg. von Albrecht Riethmüller, Carl Dahlhaus und dems., 2 Bde., Laaber ²1996,
Bd. 1, S. 1–20

Rosen, Charles: Der klassische Stil. Haydn, Mozart, Beethoven, München 1983

Ders.: Die Musik der Romantik, Salzburg 2000

Rummenhöller, Peter: Romantik in der Musik. Analysen, Portraits, Reflexionen, Kassel [u. a.] 1989

Salmen, Walter: Reichardts Garten in Halle-Giebichenstein, in: Die Gartenkunst 6 (1994), Heft 1, S. 105–109

Ders.: Johann Friedrich Reichardt. Komponist, Schriftsteller, Kapellmeister und Verwaltungsbeamter der Goethezeit, Freiburg i. Br. 1963

Scher, Steven Paul: Wackenroder's Vision of Music, in: ders.: Verbal Music in German Literature (= Yale German Studies 2), New Haven [u. a.] 1968, S. 13–35

Schulz, Gerhard: Romantik. Geschichte und Begriff, München 1996

Serwer, Howard: Art. Dalberg, Johann Friedrich Hugo von, in: New Grove, Bd. 6, Oxford 2001, S. 847–848

Siegmund, Andrea: Die romantische Ruine im Landschaftsgarten. Ein Beitrag zum Verhältnis der Romantik zu Barock und Klassik (= Stiftung für Romantikforschung 22), Würzburg 2002

Sutcliffe, William Dean: Expressive Ambivalence in Haydn's Symphonic Slow Movements of the 1770s, in: The Journal of Musicology 27 (2010), Nr. 1, S. 84–134

Tadday, Ulrich: Das schöne Unendliche. Ästhetik, Kritik, Geschichte der romantischen Musikanschauung, Stuttgart [u. a.] 1999

Trotha, Hans von: Der Landschaftsgarten des 18. Jahrhunderts als literarisches Phänomen, in: Hölderlin-Jahrbuch 33 (2002–2003), S. 13–34

Ders.: Im Garten der Romantik, Berlin 2016

Wald-Fuhrmann, Melanie: »Ein Mittel wider sich selbst«. Melancholie in der Instrumentalmusik um 1800, Kassel [u. a.] 2010

Wald-Fuhrmann, Melanie / Wiesenfeldt, Christiane (Hg.): Der Komponist Friedrich Ludwig Æmilius Kunzen (1761–1817). Gattungen, Werke, Kontexte, Köln [u. a.] 2015

Wölfflin, Heinrich: Renaissance und Barock. Eine Untersuchung über Wesen und Entstehung des Barockstils in Italien, München 1888

Personen- und Werkregister